経済空間の組成理論

石川利治 著

中央大学出版部

はしがき

　人々の経済生活圏は居住地を中心にして職場と小売店の立地で組成されている。これらの立地は生活全体の在り方に直結しており人々の大きな関心事である。経済活動一般，とりわけ生産と販売活動は20世紀後半から大きく変化し，それらの施設の立地も急激に変動している。このことは近隣住民の海外転勤や各種小売店の開・閉店により日常の生活の中で実感できる。また生産活動が国境をいくつも超え各国経済に影響を及ぼしていることは種々の経済情報から知られ，世界経済においてその立地動向の重要性は理解できる。20世紀終盤での情報通信技術の革新，規制緩和そして関税の引き下げは経済活動を地球的規模で拡大し，その影響は日常生活の深部に及び大規模かつ深遠なものとなっている。このように経済活動全般が地理的に著しく拡大し経済社会の様相を変化させる現象は長い歴史の中では時折みられることである。生産と販売活動の立地がどのような原理や機構でなされているかは以前から関心を持たれ，19世紀前半から精緻な学術研究もなされてきている。本書は経済活動の広域化を具現化する生産と販売活動の立地を理論的視座から考察するものである。

　生産と消費活動の空間的範囲を見比べると，生産経営の活動範囲，すなわち原料入手から最終製品の引渡までの地理的広がりは広く地球的規模になる。他方，消費活動は消費者の居住地を中心にしてせいぜい半径120kmの円形の地域内であり生産活動とは大きく相違している。このため生産と販売活動の立地は個別の原理と機構により定まるとみられ，立地理論においても基本的には異なる視点から考察され個別に分析が展開されてきている。しかし，生産活動の中心は人間であり，労働者は職場を離れると消費者として小売店で買い物をして生活を支えている。生産活動と消費活動は連動してなされている。それゆえ生産および販売・消費活動の立地分析においてもこの連動を基本にする必要がある。そこで本書は初めに経済空間を生活と生産面に区分して考察し，次いで

この立地連関を基盤として分析を行うことにする。

　経済活動の立地に関する研究は200年近い歴史を有し，この研究は地誌に基盤を置く資料解析から理論経済学に基礎を置く考察，そして数値計算を応用する分析にまで幅広く展開されてきている。この状況において，本書は体系的立地論を理論面から一部補完するという目的で展開される。整合性を著しく欠くことのない範囲で生活と生産空間を構成している経済活動の立地とその周辺に位置する分野を取り上げて理論的考察を中心に展開を行なうものである。

　経済活動の立地に関しては上述のように19世紀前半から優れた研究書が出版されてきている。Thünen (1826) と A. Weber (1909) による農業と工業立地の書はそれぞれ200年，100年という長い期間に渡り読み継がれてきている。その後の各種立地に関係する研究成果，例えば，E. M. Hoover (1937) や Lösch (1940) の研究も広く知られている。これらは壮大な考察枠組を有し，時代は異なっても経済活動の立地分析の強固な骨格をなしている。これらの書物を手に取る度に大きな圧力と愛着を感じるのは構想の広大さと独自の持ち味のためと思われる。本書もかれらの研究から直接また間接的に多大な影響を受けてきている。例えば Hoover の著書と論文からは生活空間に関する理論分析において直接的影響を受けている。かれの著書は1937年に出版されているが，かれはこのなかで margin line という分析方法を考案し後に frontier price curve と改名して分析を行う。この分析の基礎を成すのは frontier price であるが，これは空間経済の本質を一言で表す価格概念である。frontier price curve を用いると数値計算に支援された分析手法による空間的競争均衡分析と同じ結果を導出でき，後者の分析手法では簡潔に説明できない均衡解の特徴も明示できるという有用性をもっている。この方法の持つ有用性の解明には少なからざる研究者の貢献があってなされたものであるが，時代が激しく変化した後においてもその意義は失われていない。本書もそれなりの持ち味を少しでもにじみ出せればと願うものである。

　本書でありうる誤謬や拙劣な部分の責任はすべて著者にあるが，立地論の分野において多少なりとも貢献できるのではないかと期待する部分は多くの先生

方のご支援によっている。本書の執筆自体多くの方々のご好意によるものである。自由で活発な研究空間と時間を提供し，立地論の進展において集積に関する精緻な考察が不可欠であるとの見解から研究の方向性を明示していただいた指導教授，故村田喜代治先生（中央大学名誉教授）と金田昌司先生（中央大学名誉教授）に感謝申し上げたい。本書の数値解析の中で最も重要な局面では中央大学の原山保先生にご支援していただいた。立地論全般においては西岡久雄先生（青山学院大学名誉教授），太田浩先生（青山学院大学名誉教授），故宮坂正治先生（信州大学名誉教授），故鈴木啓祐先生（東洋大学），竹内淳彦先生（日本工業大学名誉教授）から貴重な御教示を賜り，また学問的展開で重要な契機を提供していただいた。立地分析の手法においては神頭広好先生（愛知大学）から斬新なアイデアを示していただき実証分析面でも多くの刺激を受けている。海外においても多くの先生方から支援をいただいてきている。J. B. Parr 先生 (Glasgow University)，P. McCann 先生 (Groningen University)，そして L. Westin 先生（Umeå University）らからは学術的な示唆と理論展開の機会となる場を提供されており感謝申し上げたい。さらに，経営史の視点の重要性を示していただいている小早川洋一先生（中部大学），高い研究水準を目指しご協力いただいている戸田優男先生（中部大学）に感謝申し上げる。最後に，この場を借りて著者の両親，家族に感謝したい。

石　川　利　治

目　次

はしがき

I　経済空間の分析に向けて
1. 広域化する経済活動の立地的作用……………………………………1
2. 立地論の基本的特徴と伝統的理論の系譜……………………………7
3. 本書における立地理論分析の特性……………………………………12

II　生活空間の組成理論
A　小売経営の市場地域および立地体系……………………………15
1. 小売経営の市場地域の形成機構………………………………………15
2. 線分市場における小売経営の立地と店頭渡価格……………………20
3. 平面市場における市場地域の形成……………………………………22
4. 小売経営間の市場境界の形状…………………………………………24
5. 市場境界の形状と経営立地……………………………………………39
6. 重複市場地域の形成……………………………………………………46
7. 空間的擬似独占均衡における市場地域の分析………………………53
8. 空間的自由参入均衡における市場地域の形状分析…………………58
9. フロンティア価格曲線と空間的自由参入均衡解の対応関係………70
10. 市場における競争様態の相違による均衡状態の変化………………79
11. 小売経営の品揃と立地の関係…………………………………………80
12. 商品購入における多様性指向に関する分析…………………………88
　　補論　経営の市場地域における販売量の導出………………………90

B　都市体系の形成と変化……………………………………………95
1. 都市体系の構築方法とその特徴………………………………………95

2．運賃率の低下による都市体系の変化……………………………101
　　3．都市体系の相違による経済効率性の変化…………………………105

Ⅲ　生産空間の組成理論
　A　農業の生産空間……………………………………………………113
　　1．農業における作物価格および運賃率の立地的作用………………113
　　2．都市からの距離と農業経営…………………………………………118
　　3．大都市近郊における作付け地域の構成……………………………125
　　4．作物の移出入と耕作地域構成に対する運賃率の影響……………128
　B　工業の生産空間……………………………………………………135
　　1．Weber による工業立地分析…………………………………………135
　　2．費用最小化と工場の立地……………………………………………141
　　3．利潤最大化を目指す工場の立地と価格……………………………144
　　4．集積の生成と集積体系の編成および再編成………………………148
　　5．独占的競争下における生産経営の生産量と経営数………………165
　　6．経済空間組織を変革する要因について……………………………169

Ⅳ　生活と生産空間の連結
　A　小売経営と生産経営の立地的相互依存…………………………173
　　1．生産経営による小売経営への介入と立地的影響…………………173
　　2．小売市場における競争様態の生産工程立地への影響……………186
　　3．異なる競争形態を包含する経済地域における経済空間の形成……195
　　　補論　接触価格の有用性について……………………………………212
　B　都市体系の経済効率性と健全性…………………………………222
　　1．立地因子としての都市体系…………………………………………223
　　2．都市体系の特徴の数値化と経済効率性……………………………225
　　3．都市体系の在り方と健全性の関係…………………………………231
　　4．広域化する経済活動の下における都市体系の変貌………………235

C 都市体系の空間経済分析……………………………………………242
　1．生産経営の立地による都市体系への作用……………………242
　2．都市体系における都市人口および地代の分析………………252

国内参考文献　　269
海外参考文献　　271

I　経済空間の分析に向けて

　経済空間を考察する意味合いを把握するための取り掛かりとして次の2点について初めに概観することにしたい。すなわち,
1) 20世紀終盤から急速に展開されている生産および販売活動の広域化の立地的作用,および広域化するそれらの活動が都市体系に与える影響,
2) 生産と販売活動の広域化の作用が働く機構や原理を分析・考察する立地論の特徴,そして立地論の基礎を築いた伝統的理論の系譜。

本章は経済空間を考察するための糸口となることを意図するが,次のような構図が背景にある。経済空間は生活と生産の空間に大別され,生活空間は都市体系によりその骨格が形成され,都市体系は小売経営の立地が基礎になっている。生産空間は生産経営の立地により組成され,生産経営は都市の生活・生産基盤の上に存立している。小売および生産の経営は都市によって結びつけられ都市体系の在り方と密接に連動している。小売経営と生産経営の立地,それらが作り出す都市体系の在り方,その都市体系の経済的効率や健全性に関する分析は,経済活動が広域化する時代における経済空間の考察において最も重要なものと考えられる。

1．広域化する経済活動の立地的作用

　経済社会が進展するにつれ輸送機関における技術革新が断続的に生じ,それに応じて運賃率の低下がある。また関税引下げと規制緩和は現代社会の大きな

流れとなっている。このような経済社会の発展により個別に分離されていた地域市場は統合され地理的にも広大な市場が形成されてきている。市場統合は欧州連合において明白に示されるように経済活動一般を広域化させ，生産と販売・消費活動にそれぞれ立地的影響を及ぼし都市体系を変貌させ，世界中の経済空間の様相をも大きく変化させている。これらの活動の立地とその変化を簡潔に検討しよう[1]。

1) 広域化する経済活動による生産経営の立地的変化

種々の障壁で保護されていた個別の地域市場が統合されると，輸送網が発達・整備された地域において各種財の移動距離は飛躍的に拡大する。これにより生産経営は一方で新市場へ財の販売範囲を広げられる可能性を高め，他方で類似財を多方面から既存市場に売り込まれる危険にさらされる。いわゆる大競争が生じてくる。この大競争は弱体生産経営を市場から撤退させ，大きな市場を得た強力な経営間に新たな競争を生みだす。この状況では新製品や新しい生産方法の開発とともに低価格化を目指すため費用削減競争が激化する。生産経営は低生産費用を実現する目的で生産工程を細分化させる。この細分化は生産工程に質的な変化を生み出す。すなわち各工程の作業内容は単純化され，作業内容の簡潔化は生産工程において機械化を容易し規模の経済を享受し易くする。さらに，低賃金の未熟練労働力の利用を大いに促進する。したがって多くの工場は低賃金の労働力を求めて周囲の小都市へ拡散，あるいは地方の生産基盤が比較的整備されている都市へ分散する[2]。また生産工程の細分化により工場は小型化，軽量化され，工場移転は容易になる。さらに交通網のより一層の整備はこの傾向を促進する役目を果たすことになる。かつては膨大な需要を満たすために生産の分業がなされたが，20世紀終盤からは価格・費用削減競争に対応するために生産工程は細分化され，その細分された生産工程はその特性に合わせ，あるいは低賃金を指向して空間的に拡散する傾向を強めている[3]。

地理的に拡散・分散した工場は統括・管理機能によって連結されねばならない。この機能は生産全体の内容を熟知し，高度な専門知識を要求される労働者

により運営され，かれらの賃金は高いものとなる。またその機能を掌る施設は大都市に立地する。統括・管理機能の作業は多岐に及び様々な支援機能を必要とし，それらの施設も同様に大都市に集中立地する。支援機能においても専門技能を有する労働力と同時に単純労働力が必要とされる。このため大都市は多種多様な労働者を集積させる大労働力市場になり，かつ多様な労働者によって大消費市場を形成する。それゆえ大都市は市場および多様性を指向する産業を牽引・維持してより多様化・大規模化する傾向を持つことになる。

　このように経済活動の広域化は生産工程を地理的に分散させるため，一方では生産・雇用の場を地方に拡散させることで中心—周辺地域の都市経済間での格差を縮小化させるが，他方では統括・管理機能の大都市への集中により，上記のような産業を都市部に牽引して都市間格差，労働者間格差を拡大させることになる。とりわけ大都市では各種の労働者が混在し経済的な格差問題を顕在化させることになる。

　21世紀初頭からは統括・管理分野においてもその機能の細分化が進展してきている。この分野では高度な知識や専門性を持つ労働者を多く必要とする機能が多く，かれらの作業と成果の多くは地理的距離に関係なくなされまた移動させられるものである。したがって細分された機能はより優れた人材を求めて，生産工程の場合よりも短時間かつ広く分散することになる。他方で，この分野での細分された機能を統合・調整する高度な機能はより少数の大都市に集中する傾向を持つことになる。統括・管理機能の細分化とその立地は今後の重要な分析課題である。いずれにしてもこの機能を遂行するのは人間であり，以下で考察する地域における都市体系の在り方は生産活動全般において重要な役割を担うものである。

2) 広域化する経済活動による小売経営の立地的変化

　次に財の販売・消費活動面について見よう。初めに，消費活動を担う小売経営の様態を以下のように整理・分類しておくことにする。コンビニエンス店は利便性から消費者により利用され，低価格水準にある財を扱う。スーパーマー

ケットは日用品などの購入目的で消費者に利用され，そこでは価格と共に商品に対する定番性などが商品選択の基準になる。総合スーパーマーケットあるいは中型百貨店など大型小売経営は，価格に加え商品に対する好みを比較的重視するような消費者を主な顧客層として捉えている。また取り扱う商品の主力は価格水準が比較的高く品揃も広いものになる。

　空間的に統合され拡大された市場は財の移動を容易にして消費者に多様化された商品を提供する。これに対応して人々は多種少量の消費の傾向を強める。消費財の多様化は小売様態に関わらず多くの小売経営において見られるが，多様性な消費財の品揃はとりわけ大型小売店において最も多くなされる。したがって市場統合は大型小売経営により大きな影響を与えることになる。消費者が多様性指向を強めるほど，より多様化された商品の品揃と販売が可能である大都市がより強い牽引力を発揮する。それゆえ大型小売経営は強力な存立の基盤を有する大都市指向を強めることになる。日用品などを扱うスーパーマーケットとコンビニエンス店の立地は大型小売店ほどには大きな変化を起こさないと考えられる。

3） 都市体系の重要性とその変貌

　続いて都市体系の重要性，そして経済活動の広域化が上記の経営の立地変化を通して都市体系に与える影響を検討する。運賃率が高く，個別の地域的な市場がいくつかの障壁で保護されている場合には，その内部にある生産経営や小売経営の主たる活動範囲は当該の地域にほぼ収められる。生産経営が新工場を計画する時，その立地は地域内で探査され，立地決定過程では各都市の特徴に対して比較的高い注意が払われるにしても，地域内にある都市の立地体系の在り方が関心を引くことはない。すなわち地域内には大規模な都市体系は1つ存在するのみで，それは立地問題の空間的枠組を構成している与件的要因と見られる。しかしながら，次に見るように経済活動の広域化は都市体系を重要なものにする。

(1) 生産経営の立地における都市体系の重要性

　地域的市場を形成・維持させている障壁がほとんどなくなり，生産経営の工場の移動性が地域内から地球的規模で拡大する場合，工場の立地問題を取り巻く状況は大きく変化する。生産経営の新規工場の立地点はこれまでの地域をはるかに越えた広い地理的範囲において探査される。生産経営は種々の様態を有する都市体系を数多く比較検討しそれを選択するようになる。その理由は明白である。都市体系の在り方により地域のもつ経済活動および社会的厚生水準が大きく異なり，直接また間接的に生産経営利潤に関わるからである。都市体系は工場の立地決定に影響する重要な要因，すなわち立地因子となるのである。

　都市体系と生産経営の工場立地との関係を次のような視点から見ることもできる。生産経営が地球的規模で工場の立地点を決定する場合，多数の立地候補地点にまつわる様々な要因を初期段階から包含する方法によって最適立地点を探査することは困難である。通常，ごく少数の基本的要因から利潤を最大化する地点を特定することになる。簡便な方法でも最適地点は決定できず，利潤の観点から許容できる立地可能地域を確定するだけに留まることになる。また首尾良く特定できたとしても種々の理由（例えば，地主との交渉，法的な規制）からその地点に立地できず，次善の地点を探査することになる。すなわち，生産経営は次善地点を探査する地域を，利潤の観点から許容できる地理的範囲内に特定することになる[4]。このような立地可能地域はかなり広く，いくつかの都市体系が包含され，その体系の相違により経済効率や社会的厚生水準が異なることになる。生産経営は優れた都市体系を選択し，選択された体系内で探査地域をさらに絞り込みより良い立地点を導出して行くことになる。都市体系は，生産経営による立地可能地域の絞り込み段階において重要な役割を果たすのである。

(2) 生産経営の立地変化による都市体系の変貌

　生産経営の工場立地と都市体系の関係は次のようになる。経営は生産工程を細分化し工程を既存の立地点からかなり遠方の地方都市へ拡散させる可能性を持つ。一般的には既存の生産工程は各種の集積経済を享受できる工場地帯にあ

る都市に立地しており，細分化された工程は大・中都市から転出すると想定される。したがって大都市は，細分化された工程を流出させるが，統括・管理機能と支援機能の立地そして市場および多様性指向の産業を牽引してその規模を拡大・維持する可能性が高い。その産業構成は知識集約的および市場指向産業で特徴付けられるものとなる。中都市は，工程の流出を補えるような牽引力，例えば独自の技術・知識分野を有しないならば衰退する危険性を持つ。他方，細分化された工程が立地する地方都市は何らかの競争優位性を有しているので当該工程を牽引している。それゆえ工程の立地を契機に関連する生産活動を他地域から引き付けてより活性化する可能性をもつ[5]。その地方都市の産業構成は地域化経済を享受する単一産業で特徴付けられるものとなる。以上のように生産工程の立地変化は中都市を衰退させて，多様性に富む1つの大都市と単一産業で特徴付けられる多くの地方小都市で構成される都市体系を形成する可能性を持つと考えられる。

(3) 小売経営の立地変化による都市体系の変貌

販売・消費活動の立地変化は生産活動の場合とは異なる経路で都市体系を変貌させる。前述したように，コンビニエンス店，スーパーマーケットそして大型小売店は，消費者が日常生活の中で最も利用する小売経営である。これらの小売経営と大規模百貨店の立地とそれらの市場地域の広さが生活空間の内容の大枠を定め，特に大型および中型百貨店はこの空間的範囲の枠組を決定することになる。

大都市に立地する大型小売店は消費者の多様性指向の高まりにより，その運営が困難になる可能性は比較的少ない。他方，中都市に立地する大型小売店は中都市の集客力不足と，以下の節で考察するように運賃率の低下により，従来よりも広い市場地域を必要とするため，いくつかの大型店はその小売機能を低下させざるをえなくなる。すなわち日用品をより多く扱うことになり，大型小売店としての経営を変質，機能低下させねばならない。この機能低下あるいは市場からの撤退は当該中都市の商業機能の持つ多様性を減らしその機能数の縮小へ向かわせることになる。これは中都市の経済規模を縮減させることに繋が

るものである。他方，コンビニエンス店とスーパーマーケット経営は以下の章で示されるように運賃率の低下と経済活動の広域化の影響をあまり受けないので，小都市の商業機能は大きな後退の危機に直面するという場合は少ないと考えられる。したがって小売経営の立地と都市体系の関係に関して以下のように言えるであろう。経済発展につれて運賃率が低下し経済活動の広域化が進展すれば，都市体系は中都市が衰退することによって，大都市と小都市のみで形成されて2極化する傾向をもつ。このように小売経営の立地の在り方は，都市体系の空間的枠組を定め地域住民の消費活動と生活の質に大きく影響することなる。したがって小売経営の立地問題は重要な分析課題の1つである。

　広域化する経済活動の下における生産および販売活動の立地と都市体系の関係の考察から次のように言えるであろう。経済活動の広域化は都市体系を変貌させる。その経路は生産と消費活動の立地変化により生成され，これらの2面における変化により中都市の生産・消費機能が衰退し1つ大都市と多くの小都市という2極化を引き起こすことになる。経済活動の広域化は人々の日常の経済活動に幅広く影響しており，経済活動の立地に関する考察および分析の重要性はより増していると言えるであろう。

2．立地論の基本的特徴と伝統的理論の系譜

　経済活動の広域化する時代における経済活動の立地とその変化および影響を分析する立地論の基本的特徴をより広い視野で検討し，立地論の基礎を形成した伝統的理論の系譜について概観する。

1) 経済活動の立地分析について
(1) 社会科学と自然科学の特徴
　立地論が所属している社会科学の分野を表I-1にそって簡潔に紹介する[6]。立地論は社会科学の分野にあり，社会科学は自然科学とともに科学の分野を構成する。科学は大きく3つの分野から構成されている。表I-1に示されるよう

に，まず物事の本質的な原理を探求する科学あるいは理論分野があり，次に原理を実社会に応用する技術あるいは政策分野，そして物事の流れを時間の視点から体系的に整える歴史分野がある。各分野を特徴づける代表的人物を上げてみると，第1の分野ではニュートン，第2分野においてはエジソン，歴史分野では時代を遡るがヘロドトスがあげられる。

表 I-1　科学における3つの分野

科学	分野	人物	鉄道交通	立地論
社会科学				
	科学　理論	ニュートン	物理学	立地理論
	技術　政策	エジソン	新幹線システム	立地政策
	歴史	ヘロドトス	交通史	立地史
自然科学				

　これらの3分野の役割と関係を鉄道交通と電算機器を例にしながら見てみよう。鉄瓶に水を入れ下から熱すると鉄瓶の重い蓋がはねる。この興味深い現象を科学は解き明かす。この原理を技術分野において応用し蒸気機関車が作り出され鉄道交通として利用される。歴史は鉄道交通の変遷，それが自然および人間社会において果たしてきた事柄の流れを体系化する。これら3分野はそれぞれ孤立しているというより密接に関係して補完関係にある。例えば鉄道における事故史は鉄道交通における安全性の改善に重要なものであり技術分野を大いに進展させる。また現在のコンピュータ技術にみられるように，コンピュータは理論の発展には欠かせないものであり技術が理論分野を主導することにもなる。このように3分野は互いに関連し補完している。

　他方，自然科学と社会科学とは名称が異なり，その特徴には相違点が存在する。相違点の1つは理論の妥当性にある。いま自然および社会科学でもっとも基本的法則の1つをそれぞれ取り上げてみよう。落体法則と需要法則である。落体法則は(1)式で示される。

$$S = (1/2)gt^2 \tag{1}$$

S は距離，g は重力の加速度，t は時間である。高所からものを落とすと t 秒後における落ちた距離は(1)式の S で示される。この法則は時代，場所にかかわらず妥当すると言える。1万年前でも現在でも，北海道あるいは沖縄でも妥当する。他方，需要法則は(2)式で表わすことができる。ここでは煙草の需要法則を想定しよう。

$$D = a - bp \tag{2}$$

D は需要される煙草の量，a は煙草に支払ってもよい最大需要価格，b はパラメータ，p は煙草の価格である。この法則はいつでもどこでも妥当するわけではない。1万年前には煙草は存在しておらず，現在においても多くの人々にはこの需要自体ない。しかし現在の世界を広く見ると価格が上がれば煙草の需要は減少し，価格が下がれば需要は増加する傾向は見られるであろう。社会科学での法則は，当該の時代，当該の局面において妥当するという特徴をもち，その適用には慎重さがいると言える。このような法則の妥当性の違いは自然科学と社会科学の特徴を分ける要素の1つである。

(2) 立地論の基本的特徴

立地論は社会科学として成立し上記の特徴を有している。表I-1で示される3つの分野，立地理論，立地政策，立地史の分野で構成され，それぞれ関係し補完しあっている。しかし強力な立地理論と立地政策にくらべ立地史の分野は現在のところ成熟しているとはいえない。この状況を検討するとこれまでの立地論の特徴の一端が明らかになる。まず立地論は地理学と経済学の学際領域である経済地理学において主として理論的分野を担当してきた点が重要である。表I-2を用いながら，これまでの立地論の基本的特徴をみよう。

表I-2 経済地理学の理論分野

地 理 学	経 済 学
経済地理学	
理論分野	
立地論	

地理学は長い歴史を有し視野も広くその分析対象は広い。地理学の範疇において経済の色彩が濃い分野は経済学との学際領域になり経済地理の分野を形成した。この分野において理論としての役割を果たすことができる性格を有していたのが立地論である。立地論は作物の作付け地域，工業製品の製造地，財が取引される市場などの立地を，経済活動を行う人々の行動原理に基づいて，説明することを基本としている。立地論は学際的色彩から自前の骨格原理を欠くと思われた経済地理に対して理論的基盤の役割を果たし，地理学における地誌と連携し，経済地理学の生成および発展期において重要な役割を果たしてきた。立地論は経済地理学の理論としての役割を強くもち，それ自体の学問的体系の確立に進展する傾向は十分ではなかった。

　このような立地論の立場は，経済活動が国境を自由に超える時代に入るにつれて変化しつつある。現代においては経済活動の立地は各国自体そしてその地域の産業構成や経済の盛衰を直接的に左右することになる。経済と地理的空間の関わりを考察する経済地理学の役割はより重くなり，その理論的中核も担ってきている立地論の役割は重要性をさらに増している。重要性の高まりにより経済地理学の中から立地論が完全脱皮し固有の分野を生成する可能性がある。地誌の膨大な成果に立地論の要素，原理を強く備えた強力な立地史も出現し，立地論は社会科学として名実ともに不動の位置の確立へ向けて移動していると思われる。

(3) 伝統的立地論の系譜

　本小節では立地論の基礎となっている伝統的理論を中心に系譜を概観する。立地を理論・実証的に最も早く行なった研究者は農業立地論で著名な Thünen (1826) である。かれの著書は約200年近く前に出版されているが，現在においても読み継がれている。かれは農業の経営について広くかつ精緻に微分の手法を取り入れて考察した。このなかで，作物作付けの在り方を自然環境のみではなく，経済活動の視点から分析し農業経営の在り方が作付け地点から作物市場までの輸送費に応じて変化することを明らかにした。かれの考察は経済活動が行われる場所に関する理論的考察の道を開き立地論の先駆けとなり，その後の発

展の基礎を作り上げることになった[7]。Thünen の精緻な農業立地分析は多くの研究者に引き継がれ，考察が進展してきている。例えば Thünen の理論の妥当性を考察，検証しているものとして宮坂（1981），そしてミクロ経済学の手法で理論を再検討したもとして Beckmann（1972）の考察がある。地代関係については Dunn（1954）の優れた研究がある。また Thünen の時代には想定されなかったと思われる大都市近郊における作付け地域に関しては Sinclair（1967）の考察がある。かれの考察は Thünen の結論とはかなり異なる結果を示し興味深いものである[8]。

　工業立地の理論的な考察も長い歴史を有し，その分析方法と手法は多くの産業立地の分析にも役立たされてきている。工業立地分析の骨組みを構築したと言えるのが A. Weber（1909）の工業立地論である。かれはほとんどの工業立地に作用を及ぼす一般立地因子として輸送費，労働費，集積の経済をあげ，それらが工業の立地にいかに作用するかを詳細に考察した。Weber 以後，工業立地分析は大いに進展しその方向も多岐にわたっている。工業を中心とし種々の経済活動の立地を考察して産業立地分析を発展させているものとして Hoover（1937），Isard（1956），Beckmann（1968）らの考察があり，Weber が重視した生産面に関連して生産関数の立地的作用を取り上げるものには Sakashita（1967）の分析がある。Weber が重要な立地作用をもつ要因として取り上げ，その分析は難しいとした集積経済の関係についてみると Khalili-Mathur-Bordenhorn（1974）の考察がある。Weber の考察とはやや乖離しているが，現実の立地問題に則し長期の視点から工業立地の変遷を考察して大いに興味深いものとして Vernon（1966）と宮坂（1971）の考察がある。

　商業・小売経営の立地理論では Launhardt（1885）が最も早く考察を開始している。その後 Hotelling（1929），Lerner-Singer（1937），Smithies（1941）らの考察が断続的になされた。これら3つの考察では小売経営間の相互依存関係が立地に大きな作用をすることが論理展開の重要な要因となっており，その後の Capozza-Van Order（1978）の分析に繋げられている。市場は商業立地論では当然のごとく市場の想定は点から線分そして平面に拡大され，市場地域にお

ける価格付けや需要量の分析が展開されている。この展開において Lösch (1940) の分析が大いに注目されることになった。

　小売経営は人々の消費活動と直結し生活空間を生成することになる。その生活空間の骨格を形成するのが都市体系である。それゆえ小売経営の立地は都市体系の形成との関係が深い。都市体系の考察は中心地理論として進展してきている。この分野では Christaller (1933) 理論と前述の Lösch 理論が双璧をなすと言える。Christaller 理論は階層性のある中心地体系を簡潔に構築できるという有用性をもっており、都市の立地体系の説明に数多く用いられてきている。他方、Lösch 理論は小売経営の独占的競争均衡分析を基礎に都市の立地体系を考察する。この理論は微視的経済学的な精緻性を有している。しかし Lösch による都市体系は小売経営の市場地域を用いて導出されるが、その導出過程がかなり技工的なため理論の応用、検証面は十分に進展していないと言える。いずれにしてもこのような特徴を有する両理論を基軸にして以後多くの都市体系の考察がなされてきている。最後に、都市体系の空間的な配置には言及していないが、Tinbergen (1968) の考察は大小の都市間における経済連関を明示的に取扱い、都市体系の計量経済学的研究に有用なものとなり、Parr (1988) による優れた研究に繋げられてきている。

3．本書における立地理論分析の特性

　本書の多くは上記の表 I-1 の理論分野に属しており、上述したように経済活動の立地の理論的考察を主として行うものである。理論においても、その視点や方法はいくつもありうる。例えば経済活動の立地をカメラで撮り、それを精緻に分析するような方法、あるいはそれをビデオで撮り、その動きを分析するような方法もある。これらはそれぞれ重要な分析の視点と方法である。ここでは前者の視点および方法を採用することにする。

　本書の分析上の特性は数値計算の手法を多くの章節で取り入れていることである。すなわち、一定の数式処理の後、数値計算の手法を用い一定の具体的結

論を示すことにしている。これは分析結果を見やすくするという直接的な目的の他に次のような理由からである。まず地理的空間を取り扱い具体性の強い立地論においては，これまで具体的計算の煩雑さのために残されてきた問題が多くあり，これらの問題は計算機器の出現によりかなり解決できるようになっている。また本書でも示されるように具体性が伴う分析結果を得ることにより，理論面を主導し，さらに発展させられる可能性がある。数値計算の手法の有用性を大いに利用して，またその手法から出された結論の特性と限界に配慮しつつ，経済活動の立地そして都市体系を考察・分析して行くことにする。

1) ここでの考察は石川（2010a）に基づいている。
2) 欧州連合での生産工程の細分化と立地に関してはDluhosch（2000）による精緻な考察がある。
3) 特定の生産工程に専門化すると特殊な技術的革新が生じる場合があり，その地点は当該製品の生産拠点として特徴づけられることになる。
4) 立地決定過程での地域の絞込みの分析・考察については西岡（1976）も参照。
5) 経済活動の広域化は生産地点を地域に拡散させ経済的格差を縮小する作用を発揮することになる。
6) ここでの考察においては西岡久雄（1976），日比野勇夫（1972）の文献が参考になる。
7) 谷口（1995）はドイツの近世における都市を考察し当時の都市周辺における農業の有様を紹介しており興味深い。
8) わが国における農業立地の実証的研究では児島（1962）の考察がある。

II 生活空間の組成理論

　本章では A 部において生活空間の構成単位を形成する小売経営の立地とその市場地域を考察する。具体的には小売経営の市場地域の形成およびそれに関連する価格付けの基本原理，そして空間的自由参入状態での市場地域の広さと形状，さらに小売店舗での品揃水準へ分析を進める。続く B 部では A 部での考察結果を用いながら生活空間を組成する都市体系を分析する。

A　小売経営の市場地域および立地体系

　空間的な広がりをもつ平野に消費者が居住し，その平野に商品を販売する小売経営が立地すると，その店舗に商品を購入に出かける消費者の地理的範囲ができる。その範囲が小売経営の市場地域となる。小売経営の立地点の周囲に形成される市場地域は地域住民の買い物圏であり，地域住民の生活空間を作り出すことになる。簡潔な想定の下で小売経営の市場地域の形成と販売される商品の店頭渡価格に関する理論分析を開始することにしたい。

1．小売経営の市場地域の形成機構

1)　基本的仮定
　次のように仮定する。図 II A-1(a) の基線で示される十分に長い線分市場に

消費者が密度1で居住し,各消費者は(1)式で示される需要関数を有している[1]。

$$q = a - b(p + tu) \tag{1}$$

ただし q は商品の需要量, a は消費者が当該商品に対して支払ってもよい最大需要価格, b は正の定数である。p は商品の店頭での価格,すなわち店頭渡価格,そして t は運賃率, u は消費者から商品を独占販売する小売経営Aまでの距離である。消費者が小売経営まで出かける輸送費を負担する。したがって商品の購入量は(1)式のカッコ内の値で示される輸送費込みの価格である引渡価格に依存し消費者の居住地点により変化する。以下では b は簡単化のために1とする。図ⅡA-1(b)は消費者の需要関数の形状を示している。

小売経営Aの費用は線形の費用関数で示され(2)式で表わされる。

$$C = kQ + F \tag{2}$$

図ⅡA-1 線分市場における市場地域の形成

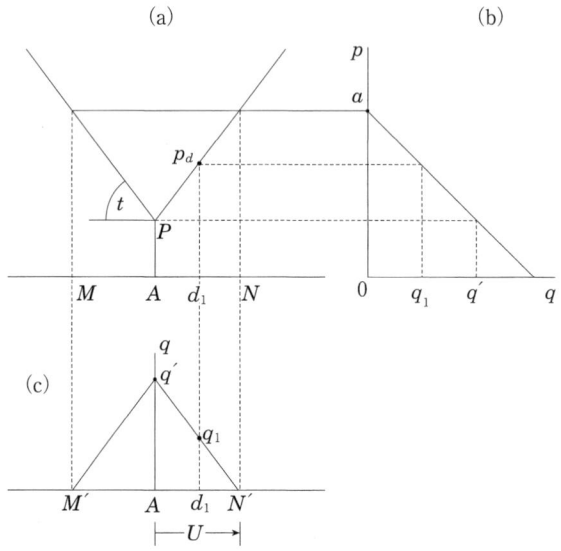

ただし C は総費用，k は限界費用，F は固定費用，Q は商品の販売量である。

2) 市場地域の形成と小売経営の販売量，収入および利潤

　小売経営が店頭渡価格 p で商品を線分市場に販売するとしよう。各地点に居住する消費者は商品の引渡価格が最高需要価格 a 以下であれば，需要関数にそってその商品の購入量を決める。経営からの距離が U になり，商品の引渡価格が輸送費の上昇により丁度 a になる地点の消費者の購入量はゼロになる。その地点が市場地域の端点である。それらの点は図ⅡA-1(a) の M，N 点で示される。購入量を示す(1)式から下記の(3)式を経て市場地域の半分の長さ，すなわち小売経営から市場地域の端点までの距離 U は(3a)式で示される。

$$q = a - p - tU = 0 \qquad (3)$$
$$U = (a-p)/t \qquad (3a)$$

小売経営の市場地域の全体の長さは，$2U$ であるので $2(a-p)/t$ と表される。次に市場地域内の各地点における消費者の購入量は(1)式から導出される。購入量は次のようにして図示される。例えば d_1 に居住する消費者は商品の引渡価格が p_d になり，購入量は q_1 になる。消費者の購入量の合計である販売量は3角形 $M'Nq'$ の面積で示されることになる。また経営の販売量 Q は(1)式を距離 u で積分して求められる。販売量 Q は(4)式により表わされる。U は(3a)式で示されるように店頭渡価格 p の関数であるので，販売量は p の2次関数になる。図ⅡA-2の曲線は小売経営の店頭渡価格と販売量の関係を示している。

図ⅡA-2　線分市場における店頭渡価格と販売量

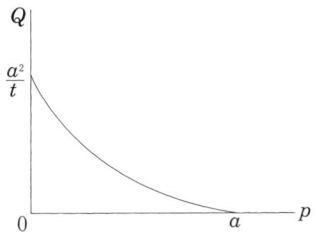

$$Q = 2\int_0^U (a-p-tu)\,du \tag{4}$$
$$= (a-p)^2/t \tag{4a}$$

小売経営の収入 R は販売量を表す(4a)式に店頭渡価格 p を乗じて求められ(5)式で示される。図ⅡA-3の曲線 $0-R^*-a$ で描かれるように小売経営の収入は店頭渡価格 p の3次関数になる。

$$R = p(a-p)^2/t \tag{5}$$

小売経営の費用 C は(2)式と(4a)式から，(6)式で表され図ⅡA-3の曲線 $a'-a^*$ で示され，店頭渡価格 p の2次関数になる。

図ⅡA-3　線分市場における店頭渡価格と収入および費用曲線

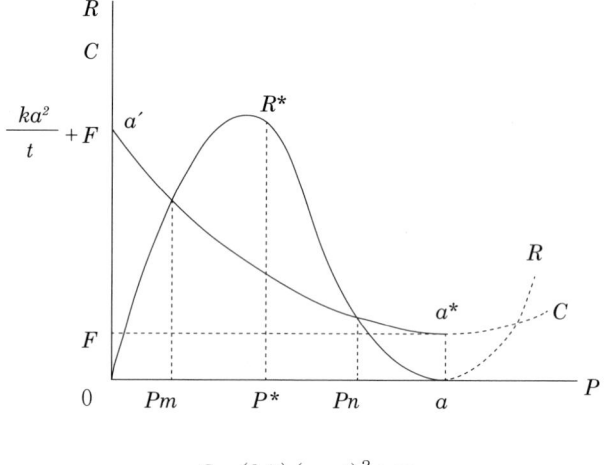

$$C = (k/t)(a-p)^2 + F \tag{6}$$

小売経営 A の利潤 Y は収入と費用の差であるから，それらを示す(5)と(6)式の差として(7)式で表され，図ⅡA-4の曲線 Y_0-Y' で示される。

$$Y = (a-p)^2(p-k)/t - F \tag{7}$$

最適店頭渡価格 p^* は(7)式から(8)式で導出できる。

図ⅡA-4　線分市場における経営の利潤曲線

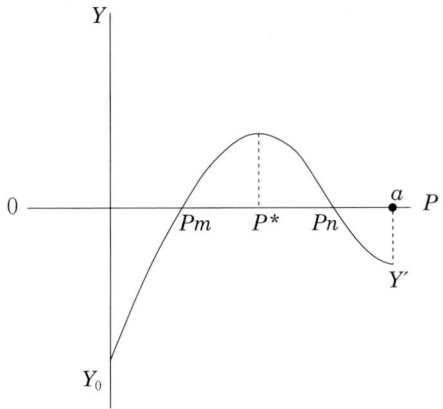

$$p^* = (a+2k)/3 \tag{8}$$

最適な市場地域の半分の長さ U^* は(8)式を市場地域の半分の長さを示す(3a)式の p に代入して(9)式のように求められる。

$$U^* = (2/3t)(a-k) \tag{9}$$

図ⅡA-4の利潤曲線から次のことが示される。小売経営にとって最小と最大の店頭渡価格はそれぞれ利潤をゼロにする p_m と p_n で示される。それに対応する市場地域は図ⅡA-5で示されている。最小の店頭渡価格を付けた場合に市場地域は最大の広さになる。逆に最大の店頭渡価格 p_n を付けた場合には市場地域は最小の広さとなり M_n-N_n で示される。最適な価格付けをした場合における最適な広さの市場地域は M^*-N^* で示される。

　上記の考察で注意すべき点は最小の広さの市場地域とは独占小売経営が最高の価格を付けた場合に対応する市場地域である。ここでの分析では独占の小売経営が想定され競争者がいないので，市場地域の端点での需要は常にゼロであるということが前提になっている。もし市場地域の端点での需要量がゼロでなく正の値でもよいとすれば，市場地域の最小の広さはここで示される広さより

かなり小さくなる[2]。

図ⅡA-5 経営の最適,最小および最大市場地域

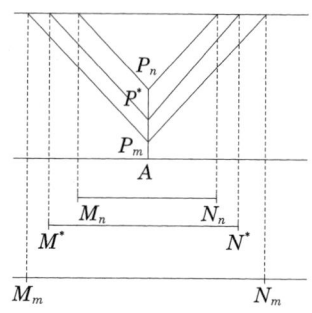

2. 線分市場における小売経営の立地と店頭渡価格

　小売経営に対して最大の広さより短く最小の広さより大きい任意の線分の市場地域が与えられ，その市場全体に商品を販売する場合を想定しよう。すなわち，自然条件あるいは規制などにより市場地域の大きさがあらかじめ決められている場合である。この場合の小売経営の立地と店頭渡価格を分析する
　いま，図ⅡA-6(a)の$M-N$のように長さLの市場地域が与えられるとし，他の仮定は上記の分析と同じであるとする。市場地域が十分に長い場合には小売経営の立地は問題とはならない。しかし想定されるように市場地域が限定される場合には小売経営Aの立地は利潤に影響して，利潤を最大化する最適立地点の導出が課題となる。
　小売経営の立地点を線分市場の点Mからの距離xで表すと，その商品の販売量は(10)式で示され，それは図ⅡA-6(c)の台形の面積$MNM'N'q'$で示される。

$$Q=\int_0^x (a-p-tu)du + \int_0^{L-x}(a-p-tu)du \tag{10}$$

小売経営の利潤Yは(11)式で表される。

図ⅡA-6 限定された線分市場における経営の価格付け

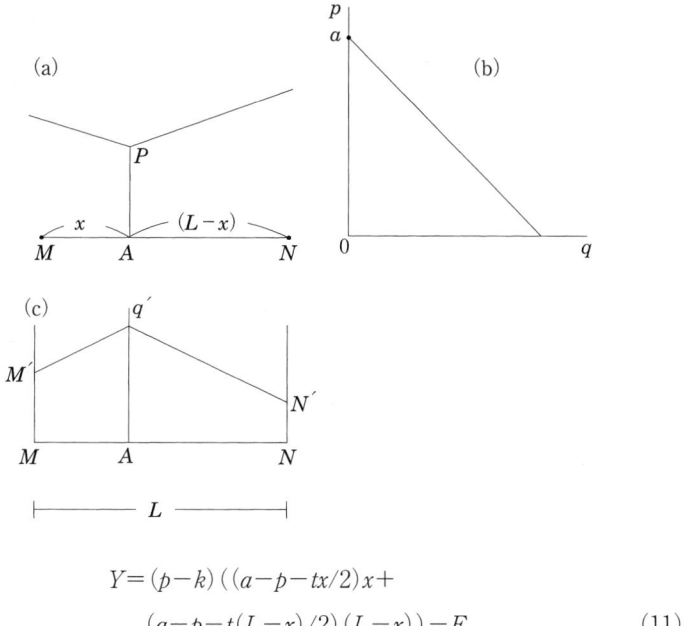

$$Y = (p-k)((a-p-tx/2)x + (a-p-t(L-x)/2)(L-x)) - F \qquad (11)$$

小売経営の最適立地点 x^* は(11)式を x で微分してゼロと置けば(12)式のように求められる。

$$x^* = L/2 \qquad (12)$$

予想されるように小売経営の最適な立地点は線分市場の中点になる。この場合の経営の利潤は $L/2$ を利潤関数(11)式の x に代入すれば，(13)式で表わされる。

$$Y = (p-k)(2(a-p-tL/4)(L/2)) - F \qquad (13)$$

経営の最適な店頭渡価格 p^* は(13)式を p で微分してゼロとおけば，(14)式で求められる。

$$p^* = (a+k)/2 - tL/8 \qquad (14)$$

小売経営の店頭渡価格は与えられる市場地域の長さ L と運賃率 t にも依存し，長い市場地域ほど最適店頭渡価格は低下することになる。

3．平面市場における市場地域の形成

本小節では線分空間を平面空間へ拡大し，消費者が均等に分布する無限の平面市場に小売経営 A のみを想定して，その店頭渡価格と市場地域を考察する。市場地域が線分から平面に変化しても市場地域の形成の仕方は線分市場の場合と同じである。図ⅡA-7(a) の $x-y$ 平面で示される平面市場に座標を与えその原点に経営が立地し店頭渡価格 p で商品を販売するとしよう。その財の引渡価格 $(p+tu)$ が消費者の最高需要価格 a になるまで消費者は財を，小売経営までの距離に応じて，それぞれの量を購入する。引渡価格が丁度 a になる地点（図ⅡA-7(a) の点 M, N）が経営の市場地域の端点になる。図ⅡA-7(c) で示される直径 $M-N$ の円周が小売経営 A の市場地域を示すことになる。

小売経営の商品の販売量 Q は図ⅡA-7(c) の円錐体 MNq' の体積で示され，(15)式で求められる。この円の市場地域の半径 U は $(a-p)/t$ であるので，(15a)のように表わされる。

$$Q = \int_0^{2\pi} \int_0^U (a-p-tu) u \, du \, d\theta \qquad (15)$$
$$= \pi (a-p)^3 / (3t^2) \qquad (15a)$$

したがって小売経営の利潤 Y は容易に(16)式のように表されることになる

$$Y = (p-k)(a-p)^3 / (3t^2) - F \qquad (16)$$

図ⅡA-7(d) の Y_0-Y は(16)式を表わし，店頭渡価格と小売経営の利潤の関係を示している。経営の利潤を最大化する最適な店頭渡価格 p^* は(16)式を p で微分しゼロとおいて(17)式のように求められる。

Ⅱ　生活空間の組成理論　23

図ⅡA-7　平面市場における市場地域の形成

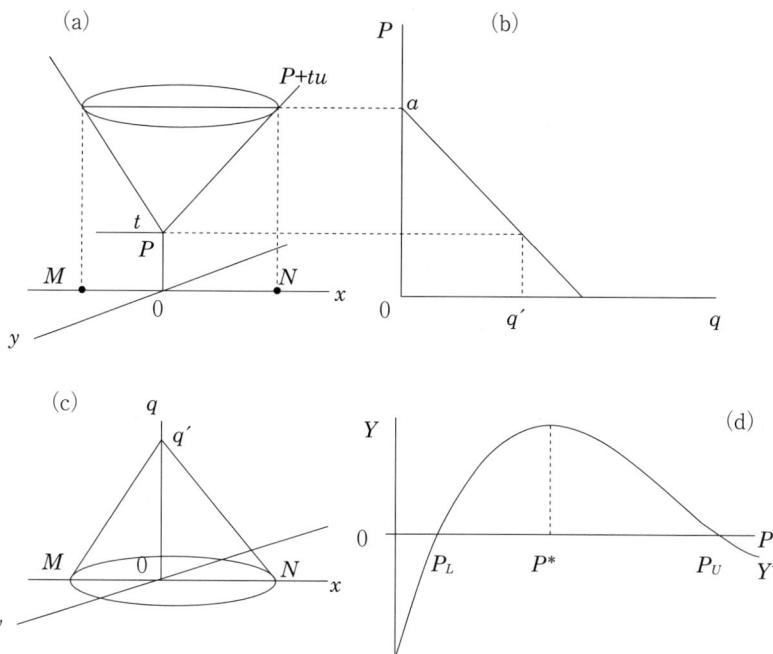

$$p^* = (a+3k)/4 \tag{17}$$

この価格で商品が販売される場合における最適な市場地域の半径 U^* は(18)式により，また市場地域の面積 SA は(19)式によりそれぞれ求められる。

$$U^* = 3(a-k)/(4t) \tag{18}$$
$$SA = (9/16t^2)(a-k)^2 \tag{19}$$

図ⅡA-7の(d)の p_L, p_U はそれぞれ経営の利潤をゼロにする店頭渡価格を示しており，それぞれ最小の店頭渡価格と最高の店頭渡価格を示している。最小の価格 p_L に対応する市場地域が最大の広さの市場地域に，最高の価格 p_U に対応するものが最小の広さの市場地域である。最適な広さは運賃率，限界費用そ

して消費者のもつ最高需要価格により決定される[3]。

次に小売経営の市場地域が半径 U と与えられている場合についてみると，線分市場の場合と同じ仕方で経営の利潤を最大にする店頭渡価格 p^* は(20)式のように示される。

$$p^* = (a+k)/2 - tU^2/6 \qquad (20)$$

市場地域が与えられる場合には，市場地域の広さも最適店頭渡価格に影響を与えることが判明する。

4. 小売経営間の市場境界の形状

1) 市場境界分析について

空間的な広がりのある市場において小売経営が独占の立場にあり利潤最大化の価格付けをし，最適な市場地域を形成して利潤を得ていれば，新たな経営が参入して消費者をめぐって競争が生じると当然予想される。次の3つの節では複占，すなわち2経営を想定して隣接する2経営間の競争を取り上げる。競争関係にある2小売経営が有する市場地域の境界線の形状を分析する。続いて2経営による重複市場地域の形成に分析を進める。市場境界は空間経済の特徴を最も良く示すものであるので詳しく考察を展開することにしたい。

上記の市場境界の形状分析を開始する前に，空間が考慮される市場における競争の発生について基礎的考察しておくことにしたい[4]。

(1) 空間経済における競争の発生

通常市場は，点，線分，平面，さらに球面と仮定される。以下でなされる工業立地分析においては原料産地などと同様にして市場も点と通常仮定される。本章で分析がなされる小売経営の市場地域の広さと形状そして店頭渡価格に関する分析は当然ながら線分あるいは平面市場の下でなされることになる。空間的な広がりを有する市場を想定する経済分析は空間経済の特徴を首尾よく示すとともに，市場を点として捉える経済分析より広い考察枠組の下でなされるた

めに，いくつかの新しい分析局面に遭遇することになる。その局面の一つに空間経済の下では経営間の競争はどこから生じ，その圧力はどこに働き，その作用はどのような機構で各種経営を動かすのかというものがある。市場が空間的広がりを有することに関連して直接経済的影響力を持つ重要な要因として，財の輸送距離と運賃率および運賃がある。ここでは運賃率の低下を原動力にして経営間に競争が生じるものとし競争の発生を考察することにする。

　線分市場において小売経営が独占の立場にある場合における経営の市場地域と店頭渡価格の水準は前節での考察から導出され利潤は(7a)式で示される。

$$Y=(a-p)^2(p-k)/t-F \tag{7a}$$

最適市場地域の長さと最適店頭渡価格から利潤は(7b)式のように再示される。

$$Y=(4/27t)(a-k)^3-F \tag{7b}$$

(7b)式から，もし運賃率が，(7c)式で示されるような運賃率の上限，すなわち，小売経営の存立を許す最大運賃率にある場合には，独占小売経営が最適な価格と市場地域の広さを有したとしてもその利潤はゼロになる。

$$t=(4/27F)(a-k)^3 \tag{7c}$$

さらに，この場合に市場地域の長さは(7d)式のように再示できる。

$$2U^*=2(9F/2(a-k)^2) \tag{7d}$$

線分市場に立地する小売経営が独占ではなくなり，他の小売経営が線分市場に参入できるものと想定しよう。小売経営が自由に市場に参入できるとしても，ここで運賃率が(7c)式で示されるように，小売経営の利潤をゼロとする上限の水準にある場合には，線分市場に参入する全ての小売経営の店頭渡価格と市場地域の長さは最適でありまた同じ値である。したがって利潤も丁度ゼロのままである。この状態は図ⅡA-8の太線で示され，図では3つの小売経営 A_0, A_1, A_2 が示されている。

図ⅡA-8 運賃率の低下による競争の発生と接触価格

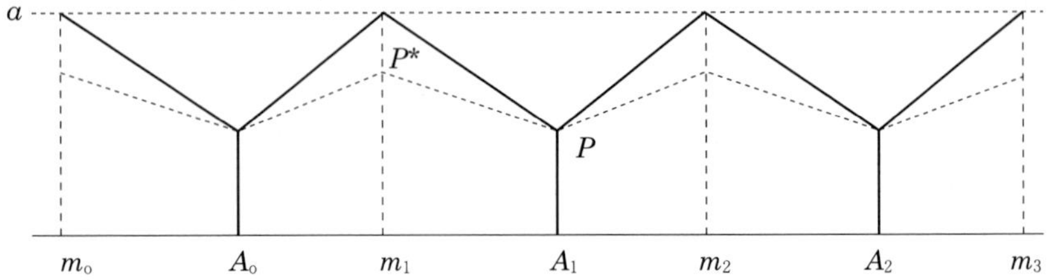

運賃率が(7c)式で示されるようにきわめて高い場合には，線分市場が自由参入状態に変化しても，小売経営の店頭渡価格と市場地域の長さは，独占小売経営と同じである。各小売経営の市場地域の境界点の引渡価格も a である。すなわちこの状態は，各小売経営の市場地域は接しているが，線分市場が独占状態にある場合と同じであり，表面上では小売経営間において競争は生じないといえる。言い換えれば各小売経営は何の行動も取れない状態のままである。このような市場状態は，経済発展段階を考慮して考察する場合には，その初期段階の市場状態として多々ありうる状態と考えられる。ここでも上記の市場状態を小売経営間における競争開始前の状態として想定する。

このような市場状態の下で運賃率低下が発生するとしよう。これにより各地点に居住する消費者への引渡価格を示す線は図ⅡA-8の点線で示されるようになるとしよう。この段階においては，前述のように小売経営の最適店頭渡価格は運賃率から影響を受けないので，最適な店頭渡価格 P は同じ水準のままである。運賃率が低下すれば，各小売経営の市場地域の境界における商品の引渡価格は a から減少することになり，図の P^* で示されるようになる。運賃率の低下により競争相手との市場境界を定めているのは市場境界における商品の価格であり，ここでは P^* ということになる。本節ではこの価格のことを「接触価格」と呼ぶことにする[5]。

図ⅡA-8の点線で示されるように，この状態の下では運賃率が低下しても各小売経営の市場地域の長さは変化しない[6]。その長さが変化しないのは，上記のように各小売経営の接触価格が同一であることによるものであり，運賃率

は小売経営の存立を許しており，経営になんの変化も起こさせない上限の水準にあるからではないということになる。また，この状態においては，確かに小売経営の市場地域の長さは変化しないが，各小売経営の財の販売量は増加し利潤はゼロから正の額に上昇することになる。運賃率の低下により正の利潤が生み出されると既存小売経営のみならず市場外にある潜在的な小売経営も，利潤のさらなる増加あるいは新機に利潤獲得を求めて行動を起こすことになる。ここに競争が発生し機能し始めることになる。

運賃率が低下し始め，その低下が進めば，それに応じて，既存小売経営の利潤は増加することになり潜在的な経営も含めて経営間の競争は激化することになる。競争圧力は接触価格にかかり，その低下の値により競争圧力の程度が示されることになる。いかに競争が機能し各小売経営の様相を変化させるかは次節において分析されることになる。

次のように上記考察は整理される。運賃率の低下が「接触価格」を減少させて，小売経営間に競争を引き起こすことになる。すなわち，空間経済における競争は運賃率の低下により引き起こされ[7]，その圧力は接触価格を押し下げることから働き始める。そして全小売経営は接触価格水準を基準にして，利潤増加を求めての競争戦略，すなわち，その店頭渡価格を変化させ利潤増加を図る行動に移ることになる。さらに既存経営の立地移動性および新規経営の新立地の可能性を含めれば，小売経営の競争に対応する行動は以下の分析で示されるようにかなり複雑なものになる。いずれにしても，典型的な空間経済の下では，運賃率の低下により競争が開始され競争圧力は接触価格にかかり，競争発生の状況において考慮すべき最も重要な要因は市場地域が接する地点における接触価格であると言える。接触価格の働きとその重要性はⅣ章補論でも論じることにしたい。

(2) 市場境界分析に関する理論の系譜について

次に小売経営の接触価格の働きを具現化する点の集まり，すなわち市場境界線の形状に関する分析の歴史を若干振りかえておきたい。この分野においては最初に Launhardt (1885) による境界線の形状分析がなされ，その後 Fetter

(1924), Hyson-Hyson (1950), 宮坂 (1970) らの研究が続き Parr (1995) により体系的な分析がなされてきている。市場地域の境界線に関する問題は1世紀以上にわたって分析されている。長い分析の歴史に比べると，その成果は大きいとは言えない。境界線の形状分析とその応用が進展しない1つの理由は数式処理のみに依存してきたことによる。市場地域の境界線には多くの複雑な形状が含まれ形状の確定およびその形状を有する市場地域の広さそして販売量の導出は数式処理のみでは困難である。経済分析にとって基本要因である小売経営の市場地域の広さと財の販売量が求められなければ，境界線の形状分析から経済的に意味のある内容を引き出すことは困難である。したがって市場地域の境界線の形状に対する経済分析からの関心は低いことになる。そこで本節では数式処理に加えて数値計算の手法を導入し典型的であるが複雑な市場境界の形状を確定する。そしてその形状の市場地域における小売経営の販売量と利潤を求めることにする。

2) 複占市場における市場境界の形成

均質な平野のような平面市場において財を生産し販売する経営が利潤を得ていれば，その周囲に新たな経営が平面市場に参入する。参入がある程度進めば，それらの経営間の立地は接近し各経営の市場地域は互いに侵食され各経営の市場地域を分ける市場の境界が形成される。通常は多くの経営の市場地域により市場境界が形成されるが，2つの経営のみを想定し市場境界を分析しよう。2経営間の分析は容易に多数の経営が想定される場合の分析に応用できる。

消費者は財の店頭渡価格とその輸送費の合計である引渡価格が低くなる方の経営から財を購入する。2経営からの財の引渡価格が丁度同じになる地点に居住する消費者はどちらの経営に出かけても同じである。（言い換えれば，接触価格を形成する地点に立地する消費者はどちらの経営に出かけても同じという消費者ということになる。）このような消費者の居住する地点の集まりが市場の境界線である。本節ではまず数式処理で導出可能な市場地域の境界線の形状を検討し，次

に4次方程式で表される閉曲線の境界線の形状を数値計算の手法により導出することにする。

(1) 直円錐面の交差による境界線の導出

本節の分析は宮坂(1970)の分析手法を用いてなされる。かれの分析手法に従いこれまで示されてきた市場境界の形状を再示し，次いでほとんど言及されてこなかった形状を導出する。

次のように仮定する。図ⅡA-9(a)で示される$x-y$の平面市場に2つの経営A，Bが存在する。$x-y$平面の原点0に経営Aが立地し経営Bは原点0からx軸上においてLだけ離れた点に立地する。経営A，Bは同質の財を店頭渡価格p_A, p_Bでそれぞれ販売する。消費者は$x-y$平面に均等に分布し当該の財に対して前節と同じ需要関数を有している。すなわち需要関数は(21)式で与えられ，図ⅡA-8(b)で示される。

$$q_i = a - p_i - t_i u \qquad (21)$$
$$(i=A, B)$$

用いられる記号の内容は前節と同じであるが，$t_i (i=A, B)$ は経営Aあるいは B から財を購入する場合の運賃率である。各運賃率 t_A, t_B は図ⅡA-9(a)において角度 θ, θ^* で示されている。$p_i (i=A, B)$ は小売経営 A と B の店頭渡価格である。図ⅡA-9(a)の z 軸は財の引渡価格の水準を示している。

このような想定において小売経営Aから財を購入する場合の各消費者に対する引渡価格の水準は図ⅡA-9(a)の直円錐面 $p_A CMC'$ で表せる。同様に小売経営Bに対する引渡価格の水準は直円錐面 $p_B GMG'$ で表せる。消費者は財の引渡価格がより低くなる経営から財を購入し経営の市場地域の境界は経営A，Bに対する引渡価格が等しくなる地点である。境界線は2つの経営の引渡価格を表す直円錐面の交点の集合である。したがって経営の市場地域の境界線は2つの直円錐面を表わす連立方程式をxとyについて解けば求められる。まず各経営に対する直円錐面の方程式を導出しよう。

小売経営A，Bの引渡価格の水準は図ⅡA-9(a)において直円錐面 $p_A CMC'$

図ⅡA-9　2つの直円錐面と需要曲線

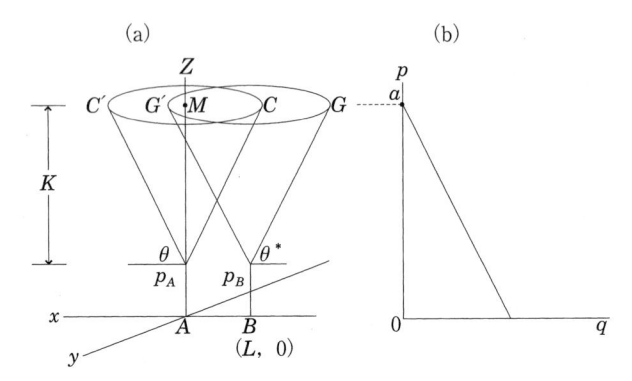

と $p_B GMG'$ で示される。最高需要価格は a, 経営 A の店頭渡価格は p_A であり, 直円錐面の高さは $a-p_A$ となるので, この高さを K で表す。簡潔性のために経営 A の店頭渡価格 p_A をゼロと想定すれば, 経営 A に対する直円錐面の方程式は(22)式で示される。

$$K^2(x^2+y^2)=z^2C^2 \tag{22}$$

ただし C は直円錐面の底面の半径である（図ⅡA-9(a) の点 C に対応している）。運賃率 t_A は直円錐面の母線の傾き θ で示され, $K/C=\tan\theta$ であるので, (22)式は(22a)式のように変形される。

$$(x^2+y^2)\tan^2\theta=z^2 \tag{22a}$$

同様にして原点 O から x 軸上において L だけ離れて立地する小売経営 B に対する引渡価格を示す直円錐面の方程式は(23)式で表される。

$$((x-L)^2+y^2)\tan^2\theta^*=(z-S)^2 \tag{23}$$

ただし θ^* は小売経営 B に対する運賃率 t_B, そして S は店頭渡価格の差を示している。(22a)と(23)式で示される2つの直円錐面の方程式からなる連立方程式を x と y について解くことにより市場地域の境界線の形状が明らかにな

(2) 数式処理による境界線の形状の確定

本小節ではすでに明らかにされている市場境界の3つの形状と数式処理が可能であるが，これまでほとんど言及されていない2つの形状を導出する。

（ⅰ） 同一店頭渡価格と同一運賃率の場合における境界の形状

小売経営A，Bが同じ店頭渡価格で財を販売し，その運賃率も同じであるとしょう。小売経営A，Bに対する直円錐面のx軸上の断面は図ⅡA-10(a)で示される。(22a)と(23)式の連立方程式をx, yについて解き市場境界の形状を求めよう。ただし$\theta=\theta^*$，Sはゼロある。上記の2つの式から(24)式が得られる。

$$2xLtan^2\theta - L^2tan^2\theta = 0 \qquad (24)$$

(24)式から，$x=L/2$となる。境界線の形状は経営A，Bを結ぶ線分を垂直に2等分する直線となる。図ⅡA-11(a)のb_1-b_2が直線の境界線を示している。

図ⅡA-10 直円錐面の断面

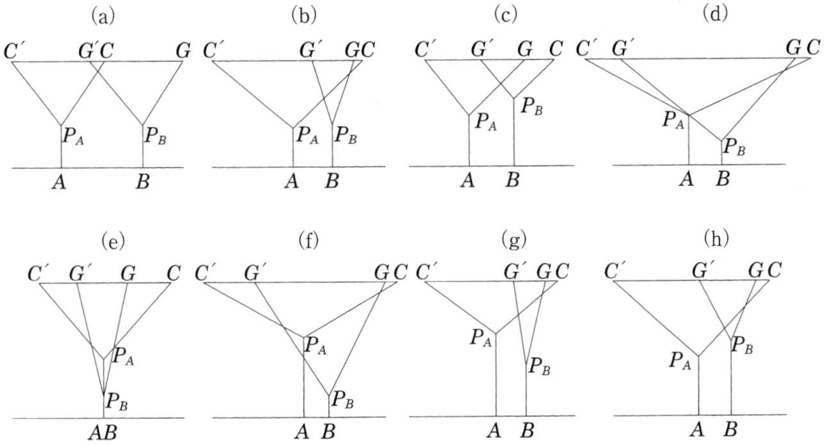

（ⅱ） 同一の店頭渡価格と異なる運賃率の場合における境界の形状

小売経営A，Bの店頭渡価格は同じであり経営Bに対する運賃率は経営A

より高いと仮定する。この場合における各経営に対する直円錐面の x 軸上の断面は図ⅡA-10(b) で示される。経営 A, B に対する直円錐面の方程式は(22a)と(23)式で与えられる。したがって市場地域の境界線の形状はそれらの連立方程式を x, y について解くことで明らかになる。ただし $\theta < \theta^*$, $S=0$ ある。(22a)と(23)式から(25)式を得る。

$$(tan^2\theta^* - tan^2\theta)x^2 + (tan^2\theta^* - tan\theta)y^2 - 2Ltan^2\theta^* x + L^2tan^2\theta^* = 0 \qquad (25)$$

(25)式を $tan^2\theta^* - tan^2\theta$ で割ると(26)式になる。

$$x^2 + y^2 - 2Ltan^2\theta^* x/(tan^2\theta^* - tan^2\theta) + L^2tan^2\theta^*/(tan^2\theta^* - tan^2\theta) = 0 \qquad (26)$$

(26)式においては(27)式が成立する。

$$(Ltan^2\theta^*/(tan^2\theta^* - tan^2\theta))^2 - L^2tan^2\theta^*/(tan^2\theta^* - tan^2\theta) > 0 \qquad (27)$$

(26)式は円を表している。円の中心点は $(Ltan^2\theta^*/(tan^2\theta^* - tan^2\theta), 0)$ であり、半径は $(Ltan^2\theta^*/(tan^2\theta^* - tan^2\theta))^{0.5}$ である。図ⅡA-11(b)で示される小円 $b_1 - b_2 - b_3 - b_4$ が小売経営の市場地域の境界線を示している。

（ⅲ）異なる店頭渡価格と同一運賃率の場合における境界の形状

ここでは小売経営 B の店頭渡価格が小売経営 A より S だけ高く運賃率は同じである場合の境界線の形状を分析する。各経営に対する直円錐面の断面は図ⅡA-10(c) で示される。経営 A の直円錐面の方程式は(22a)式で与えられ経営 B のそれは経営間の店頭渡価格の差が S であり(23)式で表される。(22a)と(23)式の連立方程式を x と y について解くことで境界線の形状を求める。(23)式の右辺を展開すれば(28)式になる。だし運賃率は同じであるので θ^* も θ で示す。

$$((x-L)^2+y^2)tan^2\theta = z^2-2zS+S^2 \qquad (28)$$

(22a)式の左辺を(28)式の z^2 に代入すれば(29)式を得る。

$$((x-L)^2+y^2-(x^2+y^2))tan^2\theta - S^2 = -2zS \qquad (29)$$

(29)式を2乗すれば(30)式になる。

$$((x-L)^2+y^2-(x^2+y^2))tan^2\theta - S^2)^2 = 4z^2S^2 \qquad (30)$$

(30)式の z^2 に再び(22a)式の左辺を代入し $(1/cot^2\theta)^2$ で割り(31)式を得る。

$$(L^2-2Lx-S^2cot^2\theta)^2 = 4S^2(x^2+y^2)cot^2\theta \qquad (31)$$

(31)式を変形すれば(32)式になり,境界線を表す方程式である。

$$(L^2-S^2cot^2\theta)x^2-S^2cot^2\theta y^2-L(L^2-S^2cot^2\theta)x$$
$$+(1/4)(L^2-S^2cot^2\theta)^2 = 0 \qquad (32)$$

(32)式を座標の変換をして方程式を分析すれば,(33)式のように変形できる。

$$x^2/(Scot\theta/2)^2 - y^2/((L^2-S^2cot^2\theta)^{0.5}/2)^2 = 1 \qquad (33)$$

この式は双曲線を表しその漸近線は(34a)と(34b)式で示される。

$$y=+((L^2-S^2cot^2\theta)^{0.5}/Scot\theta)x \qquad (34a)$$
$$y=-((L^2-S^2cot^2\theta)^{0.5}/Scot\theta)x \qquad (34b)$$

図ⅡA-11(c) の b_1-b_2 は双曲線の境界線を示している。

　導出された3つの形状は多くの文献により繰り返し示されてきた市場境界の形状である。これらの形状により経営間の店頭渡価格の差と運賃率の差が各経営の市場地域に作用する基本的内容が示される。すなわち店頭渡価格より運賃率において有利な経営はその市場地域をより拡大し競争経営の市場地域をより縮小させる。

図ⅡA-11　3種類の境界線の形状

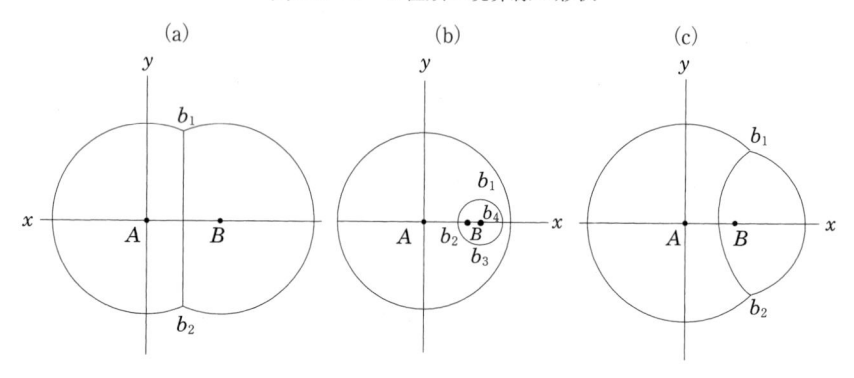

(iv)　異なる店頭渡価格と異なる運賃率の場合における市場境界線の形状

一般的に2つの経営の店頭渡価格と運賃率がともに異なる場合には境界線の形状は数値計算の手法によって分析される。しかし例外的に数式処理でその形状を確定できる場合が少なくとも2つある。これらの境界線の形状を明らかにしよう。

(iv—1)　小売経営Bに対する運賃率は小売経営Aより高く，経営Bの販売する財の店頭渡価格が経営AのそれよりSだけ低い，そして経営Bの財の引渡価格が経営Aの立地点で経営Aの店頭渡価格に等しい場合を取り上げる。

各経営に対する直円錐面の断面は図ⅡA-10(d)で示される。経営Aの直円錐面の方程式は(22a)式である。経営Bのそれは(35)式で表される。

$$((x-L)^2+y^2)tan\theta^* = (z+S)^2 \qquad (35)$$

この場合の境界線は(22a)と(35)式の連立方程式をxとyについて解くことで求められる。(35)式の右辺を展開し，そのz^2に(22a)式の左辺を代入すれば(36)式が得られる。

$$((x-L)^2+y^2)tan^2\theta^* = (x^2+y^2)tan^2\theta+2zS+S^2 \qquad (36)$$

(36)式は(37)式に変形される。

$$(tan^2\theta^* - tan^2\theta)x^2 + (tan^2\theta^* - tan^2\theta)y^2 -$$
$$2Ltan^2\theta^* x + L^2tan^2\theta^* - S^2 = 2zS \tag{37}$$

(37)式を2乗して右辺のz^2に(22a)式の左辺を再び代入すれば(38)式を得る。

$$(W(x^2+y^2)^2 tan^2\theta^* Lx + tan^2\theta L^2 - S^2)^2 = 4S^2 tan^2\theta(x^2+y^2) \tag{38}$$

ただしWは$tan^2\theta^* - tan^2\theta$である。経営Aの立地点で経営Bの引渡価格が経営Aの店頭渡価格に等しいことから$tan\theta^* = S/L$であり(38)式は(39)式のように変形できる。

$$(x^2+y^2 - 2tan^2\theta^* Lx/W)^2 = (2Stan\theta/W)^2(x^2+y^2) \tag{39}$$

(39)式は蝸牛線を示す方程式である。蝸牛線はこれまで境界線の形状としてほとんど言及されてない形状である。図ⅡA-12(a)は$S=3$, $L=2$, $\theta=45°$, $\theta^*=56.31°$と仮定した場合における蝸牛線を示している[8]。

(Ⅳ—2)　数式処理により境界線の形状を確定できるもう1つのケースは2つの経営間の距離がゼロ，すなわち2経営の立地が同一になる場合である。

この場合もほとんど注目されてこなかったが，次節で考察されるように経済的に興味深いものである。経営A，Bに対する直円錐面の断面は図ⅡA-10(e)で示される。経営Aの直円錐面の方程式は(22a)式で与えられ経営Bのそれは(40)式で示される。

$$(x^2+y^2)tan^2\theta^* = (z+S)^2 \tag{40}$$

このケースの境界線の形状は(22a)と(40)式の連立方程式をxとyについて解くことで求められる。これらの式から(41)式を得る。

$$(tan^2\theta^* - tan\theta)(x^2+y^2)^2 +$$
$$2S^2(tan^2\theta^* + tan^2\theta)(x^2+y^2) + S^4 = 0 \tag{41}$$

(41)式を変形すれば(42)式になる。

$$X^2+y^2=(S(tan^2\theta^*+tan^2\theta)/(tan^2\theta^*-tan^2\theta))^2 \quad (42)$$

(42)式は原点を中心とし半径を

$$S(an^2\theta^*+tan^2\theta)/(tan^2\theta^*-tan^2\theta)$$

とする円の方程式である[9]。

図ⅡA-12　4次方程式で示される境界線

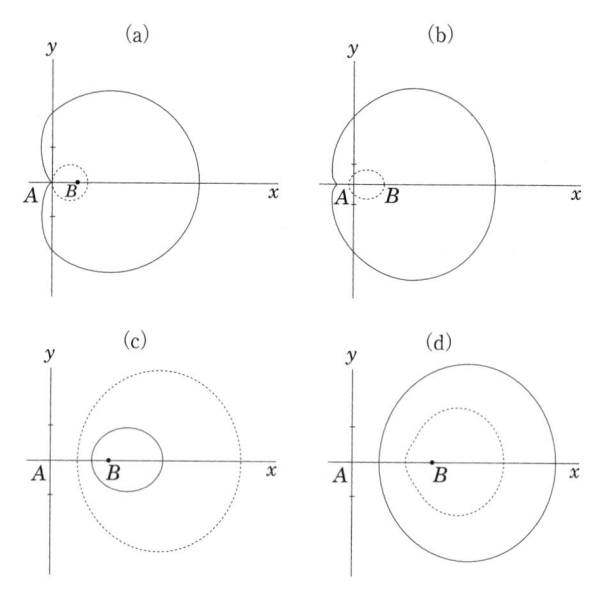

(3) 数値計算の手法による境界線の形状の導出

　2経営が販売する財の店頭渡価格とそれらの運賃率がともに異なる場合には境界線は4次方程式で表される。通常は境界線の形状は数値計算の手法により導出する。ここでは一般的な2つの場合における境界線の形状を導出する。

　(i) 経営Bの店頭渡価格は経営Aより低く経営Bの運賃率は経営Aより高い場合。

　経営Bの店頭渡価格は経営Aより低く経営Bに対する運賃率は経営Aより

高い場合の境界線の形状は(22a)と(35)式の連立方程式をxとyについて解くことで求められる。ここでは典型的な市場境界の形状を生みだす数値例を2つ想定して分析を進めよう。第1に2経営の直円錐面の断面が図ⅡA-10(f)で示されるように経営A，B間の距離が比較的短く店頭渡価格の差が比較的大きい場合を分析する。そこで，$L=1$，$\theta=45°$，$\theta^*=56.31°$，店頭渡価格の差を表すSは2としよう。この場合における境界線の方程式の導出は(2)小節で示された方法でなされ境界線の方程式は(43)式のように示される。

$$1.5625(x^2+y^2)^2-11.25(x^2+y^2)x-20.375(x^2+y^2)+ \\ (4.5x-17.5)^2=0 \qquad (43)$$

この式が示す形状は次のように確定する。まず(43)式のyをゼロとし(44)式をえる。

$$1.5625x^4-11.25x^3-40.625x^2-157.5x+306.25=0 \qquad (44)$$

(44)式をxについて解き，境界線がx軸と交差する点を求める。そして，交差する点からxの最小値と最大値を取り出す。それらの値は(44)式から，xの解は-1，-0.2，1.4，7となるので，-1と7を取り出す。次に，最小値である-1の付近から最大値である7までのxの値を順次，境界線の方程式の(43)式のxに代入し(43)式をyの4次方程式にてし各xの値に対して(43)式をyについて解く。そのyの解の実数値を図にプロットする。この作業を繰り返して境界線の形状を確定する。ここでの数値例では図ⅡA-12(b)の境界線が導出される。図の実線が境界線を示し，縦に引き伸ばされた楕円族の1つの形状を示す[10]。この場合には境界線が点$(-1, 0)$の付近で右側に曲がる特徴をもっている。境界線で囲まれた地域が経営Bの市場地域となる。経営Aの市場地域は半径Cの大きい円から経営Bのこの市場地域をくり抜いた残りの地域となる。

次に経営の店頭渡価格の差が少なく経営間の距離が比較的長い場合をみよう。2経営の直円錐面の断面は図ⅡA-10(g)で示される。ここにおいては

$S=1$, $L=4$, $\theta=45°$, $\theta^*=56.31°$ と仮定する。境界線の方程式は(45)式で示される。

$$1.5625(x^2+y^2)^2 - 45(x^2+y^2)x - 83.5(x^2+y^2) + (18x-35)^2 = 0 \qquad (45)$$

この方程式の形状を明らかにする手順は上記の第1の場合と同じである。(45)式で示される境界線の形状は図ⅡA-12(d)の実線で示され。境界線は縦に引き伸ばされた楕円族の1つである。経営Bの店頭渡価格が経営Aより低く経営Bに対する運賃率は経営Aより高い場合には境界線は一般的に縦に引き伸ばされた楕円族の1つとなる。

（ⅱ）経営Bの店頭渡価格は経営Aより高く経営Bに対する運賃率も経営Aより高い場合。

小売経営Bの店頭渡価格は小売経営Aより高く経営Bの運賃率も経営Aより高い場合における2経営の直円錐面の断面は図ⅡA-10(h)で示される。経営Bの直円錐面の方程式は(46)式で表され境界線は(22a)と(46)式の連立方程式を解くことで求められる。

$$((x-L)^2+y^2)\tan^2\theta^* = (z-S)^2 \qquad (46)$$

この場合には$S=2$, $L=5$, $\theta=45°$, $\theta^*=56.31°$ と仮定しよう。この仮定の下で(22a)と(46)式の連立方程式を解けば(47)式になる。

$$1.5625(x^2+y^2)^2 - 56.25(x^2+y^2)x - 114.6253(x^2+y^2) + (22.5x-52.25)^2 = 0 \qquad (47)$$

(47)式の示す形状は上記（ⅰ）の分析と同じ仕方で明らかにされる。その結果は図ⅡA-12(c)の実線で示される。境界線は横に引き伸ばされた楕円族の1つになる。小売経営Bの店頭渡価格も運賃率も小売経営Aより高い場合には経営間の距離が変化するとき境界線の形状の型においては大きな変化は生じない。

5. 市場境界の形状と経営立地

1) 市場地域における小売経営間の競争と立地

経営の市場地域の形状が確定すれば経営の販売量および利潤の導出が次の課題になる。これらの導出により市場境界の形状分析は経済分野にて有用性を発揮することになる。上記3節の市場境界分析を応用して既存の経営が立地している市場地域に新規経営が参入する場合の立地について分析する。

新規経営の立地の分析のために本節では次のように仮定しよう。図ⅡA-13で示される半径 C の円形の市場地域があり既存の経営 A が中心 O に立地し財を店頭渡価格 p_A で販売している。新規参入経営 B は店頭渡価格を p_B とし点 C と円の中心 O を結ぶ線分上のいずれかの地点に立地を予定する。市場地域に均等に居住する消費者は上記(21)式で示されるような線形の需要関数をもっている。新規および既存の経営の生産および販売の費用は簡潔性のためにゼロとする。新規経営と既存経営では販売の条件が異なると考えられ，それらの相違は財の店頭渡価格と運賃率に反映される。消費者が既存経営 A にゆく場合の運賃率は t_A，新規経営 B に出かける場合には t_B であり $t_B \geqq t_A$ と仮定する。そして以下の分析では次の3ケースについて新規参入経営の最適な立地点をそれぞれ導出する。

図ⅡA-13 円形の既存市場地域

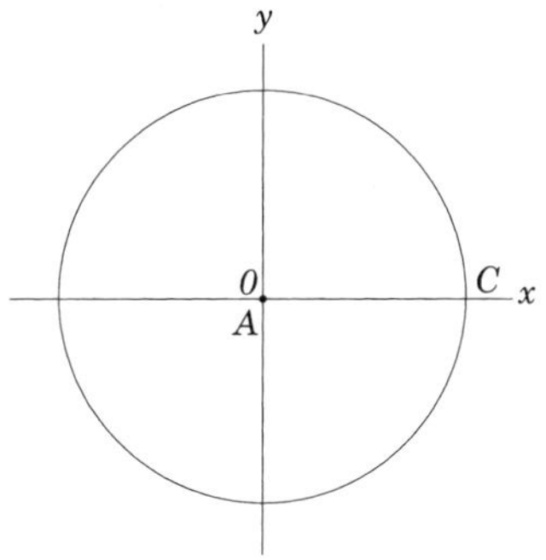

ケース(1)　新規経営の店頭渡価格と運賃率が既存経営より高い：
　　　　　$p_B > p_A$, $t_B > t_A$ である場合。
ケース(2)　新規経営の店頭渡価格は既存経営より低いが運賃率はそれより高い：
　　　　　$p_B < p_A$, $t_B > t_A$ である場合。
ケース(3)　新規経営の店頭渡価格と運賃率は既存経営のそれらと同じである：
　　　　　$p_B = p_A$, $t_B = t_A$ である場合。

ケース(1)　新規経営の店頭渡価格と運賃率が既存経営より高い場合における
　　　　　新規経営の立地と利潤

　新規経営Bの財の店頭渡価格と運賃率が既存経営Aより高い場合における新規経営の立地とそれにより得られる販売量と利潤を分析する。

　図ⅡA-10(h)はこの場合における新規経営Bと既存経営Aが販売する財の店頭渡価格 p_B, p_A とその引渡価格 $C-p_A-C'$, $G-p_B-G'$ の水準を示す。この店頭渡価格と運賃率のもとでは市場地域の境界線の形状は、横に長い楕円族の1つになる。したがって新規経営の立地に対応して形成される市場地域はかなり複雑になり新規経営の立地と市場地域における販売量そして利潤の関係は解析的な仕方で明らかにすることは困難である。それゆえ前小節と同じ数値計算の手法を用いて新規経営の最適立地を導出する。ただし消費者の最高需要価格 a は20、既存経営の店頭渡価格 p_A は5，その運賃率 t_A は1，新規経営の財の店頭渡価格 p_B は6，その運賃率 t_B は1.5とする。

　この想定の下で新規経営の立地が中心0から点Cへ移動する場合，新規経営の市場地域は立地に応じて変化するが，各立地点における市場地域の形状は，経営間の距離 L を順次拡大させて前小節で示した仕方で各 L における市場地域の形状を導出できる。図ⅡA-14(c)はこの場合におけるいくつかの市場地域の形状を示している。

　新規経営の立地点が中心0から離れるにつれて，市場地域はその形状を変化

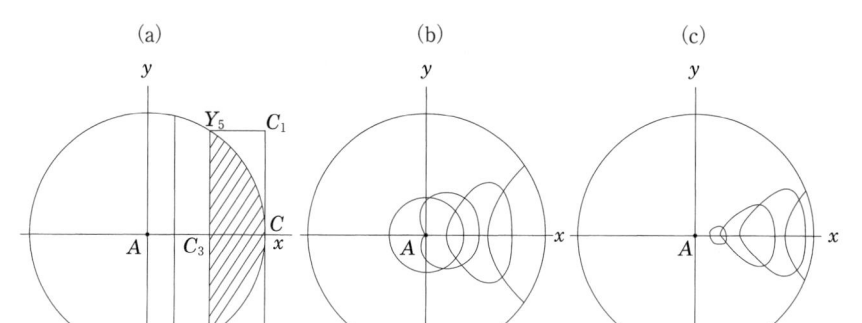

図 II A-14 経営の立地と市場地域と市場境界の形状

させながら拡大してゆく。これらの市場地域における販売量はモンテカルロ法により導出される。(モンテカルロ法の具体的な実行方法は補論を参照)その結果は図 II A-15 の曲線 $q_7-q_8-q_9$ で示されている。市場地域の形状と販売量が確定できれば、各立地点における経営の利潤は各地点における販売量に店頭渡価格を乗じて容易に求められる。新規経営の立地と利潤の関係は図 II A-16 の曲線 $r_7-r_8-r_9$ で示されている。これらの図から新規経営は 5,286 の最大の利潤が得られる (9, 0) の地点に立地する。

ケース(2) 新規経営の店頭渡価格は既存経営より低いが運賃率はそれよりい

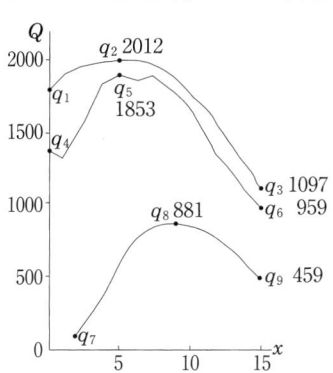

図 II A-15 新規経営の立地と販売量

図ⅡA-16　新規経営の立地と利潤

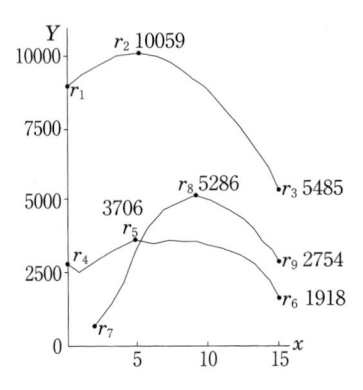

(グラフ：Y軸 利潤、X軸 x)
- r_2 10059
- r_1
- r_8 5286
- r_3 5485
- r_5 3706
- r_4
- r_9 2754
- r_6 1918
- r_7

場合における新規経営の立地と販売量および利潤。

　新規経営の販売する財の店頭渡価格は既存経営のそれより低く運賃率はより高い場合を想定して，ここでは p_B を2，t_B は1.5とする。他のパラメータの値はこれまでと同じである。図ⅡA-10(g)は店頭渡価格 p_B，p_A とその引渡価格 $C-p_A-C'$，$G-p_B-G'$ の水準を示す。線分 $O-C$ にそって新規経営が既存経営の立地する中心から移動する場合における市場地域の形状の変化は図ⅡA-14(b)で示される。図示されるように新規経営が中心点 O から点 C に移動するにつれて市場境界は円，蝸牛線，縦長の楕円族の曲線に変化する。

　ケース(1)と同じ手法で新規経営の立地と販売量の関係を導出すると，それは図ⅡA-15の曲線 $q_4-q_5-q_6$ で示される。財の販売量はいずれの立地においても新規経営の店頭渡価格と運賃率がともに高い場合よりも多くなっている。次に各立地点における新規経営の利潤をこれらの販売量に価格を乗じて求めると利潤は図ⅡA-16の曲線 $r_4-r_5-r_6$ で示される。図で明らかなように新規経営はその立地を点 (5, 0) に決定する。新規経営はこの立地点において最大利潤3,706を得ることになる。

　上記の結果をケース(1)分析結果と比較すると，次のことが容易にわかる。ここでの数値例のもとでは新規経営の財の店頭渡価格が既存経営より低い場合には新規経営は中心点 O により接近して立地する。そして財の販売量はより多く

なる。しかし得られる最大の利潤は，新規経営の店頭渡価格が既存経営より高い方がより高くなる。

　　ケース(3)　新規経営の店頭渡価格と運賃率は既存経営のそれらと同じである
　　　　　　場合における新規経営の立地と利潤。

　最後に新規経営Bの店頭渡価格と運賃率が既存経営Aと同じ場合を想定する。すなわち既存および新規経営の店頭渡価格は5，両経営の運賃率は1とする。この場合における市場地域の境界は直線になる。それらは図ⅡA-14(a)で示されている。新規経営の立地と財の販売量および利潤の関係は，それぞれ図ⅡA-15と16の曲線 $q_1-q_2-q_3$，と曲線 $r_1-r_2-r_3$ で示される。この場合には新規経営Bは (5, 0) に立地し最大の利潤10,059を得る。ケース(1)，(2)の場合の結果と比較すると次にことが判明する。ここでの数値例のもとでは新規経営の販売する財の店頭渡価格と運賃率が既存経営と同じである場合に新規経営Bの販売量と利潤はどの立地点においても最大になる。

　上記3ケースの考察の比較から示されるように新規経営Bにとって既存経営Aとの最適な間隔は2経営の店頭渡価格と運賃率により変化する[11]。新規経営の立地選択では市場境界の形状と販売量の導出が決定的に重要な要因である。

　2)　市場地域における小売経営の共存

　経営間に店頭渡価格，運賃率そして立地に相違があれば，何かの点で不利な状況にある経営も市場地域を確保できある状況では比較的高い利潤を得られる可能性がある。本小節ではこのような可能性に注目し経営の店頭渡価格と運賃率はともに異なるが，同じ立地点で同じ利潤を得て均衡し共存する場合を検討する。

　(1)　小売経営の利潤の導出

　次の仮定の下で経営A，Bの利潤の分析を進める。経営A，Bが $x-y$ 平面の市場の中心0に並存する。そして同一の財をそれぞれ p_A, p_B で販売しその運賃率は t_A, t_B とする。ただし $p_A > p_B$, $t_A < t_B$ とする。なおこの運賃率の相

違は経営A，Bがもつ輸送施設の相違に基づいて生じ，この違いにより各経営への出かける方法が異なり運賃率の相違をもたらすと想定する。さらに経営A，Bの財の生産費（C_i, $i=A, B$）はこれまでと同じ型の(48)式で表され用いられる記号も同じである。

$$C_i = kQ_i + F_i \tag{48}$$
$$(i=A, B)$$

消費者はこれまでと同く線形の需要関数を有している。2経営の引渡価格の水準を示す2つの直円錐面の断面は図ⅡA-17(a)の線分$a_1-p_A-a_2$, $b_1-p_B-b_2$でそれぞれ示される。図ⅡA-17(a)の点C, C'において経営Aの財の引渡価格が消費者の最大需要価格に一致することになり点a_1, a_2対応するC, C'が経営Aの市場地域の境界になる。経営Bの財の引渡価格は図ⅡA-17(a)の点GとG'で経営Aの引渡価格と一致するので，これらの点が市場境界になる。したがって経営Bは半径U_B（図ⅡA-17(a)の距離$0-G$）の円の市場地域となる。経営Aの市場地域は半径U_A（図ⅡA-17(a)の距離$0-C$である）の円から，半径U_Bの円をくり抜いた残りの地域となる。経営A, Bの利潤（Y_i, $i=A, B$）は(49)，(50)式で示される。

$$Y_A = (p_A - k)Q_A - F_A \tag{49}$$
$$Y_B = (p_B - k)Q_B - F_B \tag{50}$$

(49), (50)式の$Q_i(i=A, B)$はそれぞれ(51a), (51b)式で容易に求められる。

$$Q_A = \int_0^{2\pi} \int_0^{U_A} (a - p_A - t_A u) \, u du d\theta -$$
$$\int_0^{2\pi} \int_0^{U_B} (a - p_A - t_A u) \, u du d\theta \tag{51}$$

$$Q_B = \int_0^{2\pi} \int_0^{U_B} (a - p_B - t_B u) \, u du d\theta \tag{52}$$

点Cで需要量はゼロであるので経営Aの市場地域の半径は$U_A = (a - p_A)$

/t_A，経営 B のそれの半径は点 G で 2 経営の引渡価格が一致するので $U_B=(p_A-p_B)$ となる。

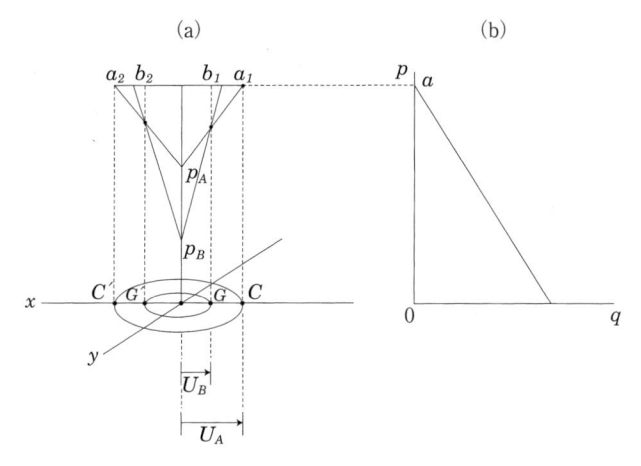

図 II A-17 異なる店頭渡価格による空間的均衡

(a) (b)

(2) 異なった店頭渡価格および運賃率による経営の共存

同一地点に立地する経営 A，B の利潤が同じになるときには(49)式と(50)式が等しくしくなり(53)式が成立する。

$$(p_A-k)(a-p_A)^3/3t_A^2-((p_A-p_B)/(t_B-t_A))(a(p_A+p_B-2k)-p^2{}_A-p^2{}_B+(p_A+p_B)k-(2/3)((p_A-p_B)/(t_B-t_A))(p_A-k)t_A+(p_B-k)t_B)+(F_B-F_A)=0 \tag{53}$$

ここでで次のような数値例をもちいて(53)式を成立させる経営 B の店頭渡価格を求めよう。$a=20$，$p_A=0.25a$，$F_A=F_B=0.011a^4$，$k=0.001a$，$t_A=1$，$t_B=1.25$。この数値例のもとで(53)式を p_B について解くと $p_B=0.1408a$ となる。この場合，経営 A，B の利潤はともに $0.315a^4$ となる。数値計算に示されるように経営 A，B は異なった店頭渡価格と運賃率で同一立地であっても，その市場地域を分離させることで同じ利潤を得て均衡する。この均衡状態は空間均衡分析では言及されていない性質のものである。経営 B の市場地域はその立地点の周囲の半径 $0.4369a$ の円であり，その面積は $0.5997a^2$ である。経営 A

の市場地域はその立地から分離された環状の地域になり，その面積は$1.1674a^2$になる。

3) 店頭渡価格差および運賃率差と経営の市場地域および利潤

市場境界の形状と立地分析は店頭渡価格と運賃率の差が経営の市場地域と利潤に与える影響に関して興味深い結果を示す。運賃率の有利な経営は店頭渡価格が低い経営より広い市場地域を確保できかなり有利に作用する。しかし店頭渡価格の作用もまた経営の立地状況により見逃すことができない。店頭渡価格の差の程度および経営間の距離により店頭渡価格が高いことで経営の市場地域の広さおよび販売量では劣るが，利潤において勝る場合がある。上記考察は運賃率が高く価格も高い経営は競争経営から適切な距離をとることで店頭渡価格が低い場合よりも小さい市場地域でより高い利潤を得る場合を示す。

他方，上記分析は店頭渡価格が低いことで良い消費者を獲得でき利潤水準において競争経営より勝る可能性を示唆している。店頭渡価格が低い経営はその立地点の周囲の消費者を獲得し，販売量においてかなり有利になる。少し考察の視野を拡大してみると，次のように予想される。近くに居住する消費者は運賃が低いため財をより多く購入でき，購入回数も多くなり販売量を増加させる。さらに，その経営は商品の早い回転率からより鮮度の良いものを提供できる可能性も高まる。このような有利性は経営の利潤を高めることになるであろう。

店頭渡価格と運賃率の差が経営に与える作用を比較する場合，運賃率で有利な経営は大きな市場地域を確保でき一般的に有利である。しかし，価格の作用も価格差の程度，経営間の距離により重要な作用を発揮し注意せねばならない。

6．重複市場地域の形成

小売経営の市場地域間の境界が明確に示されず複数の小売経営の市場地域に

属する消費者が居住する地域がある。この地域は重複市場地域と言われる[12]。本節では2経営による重複市場地域の形成について分析しょう。重複市場地域を生みだす要因はいくつか考えられるが，ここでは1)財の価格差に対する消費者の感度，そして2)購入財の種類数の2要因を取り上げる。これらの視点から重複市場地域の形成を分析する[13]。

1) Devletoglou による重複市場地域の形成理論

重複市場地域の形成についてはまず Devletoglou (1965) による優れた考察がある。かれは重複市場地域という用語を使用していないが，かれが用いている不確実地域は重複市場地域として考えられる。本小節においては Devletoglou にそって重複市場地域の形成について検討する。

Devletoglou によると一般に消費者は財をより低い引渡価格になる経営から購入するが，消費者にはミニマム　センシブル（minimum sensible：財の価格差に対する感度の限界）がある。それゆえ2つの経営が販売する財の引渡価格の差がある一定の限界内にある場合に，消費者は必ずしも低い引渡価格になる経営から財を購入するとは限らず，価格は購入する経営の決定に作用しなくなり他の要因がより重要な役割を果たすことになる。例えば2つの経営 A，B が同じ種類の財を販売するものとしよう。2経営が販売する財の引渡価格の差がある限界内――その限界がミニマム・センシブルの大きさを示す――にある場合，価格は財を選択する基準にはならず，他の要因，例えば財の外見などに対する好みが基準になる。しかしながら価格差がある限界以上に拡大すると価格が財の選好の基準になり引渡価格の低い財を購入することになる。

つぎのように仮定しよう，図ⅡA-18の平面市場において経営 A，B が原点に対して対称に点 A，B に立地し，同じ店頭渡価格，同じ運賃率で財を販売する。そして，消費者のミニマム　センシブルの大きさを，輸送費を通して距離に換算すると図の距離 $(a-b)$ に相当するとしよう。この場合に経営 A，B への距離差が距離 $(a-b)$ 以内になる地域，すなわち，曲線 $R-b-L$ と $R'-a-L'$ で囲まれた地域の消費者は，引渡価格差がミニマム　センシブルの

大きさより小さいので，小売経営 A, B の販売する財を引渡価格では選択せず各消費者の財に対する好みで財を購入する。この地域は経営 A, B からの引渡価格の差異で分けられず，どちらの市場地域にも属する可能性をもつ。Devletoglou はこの曲線 $R-b-L$ と $R'-a-L'$ で囲まれた地域を不確実地域と名づける。ここでの考察においては重複市場地域とよばれる地域である。

他方，財の引渡価格差がミニマム センシブルの額，すなわち距離に換算して図の線分の長さ $(a-b)$ を越える地域は価格差で当該の経営の市場地域に属することを確定できるので確実地域とよぶ。

図ⅡA-18　ミニマム　センシブルと重複市場地域の形成

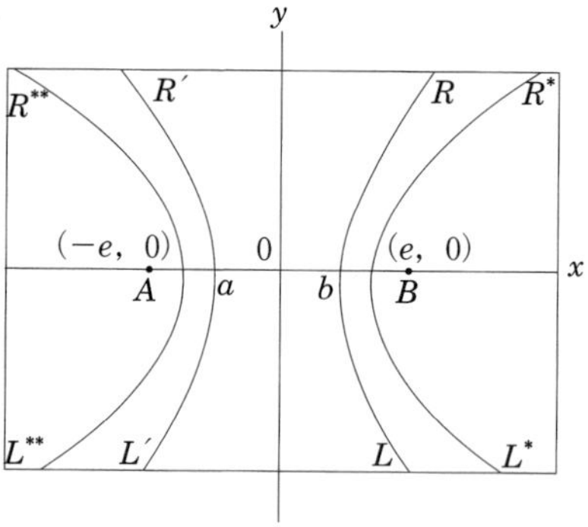

出所：Devletoglou. (1971), p.64. (図は改変されている)

この重複市場地域の広さはミニマムセソシブルの大きさと小売経営の立地点に依存する。ミニマム　センシブルが大きくなれば，重複市場地域は拡大し，小さくなれば重複市場地域は縮小する。同様なことが経営 A, B の立地点についても言える。2経営の立地が接近すれば重複市場地域は広がり，離れると縮小する。

ここでの仮定の下では重複市場地域〈不確実地域〉と確実地域との境界線は，経営 A, B の立地点を焦点とし境界線の頂点間の距離を $(a-b)$ とする双曲線で示される。双曲線を Devletoglou は次のようにして明らかにする。経営 A, B は図ⅡA-18 の x 軸上に立地しその座標を $(e, 0)$ と $(-e, 0)$ とする。

両経営は財を同一の店頭渡価格で販売し各財の引渡価格を p_a, p_b で表わす。また運賃率はともに1とする。ミニマム　センシブルは $(a-b)$ の距離で換算され，$(a-b)=2d$ とする。重複地域と確実地域との境界線では $|p_a-p_b|=2d$ が成立する。したがって，その境界線は $p_a=p_b+2d$，あるいは $p_b=p_a-2d$ であり次の式が成立する。

$$P_a^2=(p_b+2d)^2 \tag{54}$$

この式を変形して2乗すると(55)式になる。

$$(p_a-p_b-4d^2)^2=16d^2p_b^2 \tag{55}$$

(55)式を経営の立地点の座標を利用し変形すれば(56)式が得られる。

$$(4ex-4d^2)^2=16((e-x)^2+y^2) \tag{56}$$

(56)式はさらに(57)式のように変形される。

$$x^2/d^2-y^2/(e^2-d^2)=1 \tag{57}$$

これは双曲線を表す方程式である。

　Devletoglou はこの重複市場地域の形成から重要な意味を抽出している。それらを要約すればつぎのようになる。重複市場地域に居住する消費者は自己の好みにより財を選択できる。したがって財の善し悪しに敏感であり，同じ種類の財の間の違いを見抜く力も強い。そのため財の品揃えと品質のよい経営に買い物にゆく。そして財に関する情報も理解されやすく，いわゆる流行が生じやすい。流行が生じると，重複市場地域における多くの消費者が流行する財を扱う経営から購入することになり，一方の経営は市場地域をかなり失うことになる。したがって各経営は互いに品揃えを十分にするようになる。言い換えると重複市場地域の消費者は消費内容を良くする消費者になる[14]。

　所得水準が上昇するとミニマム　センシブルが大きくなり所得が上昇すれば双曲線は図ⅡA-17の R^*-L^* と $R^{**}-L^{**}$ のように経営の立地点から後退

し重複市場地域を拡大することになる。経済成長が進展すると経営は価格のみならず，ますます財の品揃や品質など非価格競争の面により力をいれることになる。

2) 小売経営からの距離と重複市場地域の広さ

本小節では Devletoglou のミニマム センシブルの考えを拡大して重複市場地域を検討する。次のように仮定しよう。ミニマム センシブルの大きさは種々の要因で変化するものとし本小節ではそれは経営と消費者の距離によって変化する。ミニマム センシブルは経営からより遠い消費者においてより大きく近い消費者ほど小さいと仮定し，この場合の重複市場地域の形成を分析する。

ミニマム センシブルは(58)式のように2つの経営から離れるにつれて大きくなり消費者は財の引渡価格の差により鈍感になり財の購入において価格より自己の好みを優先させる。

$$d=b(x^2+y^2)^2+D \tag{58}$$

ただし d はミニマム センシブルの値，b は正の定数，D は経営 A，B にもっとも近い原点 O（図ⅡA-18）に居住する消費者がもつミニマム センシブルの大きさの1/2の値である。この場合における重複市場地域の形状と広さを分析する。

重複市場地域（不確実地域）と確実地域の境界では，経営 A，B からの財の引渡価格の差が距離に換算して丁度 $2d$ であるので(59)式が成立する。

$$p^2{}_a=(p^2{}_b+2(b(x^2+y^2)^{0.5}+D))^2 \tag{59}$$

(59)式を小売経営の立地点の座標を利用して(60)式のように変形できる。

$$-4ex+4b((e-x)^2+y^2)^{0.5}(x^2+y^2)^{0.5}+$$
$$4D((e-x)^2+y^2)^{0.5}+4b^2(x^2+y^2)+$$
$$8Db(x^2+y^2)^{0.5}+4D^2=0 \qquad (60)$$

(60)式を満たすxとyを求めれば重複市場地域と確実地域の境界線の形状を導出でき重複市場地域の形状と広さを明らかにできる。(60)式のD, e, bに具体的な数値を代入して前節において市場境界線の形状の導出で用いた手法で(60)式を解き，その境界線の形状を明らかにする。

図ⅡA-19 ミニマムセンシブルの変化と重複市場地域

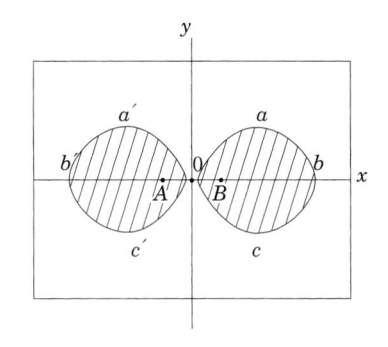

図ⅡA-19曲線$a-b-c$と$a'-b'-c'$は$D=1$, $b=0.1$, $e=10$とし，(60)式をxとyについて解いた場合における重複市場地域と確実地域の境界線を示している（確実地域は斜線部の地域で示される）。これは横長の楕円族の１つである。境界線の外側が重複市場地域となる。経営が確実に確保できる消費者は経営の立地点の周辺に限られ経営から離れた地域はすべて重複市場地域となる。

ミニマム　センシブルが距離に関係なく一定の場合には経営の背後は確実地域として消費者を確保できた。しかしミニマム　センシブルが距離とともに大きくなる場合には，経営の背後の地域も重複市場地域となる。より多くの消費者が自己の好みで財を購入することになり経営は引渡価格差のみで消費者を確保することができず競争経営に消費者を奪われる可能性がでてくる。したがって経営はより多くの消費者を獲得するには，より一層消費者の好みにあう財の

品揃えをする必要性が高くなる。また次のような示唆も得られる。経営から遠方の消費者ほど自己の好みで購入するので財の購入を促進する広告活動を遠方の地域において行なうことも意味を持ちことになる。

3) 購入財の種類数に基づく重複市場地域の形成

本節では財の購入時における購入する財の種類数の違いによって引き起こされる重複市場地域の形成について分析する。いま図ⅡA-20の $L-R$ で示される線分市場において経営A, Bが点A, Bに立地し経営Aは G_1 と G_2 の2種類を販売し経営Bは G_1 財のみを販売する。一方消費者は G_1 財のみを購入する場合（ケース1）と G_1 と G_2 の2財の2種類を同時に購入する場合（ケース2）があるとしよう。さらに経営A, Bは G_1 財をそれぞれ店頭渡価格 p_A, p_B で提供する。

図ⅡA-20 購入財の種類数と重複市場地域の形成

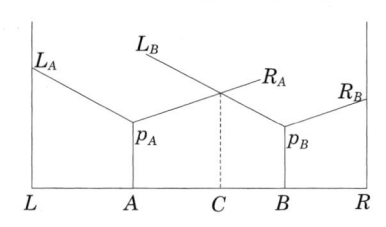

小売経営Aから販売される財 G_1 の各地点における引渡価格は図ⅡA-20の線分 $L_A-p_A-R_A$, 経営Bのそれは $L_B-p_B-R_B$ となる。したがって，消費者がケース(1)のような購入をする場合には財 G_1 の市場地域の境界点は財 G_1 の引渡価格が等しくなる C 点に定まる。財 G_1 の市場地域は $L-C$ と $C-R$ に分れ経営A, Bに分割される。他方，消費者がケース(2)のような購入をする場合，財 G_2 は経営Aのみで販売される。消費者は時間の節約，2回の購入行動をする煩わしさなどのために財 G_1 と G_2 を2つの異なった経営から別々に購入せずに一括して経営Aから購入すると考えられる。（もちろん経営Bの財 G_1 の店頭渡価格が経営Aより十分に低い場合には各経営に出向くことも厭わないことになる。）この場合には経営Aが財 G_1 の市場地域を独占することになる。す

なわち経営Bの市場地域は消費者がケース(1)の場合のみ現れケース(2)の時は消滅している。

結局，図ⅡA-20の$B-R$に居住する消費者は財G_1をケース(2)ように購入場合には経営A，ケース(1)の場合にはBから購入し，財G_1を両方の経営から購入することになる。地域$B-R$は財G_1に関して重複市場地域と考えられる。この場合における重複市場地域は経営間の中間にある地域ではなく品揃の少ない経営の周囲に形成される。消費者が財を複数同時に購入する場合が多くなるにつれて，経営Aの市場地域はより強固になり経営Aにとって有利になると一般的には考えられ，ここでも品揃の重要性が示される。

しかし別な見方も可能である。次のように財G_1，G_2の性質を想定すれば，このモデルは，G_1財のみを扱い品揃えが少なくやや価格も高い経営が生き残れる根拠を与えるものとなる。すなわち財G_1はその性質上鮮度が重要な要素になっており保存期間が短く一定期間における購入回数が多いものとしよう。他方，財G_2は比較的保存しやすい性質を有し購入回数は少ないとする。この場合，鮮度が重要なG_1財はその管理が常時必要であり専門的経営により取り扱われる場合が多い。このような場合には上記のケース(1)のように単品でG_1財を購入行動がとられる場合が比較的多く専門的経営の存在する可能性を与えることになる[15]。

7．空間的擬似独占均衡における市場地域の分析

本章のこれまでの分析では独占と複占が仮定された。本節と次節においては多数の経営の立地を想定し，本節では空間的擬似独占均衡における経営の市場地域，店頭渡価格，販売量そして利潤を分析する。

1) 多数の小売経営の立地と市場地域の形状

本節の基本的な仮定はこれまでと同じであり次のようである。平面市場に消費者が密度1で均等に分布し，各消費者はこれまでと同じく$q=a-p-tu$で示さ

れる線形の需要関数を有している。用いられる記号の内容も同じである。

多くの経営が財を広大な平面市場において生産し販売する。各経営は利潤を最大化する価格付けをし，それに対応する市場地域を有する。各経営はそれぞれ互いの利潤最大化行動を尊重し侵害せずに行動する。各小売経営はこれまでと同じ $C=kQ+F$ で示される線形の費用関数を有し用いられる記号の内容も同じである。(また重複市場を形成する要因も想定しない。)

各経営は利潤最大化行動をとるが，平面市場に居住するすべての消費者に財を供給できるように立地せねばならない。

2) 市場地域の可能な形状

経営は平面市場に居住するすべての消費者が財の供給を受けられるように立地するので，すべての経営は同じ状態で均衡することになる。そこで前もって均衡における可能な市場地域の形状を導出しておくことにする。

同一の形状および広さの市場地域で平面市場を完全に覆うことのできる市場地域の形状は正3角形，正4角形，正6角形の3つに限定される。これを宮坂 (1970) の考察にそって証明する。

いま同一の正多角形で平面空間を完全に覆うものとしよう。その正多角形は正 n 形であり1つの頂点にその m 個が集まっているとする。正 n 角形の頂角は $\pi(n-2)/n$ である。したがって頂角の m 倍が 2π になる条件は $m(1-1/n)=2$ である。これから $mn=2m+2n$ となる。この両辺に4を加えて変形すれば，$(m-2)(n-2)=4$ となる。この整数解は $(m, n)=(4, 4), (3, 6), (6, 3)$ の3組のみである。経営の市場地域の形状は正3角形，正4角形あるいは正6角形に限定される。

3) 空間的疑似独占均衡における市場地域の分析

空間的疑似独占均衡における経営の市場地域と店頭渡価格および利潤について分析しよう。上記の仮定に基づいて空間的疑似独占均衡の状態を表わせば，この均衡は，すべての経営が最大の利潤を得る店頭渡価格でそれに対応する市

場地域を有し，新たな経営の平面市場への参入がない状態である。(だたし，ここでは市場地域の形状を分析する目的から，市場地域の形状は上記の3種類がありうる)。この空間的疑似独占均衡における各経営の利潤 Y を各市場地域の形状に対して導出しよう。経営の利潤 Y は(61)式で表される。

$$Y=(p-k)Q-F \tag{61}$$

販売量 Q は(62)式で求められる。

$$Q=2\rho\int_0^{\pi/\rho}\int_0^{U/\cos\theta}(a-p-tu)u\,du\,d\theta \tag{62}$$

ただし ρ は市場地域の辺の数，θ は経営と市場地域の頂点と辺の中点点と結ぶ線が経営の立地点で作る角度である。また U は市場地域の内接円の半径である。経営の利潤は市場地域の半径と店頭渡価格の関数であり各形状の市場地域ごとに(63)，(64)，(65)式で示される。

$$Y_t=6U^2(3^{0.5}/2(a-p)-0.7969tU)(p-k)-F \tag{63}$$

$$Y_s=8U^2(1/2(a-p)-0.3848tU)(p-k)-F \tag{64}$$

$$Y_h=12U^2((1/3^{0.5}2)(a-p)-0.2027tU)(p-k)-F \tag{65}$$

ただし添字の t，s，h はそれぞれ3角形，4角形，そして6角形を示している。

　経営が空間的疑似独占の状態に置かれる場合には，経営の利潤は店頭渡価格のみの関数で示すことができる。市場地域の頂点における需要量はゼロになるため，内接円の半径は各形状の市場地域に対してそれぞれ次式のように示される。

$$U_t=(a-p)/2 \tag{66}$$

$$U_s=(a-p)/2^{0.5} \tag{67}$$

$$U_h=3^{0.5}(a-p)/2 \tag{68}$$

小売経営の利潤は上記の式から，各形状の市場地域の形状ごとに店頭渡価格の

関数として次式のように表されることになる。

$$Y_t = 0.7014((a-p)^3(a-k))/t^2 - F \qquad (69a)$$
$$Y_s = 0.9116((a-p)^3(a-k))/t^2 - F \qquad (69b)$$
$$Y_h = 1.0182((a-p)^3(a-k))/t^2 - F \qquad (69c)$$

これらの式から興味深いことが判明する。すなわち経営の市場地域の形状にかかわらず経営が利潤最大化のために課す最適店頭渡価格 p^* は同じになる。各式を価格で微分してゼロと置き経営の利潤を最大化する店頭渡価格 p^* を求めると(70)式ですべて示される。

$$p^* = (a+3k)/4 \qquad (70)$$

経営の利潤を最大化する店頭渡価格は市場地域の形状にかかわらず最高需要価格に限界費用を3倍した値を加えた額の4分の1ということになる。この価格を（69a, b, c）式に代入すると経営が得る最大の利潤は次式でそれぞれ示される。

$$Y_t = 0.7014((27/256)(a-k)^4)/t^2 - F \qquad (71a)$$
$$Y_s = 0.9116((27/256)(a-k)^4)/t^2 - F \qquad (71b)$$
$$Y_h = 1.0182((27/256)(a-k)^4)/t^2 - F \qquad (71c)$$

これらの式から経営が得られる最大の利潤は常に経営の市場地域が6角形の場合であることが明らかになる。すなわち常に $Y_t < Y_s < Y_h$ となる。この考察から、次の結論を得る。空間的疑似独占均衡の状態においては、小売経営は(70)式で与えられる店頭渡価格を課し6角形で(68)式で決められる大きさの市場地域をもつ。

4) 市場地域の形状と単位面積当たりの経営の利潤と販売量

次に経営の利潤が最大化される場合における各形状の市場地域の広さを求めてみよう。店頭渡価格は(70)式で与えられているので各形状の市場地域の半径

は(66)，(67)そして(68)式から容易に求められその面積，A_i ($i=t, s, h$) は次式で示される。

$$A_t = 3^{0.5} 27(a-k)^2/64t^2 \tag{72a}$$

$$A_s = 72(a-k)^2/64t^2 \tag{72b}$$

$$A_h = 3^{0.5} 54(a-k)^2/64t^2 \tag{72c}$$

小売経営の利潤を最大化する最適な市場地域の広さは3角形の場合に最小であり，6角形の場合が最大となることが判明する。

小売経営の利潤を最大化する場合における各形状の市場地域の面積を得たので，これを用いて単位面積当たりの経営の利潤（AY）を各形状の市場地域に関して導出してみよう。これらの値は各(71)式を各(72)式で割ることにより得ることができる。これは容易に次式で与えられる。

$$AY_t = 0.7014((1/3^{0.5 } 4)(a-k)^2) - 64t^2 F/3^{0.5} 27(a-k)^2 \tag{73a}$$

$$AY_s = 0.9116(0.375(a-k)^2)/4 - 64t^2 F/72(a-k)^2 \tag{73b}$$

$$AY_h = 1.0182((a-k)^2)/3^{0.5} 8 - 64t^2 F/3^{0.5} 54(a-k)^2 \tag{73c}$$

これらの式の比較から判明するように単位面積当たりの小売経営の利潤を最大化する市場地域の形状は固定費用の水準により変化する。単位面積当たりの経営の利潤を最大化する形状と固定費用の水準を整理すると次のようになる。

表ⅡA-1　固定費用の水準と単位面積当たり利潤を最大化する形状

固定費用の水準	単位面積当たり利潤を最大化する形状
$0 < F < 0.0329 a^4/t^2$	3角形の市場地域
$0.0329 a^4/t^2 < F < 0.0586 a^4/t^2$	4角形の市場地域
$0.0586 a^4/t^2 < F < 1.0182(27/256)(a-k)^4/t^2$	6角形の市場地域

単位面積当たりの経営の利潤を最大化する市場地域の形状は固定費用の水準が上昇するにつれて3角形，4角形，そして6角形へ変化する。このことは大変興味深い。ある地域においていくつもの空間的擬似独占状態にある個別経営によって構成されるより独占的な企業体を想定する場合，その企業体は利潤最

大化するためにその各経営の固定費用の水準によってその各経営が6角形の市場地域のみではなく3角形あるいは4角形の市場地域を有するように配置する可能性をもつことになる[16]。

続いて空間的擬似独占均衡状態にある経営の市場地域における単位面積当たりの財の販売量について求めてみよう。各形状の市場地域における販売量は次式で与えられる。

$$Q_t = 0.7014(3(a-k)/4)^3/t^2 \qquad (74a)$$
$$Q_s = 0.9116(3(a-k)/4)^3/t^2 \qquad (74b)$$
$$Q_h = 1.0182(3(a-k)/4)^3/t^2 \qquad (74c)$$

これらの値を各形状の市場地域の面積を示す各(72)式で割ると単位面積当たりの販売量 AQ を次式のように導出できる。

$$AQ_t = 0.4050(a-k) \qquad (75a)$$
$$AQ_s = 0.3419(a-k) \qquad (75b)$$
$$AQ_h = 0.2939(a-k) \qquad (75c)$$

これらの式から市場で空間的擬似独占均衡が成り立つ場合において単位面積当たりの販売量は常に市場地域の形状が3角形の場合に最大になることが判明する。したがって消費者全体の観点からすれば市場で擬似独占状況が成り立つ場合において経営の市場地域が3角形であることが望ましいと考えられる[17]。この単位面積当たりの販売量の分析は市場地域における厚生水準を考える場合に1つの判断の材料になる。

8. 空間的自由参入均衡における市場地域の形状分析

1) 空間的自由参入均衡の分析

消費者が均等に分布する均質な平面市場において前節までのように独占，複占，擬似独占の状態が長く維持されることはないであろう。最初に立地した経

営の周囲にいくつかの経営が出現しはじめ平面市場は多数の新規小売経営の参入により競争状態になり，最終的には競争均衡の状態になる場合もあるであろう。この場合には平面市場に立地するすべての経営の店頭渡価格は同じになり，それに対応する市場地域は同一の形状と同一規模になる。そしてすべての経営の利潤はゼロとなる。この競争均衡は空間的自由参入均衡とよばれるものである。

　ここでの分析は生活空間の生成理論の中核を形成するので，若干学説史的流れを見ておくことにする。空間的自由参入均衡における市場地域に関する分析は上述した Lösch（1940）の分析以後着実に発展し精緻化されてきた。L 分析以後に直接に基礎をおく考察についてみると Mills-Lav（1964）は Lösch の複雑な分析手法を簡潔で洗練されたものに置き換え市場地域の形状と広さの考察を進めた。他方 Lösch とは異なった考察の枠組を用いて分析を行い空間的自由参入均衡の市場地域分析に新しい次元を付け加えたのは Greenhut-Ohta（1973）である。Lösch の分析に基礎を置く分析においては経営の市場地域の広さが所与としたのに対し，かれらは市場地域の端点における財の引渡価格が与件であるという前提から分析を進める。かれらのモデルから得られる均衡解は Lösch 解とは異なるものとなった。これにより空間的自由参入均衡における市場地域の広さと経営の店頭渡価格は単一ではなく複数存在することが明示された。

　Lösch 型と Greenhut-Ohta のモデルは前提を異にしており相互に独立している。これらのモデルから得られる均衡解，すなわち均衡における店頭渡価格と市場地域の広さを整合的に包含するモデルが Capozza-Van Order（1978）により構築された。かれらは価格の推測的変分という概念を空間的自由参入均衡の分析に導入して Lösch 解および Greenhut-Ohta 解を含む複数の解が存在することを示した。さらに次節において詳しく論じる Hoover（1970）によって考案されたフロンティア価格曲線よる分析は価格の推測的変分を用いずに Capozza-Van Order のモデルとおなじ結果を導出でき Lösch モデルとや Greenhut-Ohta の空間的均衡解の特徴をより良く示す有用な分析方法となっ

ている。

　本節ではまず空間的自由参入均衡における市場地域の形状について分析する。これまでの考察において一般的には平面市場における空間的自由参入均衡においては市場地域の形状は6角形になると言われているが，経営の固定費用の水準および競争の様態により他の形状の市場地域が出現する場合があることを示す。ここでは Capozza-Van Order (1978) のモデルを援用し空間的自由参入均衡の解を導出しその均衡において出現する市場地域の形状について分析する。続いて，この均衡における市場地域の形状と厚生水準の関係を考察する。

2)　空間的自由参入均衡における市場地域の形状

　市場の状態が疑似独占から自由参入競争状態に変化すると事態は次のように変化する。すなわち利潤最大化の価格付けをする新規経営がその利潤がゼロになるまで市場に参入し経営の利潤が丁度ゼロになると新規経営の市場参入はなくなり空間的自由参入均衡が成立する。空間的自由参入均衡における市場地域の形状について分析しよう。

　空間的自由参入均衡の成立条件は(i)経営は利潤を最大化する価格付けをする。(ii)経営の利潤はゼロである。これらの条件は前節の分析で示された小売経営の利潤を示す式を用いて(76)，(77)式でそれぞれ示される。

$$dY/dp = (p-k)(dQ/dp + \partial Q/\partial U \cdot dU/dp) + Q = 0 \qquad (76)$$
$$Y = (p-k)\ Q - F = 0 \qquad (77)$$

(76)式の dU/dp は(78)式で与えられ経営間の競争関係に依存する。

$$dU/dp = (dp/dp - 1)/2tR_i$$
$$i = t,\ s,\ h$$
$$R_t = 2,\ R_s = 2^{0.5},\ R_h = 2/3^{0.5} \qquad (78)$$

ただし p だは周囲の競争経営のうちで，もっとも遠い経営の価格である。dp とも遠いは当該経営による価格の推測的変分である。この値を1，0，−1と

すればLösch, Hotelling-Smithies, Greenhut-Ohta型の競争関係を示すことができる。

ここでは上記3つの型競争を想定する。そして，限界費用をゼロ，運賃率を1，固定費用を$0.01a^4$からいくつかの水準を仮定する。この仮定のもとで(76), (77)式の連立方程式を解くことにより各形状における均衡価格と内接円の半径が求められ，そして市場地域の面積を導出できる。それらは表ⅡA-2で示される。

表ⅡA-2で示される内接円の半径から各形状の市場地域の面積が求められる。Hotelling-Smithies, Greenhut-Ohta型の競争においては固定費の水準が上昇するにつれて，3角形，4角形，次いで6角形の市場地域の面積が最小になる。固定費と面積の関係は図ⅡA-21のようになる。$T-T$, $S-S$, $H-HS$の各線は3角形，4角形，6角形の面積を示している。空間的自由参入均衡では，一定の費用を最小の市場地域面積でまかなう形状が選択されるという形状選択基準に従えば，小売経営がHotelling-Smithies, Greenhut-Ohta型の競争様式にある場合には3角形，4角形，そして6角形の市場地域がともに生じる可能性をもつ[18]。

表ⅡA-2　空間的自由参入均衡における均衡値

F	$dp'pdp$	3角形 p	U	4角形 p	U	6角形 p	U
$0.01a^4$	1	$0.4557a$	$0.0963a$	$0.4583a$	$0.1091a$	$0.4589a$	$0.1171a$
	0	$0.1902a$	$0.1203a$	$0.1683a$	$0.1434a$	$0.1562a$	$0.1589a$
	-1	$0.1287a$	$0.1421a$	$0.1128a$	$0.1712a$	$0.1042a$	$0.1907a$
$0.03a^4$	1	$0.4160a$	$0.1827a$	$0.4212a$	$0.2055a$	$0.4227a$	$0.2202a$
	0	$0.2580a$	$0.2003a$	$0.2342a$	$0.2336a$	$0.2202a$	$0.2560a$
	-1	$0.1877a$	$0.2255a$	$0.1664a$	$0.2678a$	$0.1549a$	$0.2963a$
$0.06a^4$	1	$0.3643a$	$0.2950a$	$0.3751a$	$0.3265a$	$0.3776a$	$0.3485a$
	0	$0.2909a$	$0.3041a$	$0.2750a$	$0.3436a$	$0.2636a$	$0.3718a$
	-1	$0.2356a$	$0.3242a$	$0.2133a$	$0.3752a$	$0.2009a$	$0.4110a$

各固定費における均衡値をみるとLösch型均衡においては店頭渡価格が高く市場地域は小さくGreenhut-Ohta型においては逆に店頭渡価格が低く市場

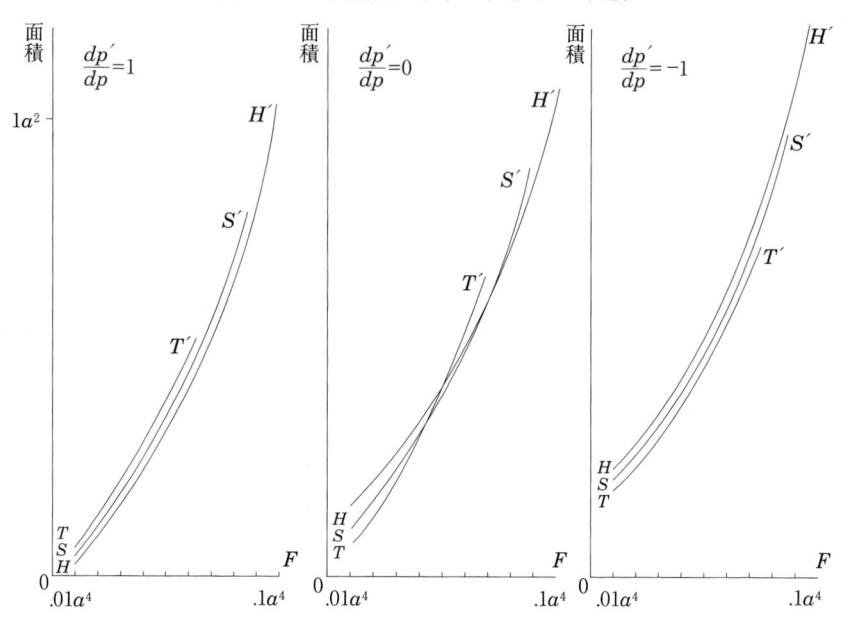

図ⅡA-21 固定費の水準と市場地域の面積

地域が広いという特徴をもつ。Hotelling-Smithies 型はその中間の性質を有している。3つの均衡解から明白なように一定の費用をまかなう仕方は店頭渡価格水準と市場地域の広さのと相殺関係にあり上記の典型的な均衡解の他に空間的参入均衡解は無数に存在する。個別経営にとってはいずれにせよ利潤がゼロになるので，どの均衡が生じるかは問題ではないが，消費者にとつては，財の引渡価格の水準が生じてくる均衡により大きく変化するので，どの均衡が生じるかは重要な関心事となる。

3) 空間的自由参入均衡における市場地域の形状と厚生水準

表ⅡA-2に示される空間的自由参入均衡における均衡値から各形状の市場地域における消費者余剰と生産者余剰を求めることができる。消費者余剰（CS）は(79)式で表される。(79)式の p と U に表ⅡA-2の値を代入すれば空間的自由参入均衡にある市場地域における消費者余剰が求められる。

$$CS = 2\int_0^{\pi/\rho}\int_0^{U/\cos\theta} 0.5(a-p-tu)^2 u \, du \, d(a-p-tu) \quad (79)$$

次に限界費用をゼロ,運賃率を1と同じく仮定するので生産者余剰は固定費用から求められる。したがって各空間的自由参入均衡の市場地域における社会的余剰は容易に導出できる。この社会的余剰を市場地域の面積で割ると単位面積当りの社会的余剰が求められる。$0.01a^4$ と $0.06a^4$ の固定定費用の水準において単位面積当りの社会的余剰を各形状の市場地域に対して求めると表ⅡA-3のようになる。

表ⅡA-3 市場地域の形状と社会的余剰の水準

F	$dp'pdp$	3角形	4角形	6角形
$0.01a^4$	1	$0.3120a^2$	$0.3156a^2$	$0.3163a^2$
	0	$0.3785a^2$	$0.3828a^2$	$0.3831a^2$
	−1	$0.3711a^2$	$0.3725a^2$	$0.3707a^2$
$0.06a^4$	1	$0.2057a^2$	$0.2154a^2$	$0.2177a^2$
	0	$0.2241a^2$	$0.2386a^2$	$0.2426a^2$
	−1	$0.2264a^2$	$0.2371a^2$	$0.2382a^2$

固定費と単位面積当り社会的厚生水準の関係を図示すれば図ⅡA-22のようになる。$T-T$, $S-S$, $H-H$ の各線は3角形,4角形,6角形の単位面積当りの厚生水準 (SS) を示している,これらの図表から次の結論をえる。単位面積当りの社会的余剰を最大にする市場地域の形状は市場における競争形態そして固定費の水準に依存し,ここでの数値計算では4角形と6角形になることが示される[19)]。

4) 需要曲線の形状分析

空間的自由参入均衡における市場地域の形状分析において示されたLösch型とGreenhut-Ohtaの均衡解を比較するとLösch型解はGreenhut-Ohtaのそれより店頭渡価格がより高く市場地域の半径はより小さくなる。これは各競争状態における需要曲線の形状からも説明することができる。本小節では6角形の市場地域を用いて各市場競争状態を示す2つのモデルにおける需要曲線の形

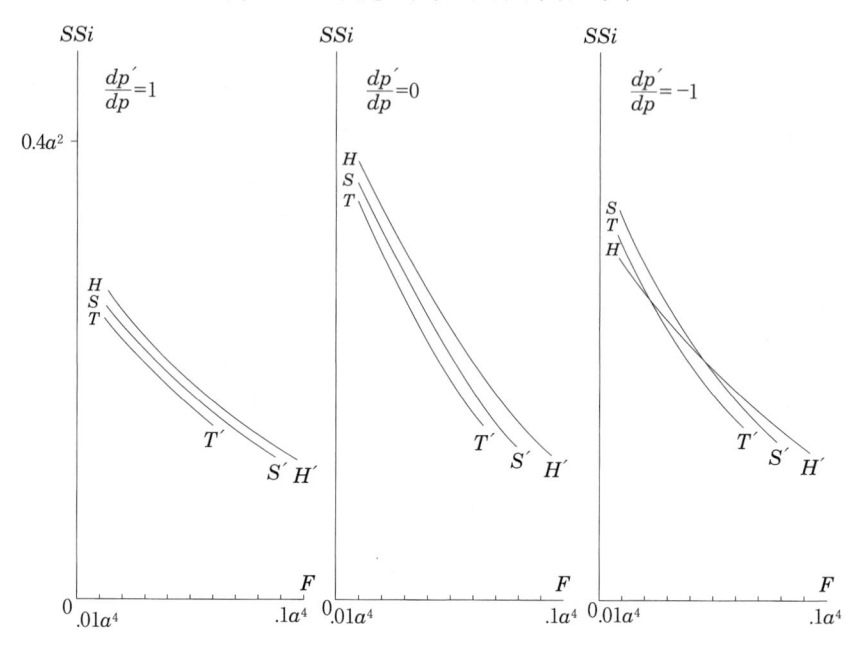

図 II A-22　固定の水準と社会的余剰の水準

状を検討しよう。

(1) Greenhut-Ohta モデルにおける需要曲線

第1にGreenhut-Ohtaモデルにおける需要曲線についてみよう。このモデルにおける均衡解は価格の推測的変分を -1 と置くことで導出することができたが，Greenhut-Ohtaモデル本来の仕組みは，市場地域の頂点における財の引渡価格がパラメトリカリーに与えられ，この引渡価格に基づいて空間的自由参入均衡における市場地域の内接円の半径が決定されるものである。そこでGreenhut-Ohtaの本来のモデルにそって，市場需要曲線を導出しょう。6角形の市場地域における需要量（販売量）Q は次のようになる。

$$Q = 12\int_0^{30°}\int_0^{U/cos\theta}(a-p-tu)ududθ \tag{80}$$

いま市場地域の頂点における引渡価格を p_V で表わすとすればその内接円の半径は $U = 3^{0.5}/2(p_V - p)$ で示される。したがって(80)式は(81)式のように積

分される。(ただし運賃率 t は1とする)

$$Q=9(p_V-p)^2((1/2 \cdot 3^{0.5})a-(1/2 \cdot 3^{0.5})$$
$$p-0.2027(p_V-p)3^{0.5}/2) \tag{81}$$

(81)式は Greenhut-Ohta モデルにおける需要量 Q が経営の店頭渡価格 p の関数で表せることを示している。(81)式を図示すれば，図ⅡA-23 の p_V-V 曲線のようになり Greenhut-Ohta モデルにおける市場需曲線である。

図ⅡA-23 Greenhut-Ohta 型競争における需要曲線

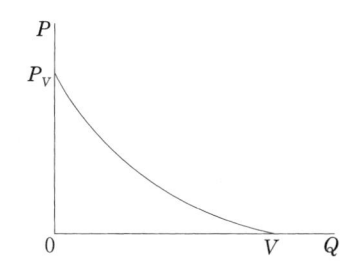

(2) Lösch 型モデルにおける需要曲線

次に Lösch 型モデルにおける需要曲線いついて分析する。このモデルの解は価格の推測的変分がゼロとおかれて求められた。しかし本来は6角形の市場地域の大きさがパラメトリカリーに与えられ，それに基づいて空間的均衡における経営の店頭渡価格が決められるものである。この本来の Lösch に基づモデルにそって需要曲線を導出する。いま図ⅡA-24 のように内接円の半径が U の6角形市場地域 ($HIJLMN$) が与えられたとしよう。この場合における需要曲線は図ⅡA-25 の $a-K'-J-R$ 線になる。これは次のような理由による。

経営が財の店頭渡価格を最高需要価格 a から低下させると図ⅡA-24 の K 点での引渡価格が a になるまでは購入可能な消費者は増加し既存の消費者は購入量を増加させる。したがって，この部分の需要曲線の形状は $a-K'$ で示される。これは経営が独占の場合の需要曲線の形状と同じである。次に図ⅡA-24 の J 点での引渡価格が a に一致するまで店頭渡価格が低下すると，この部分の需要曲線は $K'-J$ のようになる。ここでは店頭渡価格の低下により既存の消

図ⅡA-24　6角形の市場地域

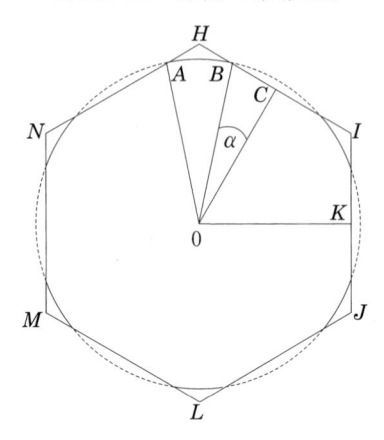

図ⅡA-25　Lösch型競争における需要曲線

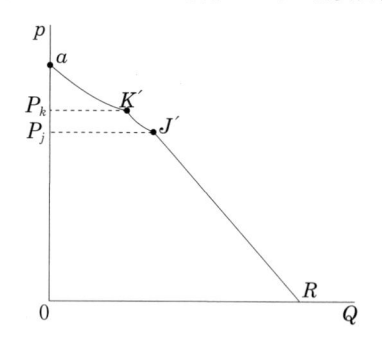

費者の需要量は増加するが，購入可能な消費者数の増加は6角形の各辺により制限される。そのため$K'-J'$線の傾きは$a-K'$線より急になる。さらに，店頭渡価格が低下すれば，もはや購入可能な消費者の増加はなく，既存の消費者がその購入量を増加させるのみである。したがって需要曲線は$J'-R'$のような直線となり，その傾きはもっとも急になる。

需要曲線を上記の3つの部分に分けそれぞれ定式化しよう。まず$a-K'$の部分は，経営が独占の場合における需要曲線と同じである。当然，店頭渡価格pの水準は図ⅡA-24のK点での引渡価格がaを越えない水準でなければならない。$K'-J'$の部分はつぎのように定式化される。この場合は，例えば，図Ⅱ

A-24の実線で表される疑似6角形における需要量 Q_2 を店頭渡価格 p の関数として求めることになる。ただし p は $p_k > p > p_j$ であり，p_k と p_j は6角形の頂点 K と J における引渡価格を丁度 a にする店頭渡価格である。この地域における販売量は，この地域を図 II A-24 の疑似3角形 OAB, OBC のように分け，各地域における需要量について求め，そして合計することにより導出する。それは(82)式で示されることになる。

$$Q_2 = 12 \int_0^\alpha \int_0^{U/\cos\theta} (a-p-tu) \, u \, du \, d\theta +$$

$$6 \int_0^{\pi/3-2\alpha} \int_0^{U/\cos\theta} (a-p-tu) \, u \, du \, d\theta \tag{82}$$

ただし α は角度 BOC であり $\alpha < 30$ 度である。(82)式は(83)式のように積分される。

$$\begin{aligned} Q_2 = & 12U^2((\alpha/2)\tan\alpha - (p/2)\tan\alpha - (U/3)(\sin\alpha/(2\cos^2\alpha) \\ & + (1/2)L_N|\tan(\alpha/2+\pi/4)|)) + 6U^2((\alpha/2)\tan(\pi/3-2\alpha) \\ & - (p/2)\tan(\pi/3-2\alpha) - (U/3)(\sin(\pi/3-2\alpha)/ \\ & 2\cos^2(\pi/3-2\alpha)) + (1/2)L_N|\tan((1/2)(\pi/3-2\alpha)+\pi/4)|)) \end{aligned} \tag{83}$$

(83)式の α は店頭渡価格 p の低下により拡大し(84)式のように p の関数で示すことができる。

$$\alpha = \cos^{-1}(U/(a-p)) \tag{84}$$

したがって需要曲線の $K'-J$ の部分も店頭渡価格 p の関数として表すことができるのである。

最後に $J-R$ の部分は新規の消費者はいないので，ここでの需要量 Q_3 は(80)式を積分して，(85)式のように店頭渡価格 p の関数で示される

$$Q_3 = 12U^2((1/2 \cdot 3^{0.5})a - (1/2 \cdot 3^{0.5})p - 0.2027U) \tag{85}$$

この式に示されるように $J-R$ の部分は直線で表される。

さて Lösch と Greenhut-Ohta モデルにおける需要曲線を比較してみよう。図ⅡA-23 と図ⅡA-25 で示されるように，さらに得られた 2 つの需要曲線を p で微分することから明らかなように Lösch 型モデルにおける需要曲線は Greenhut-Ohta モデルのそれより非弾力的な形状をしている。このような需要曲線における差異から空間的均衡における価格と市場地域の広さが 2 つのモデルにおいて異なることがわかる。図ⅡA-26 は平均費用曲線と各モデルの需要曲線を示している。Lösch モデルにおける生産者均衡の点 E_L は Greenhut-Ohta モデルの均衡点 E_{GO} より左上で生じることになる。すなわち空間的均衡において Lösch 型モデルにおいて店頭渡価格は高くなり市場地域の需要量は少ないことになる。

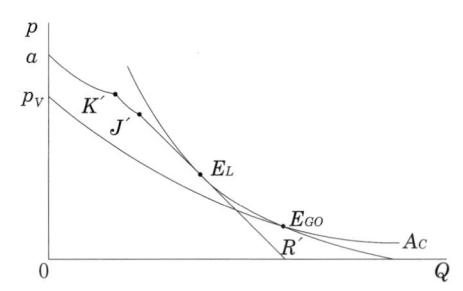

図ⅡA-26　需要曲線の形状と均衡解

5) 運賃率の変化が空間的自由参入均衡に与える作用

本小節では運賃率が空間的自由参入均衡値にあたえる作用を分析する。空間経済学の分析において，もっとも特徴的な役割を果たしているのは運賃率である。運賃率は距離空間と直接結びついているため常にこの分野において重要な要因の 1 つと考えられている。本小節では運賃率の変化がこれまで明らかにしてきた空間的自由参入均衡解にどのような変化を与えるのかを分析し，これまで指摘されてこなかった市場地域の変化を明らかにしたい。

これまで Capozza-Van Order そして Greenhut-Norman-Hung (1987) らにより運賃率が空間的均衡解に与える影響の考察は比較静学の手法によりなされてきている。しかしこの方法による分析は煩雑になり解明できない部分が残

II 生活空間の組成理論　69

る。ここでは上記3節で示されたCapozza-Van Orderのモデルを用い6角形の市場地域を想定して，数値計算により運賃率が低下することにより上記3つの競争形態，Lösch，Greenhut-Ohta（$G-O$），Hotelling-Smithies（$H-S$）型モデルにおける均衡解がいかに変化するかを明らかにしょう。限界費用kはゼロ，固定費用Fを$0.05a^4$として運賃率を1.468から0.2まで変化させ，各運賃率について式の連立方程式を解くとその解は図ⅡA-27のように変化する。またその数値をLösch型とGreenhut-Ohta（$G-O$）型競争形態について示すと表ⅡA-4のようになる。

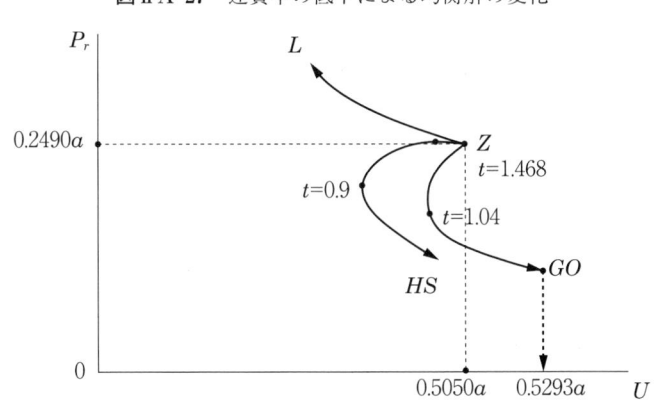

図ⅡA-27　運賃率の低下による均衡解の変化

表ⅡA-4　運賃率の低下と均衡解の変化

t	L		$G-O$	
---	U	p	U	p
1.47	$0.5050a$	$0.2490a$	$0.5050a$	$0.2490a$
1.2	$0.3346a$	$0.3590a$	$0.3798a$	$0.2153a$
1.0	$0.3060a$	$0.3929a$	$0.3744a$	$0.1873a$
0.8	$0.2864a$	$0.4196a$	$0.3809a$	$0.1585a$
0.5	$0.2649a$	$0.4535a$	$0.4155a$	$0.1128a$
0.4	$0.2591a$	$0.4636a$	$0.4382a$	$0.0963a$
0.2	$0.2490a$	$0.4825a$	$0.5293a$	$0.060a$

これらの図表により次ぎのような興味深いことが判明する。運賃率の低下に

対して各モデルの解は様々に変化する。Lösch 型モデルにおいては運賃率の低下に対して店頭渡価格は上昇し市場地域は縮小する。他方 Greenhut-Ohta モデルにおいては店頭渡価格は単調に減少するが，市場地域はいったん縮小し次に拡大に向かうことになる。運賃率の低下に対し市場地域が拡大するという現象はこれまでほとんど指摘されてこなかったものである。最後に空間的自由参入均衡の Hotellinh-Smithies 解の変化はきわめて興味深いものである。すなわち店頭渡価格はまず上昇し，次に低下する。他方，市場地域はいったん縮小し，次に拡大するという複雑な変化を示す。運賃率の変化が空間的均衡解に与える作用は複雑である。

9．フロンティア価格曲線と空間的自由参入均衡解の対応関係

1) 空間的自由参入均衡解の分析手法

空間的自由参入均衡の分析には上述したように複数の方法がある。すなわち Lösch 型 (1940)，Greenhut-Ohta (1973)，そして Capozza-Van Order (1978) モデルがある。前者の2つのモデルはそれぞれ固有の分析視点をもち特徴的な均衡値を導出する。後者は価格の推測的変分を用い，前者の2つの均衡値を包含するとともに他の多くの均衡値も導出できる分析手法である。確かに Capozza-Van Order モデルは優れたモデルであるが，前者の2均衡の特徴を表せるものではない。また価格の推測的変分を用いることに弱点をもち，推測の対象となる競争相手の選定をどのようにするか，どのように推測するのが合理的であるかについて問題がある[20]。Capozza-Van Order モデルの弱点をもたず，空間的自由参入均衡を分析できる方法は Capozza-Van Order モデルの以前に存在していた。Hoover (1970) のフロンティア価格曲線を用いる方法である。この方法の基本内容は Hoover (1937) の margin line と同じである[21]。本節ではフロンティア価格曲線を検討し，この曲線と Lösch 型と Greenhut-Ohta 均衡値の関係を明らかにしながら Lösch 型と Greenhut-Ohta 均衡値の特徴を示す。

2) 基本的仮定

空間的自由参入均衡の分析と同じ仮定の下で考察を進めよう。すなわち，平面市場に密度1で均等に居住する消費者は線形の需要関数をもち，小売経営の費用関数もこれまでと同じ線形で示される。経営は利潤極大化の価格付けをし，利潤がゼロになるまで新規の経営が参入する。経営の市場地域の形状は6角形に限定される。

3) Lösch, Greenhut-Ohta, Capozza-Van Order モデルにおける空間的自由参入均衡の条件と均衡解の導出方法

フロンティア価格曲線と Lösch, Greenhut-Ohta モデルの均衡解の対応関係を検討する。Lösch, Greenhut-Ohta そして Capozza-Van Order モデルにおける空間的自由参入均衡の条件と均衡値の導出方法は前小節で表わされていたが，簡潔に整理しておこう。これらの考察において用いられる経営の利潤，販売量はこれまでと同じ仕方でそれぞれ表わされている。

(1) Lösch 型モデルの均衡条件と均衡解の導出

Lösch 型の空間的自由参入均衡条件は次の2式で示される。

$$Y=(p-k)Q-F=0 \qquad (86)$$
$$dY/dp=(p-k)\ dQ/dp+Q=0 \qquad (87)$$

均衡における店頭渡価格 p^* と市場地域の内接円の半径 U^* は p と U について(86)と(87)式の連立方程式をつぎのようにして解けば得られる。まず均衡店頭渡価格 p^* は(87)式から U の関数として(88)式で求められる。

$$p^*=0.5(a+k-2\cdot 3^{0.5}0.2027tU) \qquad (88)$$

(88)式を(86)式の p に代入すると均衡における市場地域の内接円の半径 U^* は次の(89)式を U について解くことで得られる。

$$U(a-k-2\cdot 3^{0.5}0.2027tU)-(2\cdot 3^{0.5}F/3)^{0.5}=0 \qquad (89)$$

(2) Greenhut-Ohta の均衡条件および均衡解の導出

Greenhut-Ohta は経営の市場地域の頂点における引渡価格 p_v に注目しモデルを構築するが，その p_v は店頭渡価格 p と市場地域の内接円の半径 U の関数として(90)式示される．

$$P_v = p + (2/3^{0.5})tU \qquad (90)$$

(90)式から容易に店頭渡価格 p を p_v と U の関数で示すことができる．この p を(86)式の p に代入すれば（ただし(86)式の $=0$ の部分は除く），小売経営の利潤 Y は p_v と U の関数として次式で示され，Greenhut-Ohta 型競争における利潤式を(91)式のように得る．

$$Y = -1.8101 U^4 + 12t(0.4639 p_v - a/3 - 0.1306 k) U^3$$
$$+ 2 \cdot 3^{0.5}(a - ak - p_v - k) p_v U^2 - F \qquad (91)$$

市場地域の内接円の半径 U は経営の利潤 Y を最大化するように決定される．また空間的自由参入においては利潤がゼロになる．したがって Greenhut-Ohta 型競争の空間的自由参入均衡条件は次の2式で示される

$$Y = 0 \qquad (92)$$
$$dY/dU = -7.2404 \, U^3 + 36(0.4639 p_v - a/3 - 0.1306 k) U^2$$
$$+ 4 \cdot 3^{0.5}(a - ak - p_v - k) U = 0 \qquad (93)$$

空間的自由参入均衡における p_v^* と U^* は(92)と(93)式を直接解くことで得られるが，次のようにしても得られる．(92)式から p_v^* は U の関数として次式で示される．

$$p_v^* = 0.5(a + 1.6072 \, tU + k - ((a - 0.7022 \, tU - k)^2$$
$$- 2F/(3^{0.5} U^2))^{0.5}) \qquad (94)$$

均衡における内接円の半径 U^* は(94)式を(93)式に代入した(95)式を U について解くことで得られる．

$$-0.1233t^2U^2+0.1755(a-k)tU+0.4018\,UB^{0.5}$$
$$-F/(2\cdot 3^{0.5}U^2)=0 \qquad (95)$$

ただし $B=(a-0.1022\,tU-k)^2-2F/(3^{0.5}U^2)$ である。

(3) Capozza-Van Order の均衡条件と均衡解の導出

Capozza-Van Order の空間的自由参入均衡の条件はこれまで示したように次の2式である。

$$Y=0$$
$$dY/dp=(p-k)(\partial Q/\partial p+dQ/dU(dU/dp))+Q=0$$

4) フロンティア価格曲線による空間的自由参入均衡分析

(1) フロンティア価格曲線の意義

Capozza-Van Order のモデルは空間的自由参入均衡解を価格の推測的変分を用いて簡潔に導出できるという利点がある。しかし,価格の推測的変分を用いて空間的自由参入均衡を導出する場合に経済的合理性における弱点をもち,そのモデルにより得られる Lösch と Greenhut-Ohta 解はその解の特徴を表示しない。しかし Hoover の考案したフロンティア価格曲線は Capozza-Van Order の弱点をもたず空間的自由参入均衡解を導出でき Lösch と Greenhut-Ohta 型競争均衡解のもつ特徴を表示できる。次の小節でフロンティア価格曲線を導出しよう。

(2) フロンティア価格曲線の導出

フロンティア価格曲線(以下 FPC)は空間的自由参入均衡にある経営の市場地域の頂点での引渡価格(以下 FP)から構成される。その FP は空間的自由参入均衡での店頭渡価格 p^* と経営から市場地域の頂点までの輸送費の合計であり(96)式で示される。

$$FP=p^*+2/3^{0.5}tU \qquad (96)$$

均衡価格 p^* は(86)式を p について解くことで得られ次式で示される。

$$p^* = 0.5((a-2\cdot 3^{0.5}0.2027tU+k)$$
$$-((a-2\cdot 3^{0.5}0.2027tU+k)^2$$
$$-4(ak-2\cdot 3^{0.5}0.2027tk+2\ 3^{0.5}F/12U^2))^{0.5}) \quad (97)$$

FP はこの均衡価格 p^* に経営から市場地域の頂点まで輸送費の合計であるので，FPC は U の関数として(98)式のように示される。

$$FPC = 0.5(a+1.6072\ tU+k$$
$$-((a-2\cdot 3^{0.5}0.2027tU-k)^2-2\cdot 3^{0.5}F/3U^2)^{0.5}) \quad (98)$$

フロンティア価格曲線を具体的に描くために限界費用をゼロ，運賃率を 1，固定費用を $0.05a^4$ としよう。この場合 FPC は図ⅡA-28 の $L^*-GO^*-E^*$ の曲線により示される。

図ⅡA-28　フロンティア価格曲線

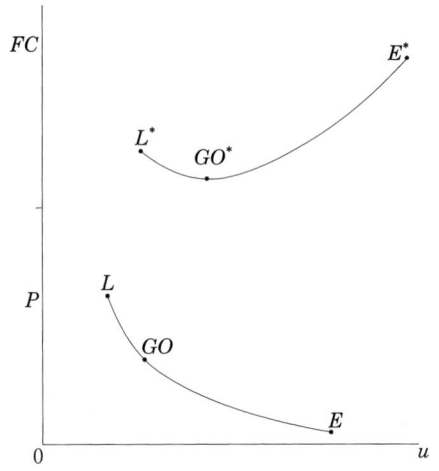

(3)　フロンティア価格曲線による Lösch と Greenhut-Ohta 均衡解の特徴

FPC における点 L^* そして GO^* に対応する市場地域の内接円の半径 U^* を求めよう。点 L^* に対応する店頭渡価格 p^* は最も高い店頭渡価格であり，経

営が独占である場合の価格 PM と同じであり (Hoover, (1970), p.272), つぎの(99)式で示される。:

$$PM=0.5(a-1.6072\,tU+k) \qquad (99)$$

独占価格との同一性 ($p^*=PM$) は(98)式おける平方根のなかの値がゼロであることを必要とする。したがって点 L^* に対応する内接円の半径 U^* は次の(100)式を満たさねばならない。:

$$U(a-k-2\cdot 3^{0.5}0.2027tU)-(2\cdot 3^{0.5}F/3)^{0.5}=0 \qquad (100)$$

(100)式は Lösch 解の市場地域の内接円の半径を求める(98)式と同じである。このことから FPC の点 L^* は Lösch 解に対応することが判明する。

続いて FPC の点 GO^* に対応する U^* の値を求めよう。点 GO^* は FPC の最小点であるので, U^* の値は(98)式を U で微分してゼロとおいて導出できる。したがって, 次の(101)式を U について解くことで得られる。

$$1.6072tB^{0.5}+2\,3^{0.5}0.2027tU(a-2\,3^{0.5}0.2027tU-k)$$
$$-2F/3^{0.5}U^2))=0 \qquad (101)$$

これは(102)式のように変形できる

$$-0.1233\,t^2U^2+0.1755(a-k)tU$$
$$+0.4018\,UB^{0.5}-F/(2\cdot 3^{0.5}U^2)=0 \qquad (102)$$

ただし $B=(a-0.1022tU-k)^2-2F/(3^{0.5}\,U^2)$ である。

この(102)式は Greenhut-Ohta 解の市場地域の内接円の半径 U^* を求める(95)式と同じである。このことは FPC の最小点は Greenhut-Ohta 解に対応することを示している。

このように FPC は Lösch と Greenhut-Ohta 解の特徴を明確に示すものである。Lösch はすべての均衡解なかで市場地域の広さを最小化する解であり, Greenhut-Ohta 解は市場地域の頂点での引渡価格を最小化する解であること

を明示するものである。

5) フロンティア価格曲線の応用
(1) 空間的自由参入均衡における厚生水準

これまで見てきたように Lösch 均衡は市場地域を最小化し均衡における経営数を最大化する特徴をもつ。他方 Greenhut-Ohta 均衡は市場地域の頂点の引渡価格を最小化する特徴をもつ。ここで次のような関心が生じる。社会的に最も望ましい均衡はどのような均衡であるか。フロンティア価格曲線を用いて各空間的自由参入均衡における厚生水準を比較し厚生水準を最大にする均衡値を導出しよう。なお本節でも市場地域の形状は6角形に限定して分析する

空間的自由参入均衡分析において各均衡における単位面積当りの社会的余剰の分析を行った。この小節ではこの社会的厚余剰を厚生水準の指標としフロンティア価格曲線を用いて一連の均衡における厚生水準を導出する。消費者余剰 (CS) の導出とその表示は前節と同じである。生産者余剰 (PS) は限界費用をゼロとすれば，固定費で表わされる。

小売経営の市場地域の広さ SA は次式で示される。

$$SA = 6(0.5 \cdot 2/3^{0.5})U^2 = 3.4641 U^2$$

単位面積当りの社会的余剰 (ASS) は次式で示される。

$$\begin{aligned}ASS &= (CS+F)/A \\ &= 0.2778 U^2 - 0.7021(a-p)U + 0.5(a-p)^2 + F/(3.4641 U^2)\end{aligned}$$

上記の式における p は均衡における店頭渡価格である。p は前節で示されたように市場地域の内接円の半径 U の関数である。したがって単位面積当りの社会的余剰は(103)式で示されるように U の関数として示される。

$$ASS=0.2778U^2-0.3511(a+0.7022\ U-k+((a-0.7022\ U+k)^2$$
$$-2F/(3^{0.5}U^2))^{0.5}U+0.125(a+0.7022\ U-k$$
$$+((a-0.7022\ U+k)^2-2F/(3^{0.5}U^2))^{0.5}+F/(3.4641U^2)\quad(103)$$

(103)式から厚生水準を最大化する均衡を求めることができる。すなわち(103)式を U で微分し(104)式を求め，それをゼロとおいて単位面積当りの社会的余剰を最大化する内接円の半径 U を求められる。

$$dASS/dU=0.5556U-0.3510(a-k+M^{0.5})-0.4929U+$$
$$0.2465((a-0.7022U+k)-1.6444F/U^2)/M^{0.5}+$$
$$0.25(a+0.7022U-k+M^{0.5})$$
$$(0.7022-(0.07022(a-0.7022U+k)$$
$$-2F(3^{0.5}U^3))/M^{0.5})-2F/3.4641U^3=0\quad(104)$$

ただし $M=(a-0.7022U+k)\ 2-2F/(3.4641U^3)$ である。

この U の値は Lösch また Greenhut-Ohta 解の U^* の値とは異なるものである。限界費用と固定費用に具体的数値を与えて各均衡解における厚生水準を比較しよう。限界費用 k はゼロ，固定費用 F は $0.05a^4$ とする。(104)式の単位面積当りの社会的余剰（ASS）は図ⅡA-29で示される。その社会的余剰は U が

図ⅡA-29 空間的自由参入均衡における社会的余剰

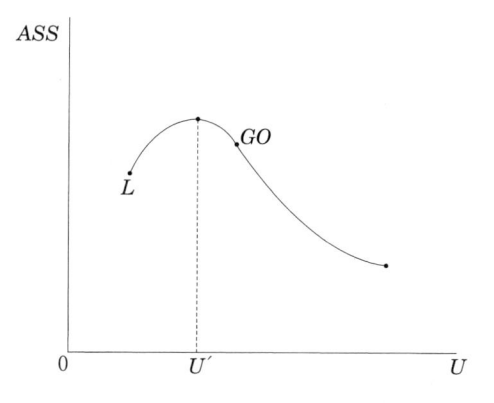

$0.3376a$ において最大化される。この値は Lösch と Greenhut-Ohta 解の中間に位置するものである。この解は単位面積当りの社会的余剰を最大化する解として特徴付けられであろう。

(2) 運賃率の低下と空間的自由参入均衡解の変化

空間的自由参入均衡解は運賃率の変化により変化する。そして変化の仕方はこれまで見てきた Lösch, Hotelling-Smithes, Greenhut-Ohta 型均衡により異なる。いくつかの運賃率に対して，各均衡解がどのように変化するかは，図ⅡA-27 で示されている。図に示されるように各均衡の型により運賃率の低下に対する変化は様々であり，変化の仕方に共通性は一見するとみられない。しかし各均衡におけるフロンティア価格を見ると運賃率の低下に対してフロンティア価格がどの均衡型においても低下していることがわかる。Lösch 型とGreenhut-Ohta 型均衡とフロンティア価格を導出してみると表ⅡA-5 のように示される。表ⅡA-5 は運賃率を0.4まで減らした場合におけるフロンティア価格を示している。表ⅡA-5 では $H-S$ 型の数値が示されていないが，この場合は常に Lösch 型と Greenhut-Ohta 型均衡との中間的な値をとることになる。から判明するように。すなわち空間的自由参入均衡は運賃率の低下に対してフロンティア価格を低下させるように価格と内接円の半径を変化させるという共通の性格を有していることがわかる。

表ⅡA-5 運賃率の低下とフロンティア価格の変化

t	Lösch	Greenhut-Ohta
1.47	$1a$	$1a$
1.4	$0.9378a$	$0.9045a$
1.2	$0.8227a$	$0.7416a$
1.0	$0.7462a$	$0.6169a$
0.8	$0.6841a$	$0.5104a$
0.6	$0.6308a$	$0.4054a$
0.4	$0.5832a$	$0.2987a$

10. 市場における競争様態の相違による均衡状態の変化

1) 競争様態の特徴

これまで取り上げてきた3つの競争様態を運賃率の低下と均衡解の変化の分析から特徴づけると次のようになる。

Lösch 型競争様式は，その価格の推測的変分の値を勘案すれば，低価格の財を扱い小売経営間の距離は短く，コンビニエンスストア間の競争に対応させることができる。そして運賃率の低下に対して財の価格は上昇し市場地域は縮小して行くことから Lösch 型競争様式は市場に競争者を呼び込む競争様式と特徴づけられる。

Greenhut-Ohta 型競争様式は，その価格の推測的変分の値を勘案すれば，高価格の財を扱い小売経営間の距離が長く，中規模百貨店間の競争に対応させることができる。そして運賃率の低下に対して財の価格は低下し市場地域は基本的には拡大して行くことから Greenhut-Ohta 型競争様式は既存の競争者を市場から排除する競争様式と特徴づけられる。

Hotelling-Smithes 型競争様式は，その価格の推測的変分の値を勘案すれば，中程度の価格水準の財を扱い小売経営間の距離は中程度のスーパーマーケット店の競争に対応させられる。そして運賃率の低下に対して財の価格と市場地域は複雑に変化するが市場地域の広さは運賃率の十分な低下により初期の広さに戻るので，Hotelling-Smithes 型競争様式は競争者数を変化させない競争様式と特徴づけられる。

2) 競争様態の相違による均衡解への作用

これら3つの競争様式は運賃率の低下に対して様々な対応をして均衡解の値も異なってくる。しかしながら，市場地域の頂点におけるフロンティア価格を低下させるという共通点がある。この点に注目すると次のように競争様態の相違による均衡解への作用を整理することができる。

Lösch型競争様式は，できる限り小売経営から市場地域の頂点までの輸送費を節減することで，市場地域の頂点におけるフロンティア価格を低下させるという方式をとる。したがって，運賃率の低下により小売経営から市場地域の頂点までの距離を短くするという特徴を有する。他方，店頭渡価格は上昇するということになる。

Greenhut-Ohta型競争様式は，できる限り小売経営の店頭渡価格を節減することで市場地域の頂点におけるフロンティア価格を低下させるという方式をとる。したがって，運賃率の低下により市場地域の広さを大きくし，規模の経済を活かして店頭渡価格を低下させるという特徴を有する。他方，市場地域は拡大するということになる。

Hotelling-Smithes型競争様式は店頭渡価格と輸送費の双方を調節して，できる限り市場地域の頂点におけるフロンティア価格を低下させるという方式をとる。したがって，運賃率の低下の初期には輸送費の節減を図るため市場地域の縮小，後期には店頭渡価格の節減を図るため市場地域を拡大させる方式をとると考えられる。

11. 小売経営の品揃と立地の関係

これまでの小売経営の分析においては1財のみを想定し，消費者は線形の需要関数を持つとしてその価格および市場市域を考察してきた。本節では小売経営の扱う品目数と市場地域の広さに注目して分析を展開したい。このような問題に関してBaumol-Ide（1956）は小売店舗における商品の多様性に関する明快な理論的考察方法を提案している。ここではかれらの分析枠組を援用しながら，空間的競争均衡にある小売経営の品目数と市場地域の広さを分析する[22]。

1) 分析における仮定および枠組
上記のBaumol-Ide（1956）の考察にそって次の仮定と分析枠組を設定する。
① 消費者は平面で示される市場に密度Kで均等に分布している。

② 小売経営は平面市場を円で示される同一の市場地域で網羅し，消費者に財を販売する[23]。

③ 小売経営の販売する品目数 N が増加すれば，消費者が当該小売経営を訪れる可能性 $z(N)$ は(115)式にそって増加する[24]。

$$z(N) = (\frac{N}{A})^\alpha \qquad (115)$$

ただし，$0 \leq z(N) \leq 1$ であり，A は品目数の上限，α は正の値を有するパラメータである。

④ 消費者から小売経営までの距離は u で示され，その運賃率は C_d である。したがって消費者が負担する輸送費 S は(116)式で示される。

$$s = C_d u \qquad (116)$$

⑤ 小売経営の店舗での混雑度 J は品目数 N とともに上昇し(117)式で示される。

$$J = C_n N^\beta \qquad (117)$$

C_n はいわゆる限界混雑，β は正の値を有するパラメータである。混雑度の上昇は消費者が当該小売経営を訪れようとする意欲をより損なうことになる。

⑥ 消費者が小売経営に出かける場合における機会費用は C_i で示される。

以上の仮定から消費者が小売経営に出かけようとする意欲 f は小売経営が取り扱う品目 N と小売経営までの距離 u に依存し(118)式で示される。

$$f(N, u) = \omega(\frac{N}{A})^\alpha - \nu(C_d u + C_n N^\beta + C_i) \qquad (118)$$

ただし ν は正のパラメータである。

⑦ 小売経営の市場地域における全販売量 Q は消費者が持つ小売経営に出かける意欲に比例すると単純に仮定し，(118)式から(119)式で示されるものとする。

$$Q=\int_0^U (\omega(\frac{N}{A})^\alpha - \nu(C_d u + C_n N^\beta + C_i))2\pi K du \qquad (119)$$

ただし U は小売経営の市場地域の半径である。いま、全品目 N の財の価格を統合して得られる財の価格に関する指標、すなわち平均価格を P で表せば、小売経営の収入 R は(120)式で表されることになる。

$$R=PQ \qquad (120)$$

2) 小売経営の費用面に関する仮定および利潤関数

小売経営は財の円滑な販売のために適切な施設を有して在庫を適切に行うことになる。在庫費用 IC は次のように仮定される。

$$IC=(E/I)r+(I/2+R)T \qquad (121)$$

E は1期間における1品目の平均販売量であり、上記の販売量 Q/N で表されると仮定される。I は1回の棚卸の量である。r は棚卸をめぐる取り扱い費用である。R は在庫が減少して補充を行なうことを決める在庫量である。T はいわゆる倉敷料である。

(121)式から棚卸の最適回数は容易に導出され、1品目当たりの在庫量 ICI は(122)式出示されることになる。

$$ICI=(2rTQ/N)^{0.5}+RT \qquad (122)$$

次に在庫・販売施設の固定費用は F、商品を販売・取り扱うための費用は品目数に応じて変化するものとして $aN^{0.5}$ と想定すれば、小売経営の総費用 TC は(123)式のように求めることができる。

$$TC=N(2rTQ/N)^{0.5}+NRT+aN^{0.5}+F \qquad (123)$$

したがって、小売経営の利潤関数 Y は(120)および(123)式から次のように示されることになる。

$$Y = P(2^*\pi K U^2(0.5(\omega(N/A)^\alpha - \nu C_n N^{0.5} - \nu C_i) - vC_d U/3))$$
$$-N^{0.5}((2rT(2\pi K U^2(0.5(\omega(N/A)^\alpha$$
$$-\nu C_n N^{0.5} - \nu C_i) - vC_d U/3)))^{0.5} + a) - NRT \qquad (124)$$

3) 空間的競争均衡における小売経営の取扱品目数と市場地域の広さ

(1) 空間的競争均衡

Baumol-Ide (1956) は上記の分析枠組を提示したが，競争均衡における小売経営の取扱品目数および市場地域の広さに関しては考察を具体的には行ってはいない。そこで自由参入の市場を想定し空間的競争均衡における小売経営の取扱品目数と市場地域の広さについて考察を進展させることにしたい。

ここで想定される状況において，競争的均衡が空間市場において成立する場合には次の2つの条件が同時に満たされねばならない。すなわち(1)小売経営はその利潤を最大化するように取り扱う品目数を最適化する。(2)小売経営の持つ市場地域は小売経営の利潤を丁度ゼロにするような広さになる。各条件は次の2式でそれぞれ表されることになる。なお，ここでは取り扱われる各財の価格，したがって取り扱われる財全体の平均価格は所与として扱われる。

$$dY/dN = dY/dN + dY/dU \cdot dU/dN = 0 \qquad (125)$$
$$Y = 0 \qquad (126)$$

(125)式における dU/dN は小売経営がその品目数を変化させる場合に小売経営の市場地域の半径がいかに変化するかを示す項目である。dU/dN は次式で決められるものである。

$$dU/dN = (0.5(\omega(\alpha/A^\alpha)N^{\alpha-1} - 0.5\nu C_n N^{-0.5})/vC_d)$$
$$(1 - dN'/dN) \qquad (127)$$

ただし N' は当該小売経営に隣接する競争者の取り扱う品目数であり，dN'/dN は当該小売経営が有する品目数に関する推測的変分である。この推測的変分が1である場合には，Lösch 型競争となり Lösch 型競争均衡値が導出される。他

方，この推測的変分が0である場合には，競争小売経営の取り扱う品目数は変化しないと推測するものである。Hotelling-Smithies ($H-S$) 型競争とよばれるものである。ここではこの2つの競争様式を想定して分析を進めることにしたい。

以下では各パラメータに数値を代入し，各競争均衡における小売経営の取扱品目数と市場地域の広さを導出し，さらに運賃率などの低下によりそれらがいかに変化するかを分析する。パラメータの値は次のようである。

品目の上限数 $A=20$，固定費 $F=200$，消費者密 $K=1.75$，平均価格水準 $P=15$，在庫水準の下限 $R=25$，倉敷料 $T=2$，販売取扱費 $a=0.15$，棚卸手数料 $r=1.6$，パラメータ $\alpha=0.26$，重み $\omega=45$，$\nu=5.6667$，運賃率 $C_d=1.2$，機会費用 $C_i=0.25$，限界混雑 $C_n=1.2$。このような想定の下で(125)式の利潤 Y，dY/dN および dY/dU はそれぞれ，次の3つの式で示されることになる。

$$Y=15*(2*3.14159*1.75U^2(0.5(45(N/20)^{0.26}-(5.6667*1.2)N^{0.5}$$
$$-(5.6667*0.25))-(5.6667*1.2/3)U))-200-N^{0.5}$$
$$((2*1.6*2*(2*3.14159*1.75U^2(0.5(45(N/20)^{0.26}-6.8N^{0.5}$$
$$-(5.6667*0.25))-(5.6667*1.2/3)U)))^{0.5}+0.15)$$
$$-25*2N \tag{128}$$

$$dY/dN=-50+82.4667U^2(5.3693/N^{0.74}-3.4/N^{0.5})$$
$$-1/N^{0.5}0.5(0.15+8.38878(U^2(-2.26668U+0.5$$
$$(-1.41668+20.6512N^{0.26}-6.8N^{0.5})))^{0.5})$$
$$-(2.09719U^2(5.3693/N^{0.74}-3.4/N^{0.5})N^{0.5})/$$
$$(U^2(-2.26668U+0.5(-1.41668+20.6512N^{0.26}$$
$$-6.8N^{0.5})))^{0.5} \tag{129}$$

$$dY/dU = -373.851U^2 + 329.867U(-2.26668U + 0.5$$
$$(-1.41668 + 20.6512N^{0.26} - 6.8N^{0.5}))$$
$$-(10.6111(-2.26668U^2 + 2U(-2.26668U + 0.5$$
$$(-1.41668 + 20.6512N^{0.26} - 6.8N^{0.5})))N^{0.5})/$$
$$(U^2(-2.26668U + 0.5(-1.41668 + 20.6512N^{0.26}$$
$$-6.8N^{0.5})))^{0.5} \tag{130}$$

このような想定の下で，(125)式および(126)式の連立方程式を品目数 N と市場地域の半径 U について解けば，表ⅡA-6A で示される結果を得る。

表ⅡA-6A 空間的競争均衡における小売経営の取扱品目数と市場地域

	品目数	市場地域の半径
Lösch 型	0.9889	0.5868
$H-S$ 型	2.7259	0.6498

表ⅡA-6A に示されるように Lösch 型と $H-S$ 型という競争様式の相違により品目数には明白な相違があらわれる。他方，市場地域の広さには大きな差はみられない。さらに，いくつかのパラメータの数値を変えて，空間的競争均衡における小売経営の取扱品目数と市場地域の広さを求めてみよう。棚卸手数料 $r=0.8$，運賃率 $C_d=0.6$，と想定する。この場合には表ⅡA-6B の結果をえる。

表ⅡA-6B 交通網の優れた地域における小売経営の取扱品目数と市場地域

	品目数	市場地域の半径
Lösch 型	0.857	0.532
$H-S$ 型	4.887	0.667

表ⅡA-6A，Bに示されるように品目数および市場地域の広さとも競争様式に応じて同じ傾向がみられる。すなわち Lösch 型競争様式は $H-S$ 型の場合より品目数は少なく，市場地域は小さくなる。また，表ⅡA-6B の結果は表ⅡA-6A の場合より，運賃率および棚卸の費用が低い経済社会を想定して導出さ

れている。表ⅡA-6A, Bの結果から，交通および物流網が整備されている経済社会において，小売経営間の競争形態が$H-S$型である場合において取扱品目数は増加する。他方，Lösch型競争様式の場合には取扱品目数は低下すると推察される。

(2) 運賃率の低下による小売経営の取扱品目数と市場地域の広さの変化

表ⅡA-6Aで想定した状況で，消費者が負担する輸送費の低下がどのような影響を小売経営の取り扱う品目数と市場地域の広さに及ぼすかを分析しよう。表ⅡA-7Aは運賃率の上限である2.53から0.4まで順次低下させた場合における市場地域の広さと品目数の変化を示している。

表ⅡA-7A 運賃率の低下による小売経営の市場地域と取扱品目数の変化

運賃率	Lösch型 市場の半径	品目数	$H-S$型 市場の半径	品目数
2.53	0.95	2.1	0.95	2.1
2.0	0.680	1.274	0.708	2.039
1.6	0.624	1.103	0.667	2.297
1.2	0.587	0.989	0.650	2.726
1	0.572	0.944	0.648	3.029
0.8	0.558	0.905	0.650	3.415
0.6	0.546	0.869	0.658	3.913
0.4	0.536	0.838	0.671	4.570

表ⅡA-7Aは興味深い結果を示している。すなわち，$H-S$型の競争様式において運賃率がある水準までは小売経営の市場地域の広さは減少してくが，それ以下に減少する場合には，逆に市場地域が拡大することになる。そして取り扱う品目数は高い運賃率水準において，はじめに低下した後，上昇に転じている。他方，Lösch型の競争様式においては運賃率が低下するにつれて市場地域の広さは単調に縮小し，取扱う品目数は減少する。

次に固定費用を$F=1000$と仮定し高い固定費用の場合において運賃率の低下の作用を分析しよう。表ⅡA-7Bはこの場合における運賃率の上限に近い1.4から0.2まで順次低下させた場合における取扱品目数と市場地域の広さの変化

を示している。表ⅡA-7Bに示されるように高い固定費の場合にはLösch型および$H-S$型の競争様式はともに，運賃率が低下するにつれて市場地域が縮小し，それが拡大する現象はみられない。しかし$H-S$型の競争様式では，取り扱う品目数は高い運賃率水準において，はじめに低下した後，上昇に転じる現象はやはり見られることになる。Lösch型の競争様式においては運賃率が低下するにつれて取扱う品目数は単調に減少している。したがって，固定費用が高い場合には，運賃率の低下が，小売経営の市場地域の拡大を引き起こすという現象を抑制すると推測されることになる。

表ⅡA-7B 高い固定費用における小売経営の市場地域と取扱品目数の変化

運賃率	Lösch型 市場の半径	品目数	$H-S$型 市場の半径	品目数
1.4	1.649	3.804	1.656	3.985
1.2	1.373	3.201	1.388	3.948
1.0	1.262	2.923	1.284	4.118
0.8	1.189	2.729	1.219	4.385
0.6	1.135	2.578	1.174	4.748
0.4	1.091	2.454	1.142	5.226
0.2	1.054	2.349	1.120	5.858

(3) 棚卸費用低下による小売経営の取扱品目数と市場地域の広さの変化

表ⅡA-6Aで想定した状況の下で小売経営が負担する棚卸の費用の低下がどのような影響を品目数と市場地域の広さに及ぼすかを分析しよう。表ⅡA-8は棚卸費用rを2.0から0.8まで順次低下させた場合における品目数と市場地域の広さの変化を示している。

表ⅡA-8に示されるように，小売経営の負担する棚卸費用が低下するにつれて，両競争の型とも市場地域の広さは縮小してゆく。また小売経営の取り扱う品目数も両者ともに低下する。消費者が負担する輸送費の低下と比較すると，棚卸費用の低下の場合には競争様式によって変化の方向に相違は生じないといえる。

これまでの考察を整理すると以下のようになる。Lösch型競争様式は運賃率

表 II A-8　棚卸費用の低下による小売経営の市場地域と取扱品目数の変化

棚卸費	Lösch型 市場の半径	品目数	H−S型 市場の半径	品目数
2.0	0.596	1.003	0.665	2.742
1.8	0.591	0.996	0.657	2.734
1.2	0.578	0.977	0.636	2.713
1.0	0.574	0.972	0.629	2.708
0.8	0.569	0.968	0.622	2.704

の低下により市場地域の広さは縮小し，取り扱う品目数は減少する。したがって，外部から当該市場への参入を容易にすると考えられる。したがって，これまでの考察と同じく Lösch 型競争は新規競争者の参入を促進する競争様式といえる。他方，H−S 型は，運賃率の低下により市場地域の広さは拡大し，取り扱う品目数は増加する。これは新規参入を困難にする。これは前節での Greenhut-Ohta 型競争様式と類似の特徴を有すると言える。最後に，前節の考察も参考にすれば，次のような点が示唆される。すなわち，交通網および物流網が発達しその費用が低い地域は，それらが高い地域に比較して，コンビニエンス店の取扱品目数は少なく，スーパーマーケット店および総合スーパーマーケット店における品目数は多いことになる。

12. 商品購入における多様性指向に関する分析

前節において小売経営における品揃水準に関して分析を行なったが，本節では消費者の購入行動における財の多様性の問題を考察することにしたい。財の多様性と財の購入量に関する分野は Dixit-Stiglitz（1977）の分析以来，多くの展開がみられる。ここでの分析においては特に空間性は入れずに財の多様性の分析を Brakman-Garretsen-Marrewijk（2001）にそって紹介する。

次のように仮定する。消費者は次式で示される効用関数 U を有している。

$$U=\left(\sum_{i=1}^{n} q^{\sigma}\right)^{1/\sigma}$$
$$\sigma>1 \tag{131}$$

ただし q は消費財の量，n は消費財の種類数である。σ はパラメータであり，$0<\sigma<1$ である。消費者の予算額は C であり予算制約式は(132)式で示される。

$$C=\sum_{i=1}^{n} p_i q_1 \tag{132}$$

効用を最大化する財の需要量を導出するためのラグランジュ式 L は次式のように示されることになる。

$$L=U+\lambda\left(C-\sum_{i=1}^{n} p_i q_1\right) \tag{133}$$

財の需要量は次の連立方程式を解くことにより求められることになる。

$$\partial L/\partial q_i=0 \tag{134a}$$
$$\partial L/\partial q_j=0 \tag{134b}$$
$$\cdots\cdots\cdots\cdots \qquad\qquad \cdots\cdots\cdots$$
$$\partial L/\partial \lambda=0 \tag{134c}$$

財 q_i の需要量は次式のように表現できることになる。

$$q_i=q_j(p_i/p_j)^{(1/\sigma-1)} \tag{135}$$

(135)式から順次，価格の需要弾力性は $1/(1-\sigma)$，財間の代替弾力性は $1/(1-\sigma)$ で示されることになる。

さて、財の価格は全て1となり $p=1$ とし、また消費者の各財の購入量も同じになるとし q で表せば、消費者の効用 U は次式で示されることになる。

$$U=(nq^{\sigma})^{1/\sigma} \tag{136}$$

この式を変形すれば次のように示される。

$$U=n^{1/\sigma-1}(nq) \qquad (137)$$

ここで,予算額 C は一定であり,$C=1nq$ であることに注目すれば,次のように言える。(137)式の (nq) 内の値は C で一定でなければならないので,消費する財の数が増加するれば,財の消費量は減少する。しかし,(137)式の前半部の形から,財の種類数が増加すれば消費者の効用は増加することになる。したがって,消費者の効用が(131)式のように表されると消費者は消費財数増し,各財の量を少なくする多種少量消費の傾向を持つことになる。

消費者が財の多様性指向を強く持てば,消費者は多様な財が品揃されている地点により多く出かけることになる[25]。このことは消費者が大都市指向する傾向を強めることを示唆するものである。

補論　経営の市場地域における販売量の導出

市場境界の形状分析では,経営の市場地域における販売量の導出は決定的に重要である。ここでは2経営の財の店頭渡価格と運賃率がともに同じ場合を想定して経営の販売量をモンテカルロ法により近似的に導出する手法を検討する。

1)　$p_A=p_B t_A=t_B$ の場合における経営 B の販売量の導出方法

経営 B が図ⅡA-13(a) の点 C に立地する場合,その市場地域は斜線を伏した Y_5CY_6 の地域である。経営 B の販売量は市場地域の上に形成される体積で表わされ,体積は各消費者のもつ需要関数により定められる。したがって長方形 $C_1CC_2Y_6C_3Y_5$ を底面とし,経営 B と立地を同じくする消費者の需要量を高さ $(a-p_B)$ とする立方体に占める経営 B の市場地域 Y_5CY_6 上にある体積の比率を求めることにより経営 B の市場地域の販売量を近似できる。まず斜線を伏した地域では次の式が成立する。

$$x^2+y^2-C^2<0 \qquad (A1)$$

したがって次に示される仕方のモンテカロ法のプログラムを実行すれば，経営Bの市場地域における販売量を近似的に求められる。

```
2  INPUT  X, Y                    (点 Y_s の座標を示す)
3  p_B=5                          (経営Bの店頭渡価格)
4  C=15                           (円の市場地域の半径)
5  a=20                           (消費者の最大需要価格)
6  AA=(C-X)*2*Y*(a-p_B)
                                  (底面が C_1CC_2Y_6C_3Y_5，高さ(a-p_B)の立方体の体積)
7  T=1                            (経営Bの運賃率)
8  s=0
10 FOR I=1 TO 10000
12 KX=X+(C-X)*RND(1)
14 KY=-Y+(2*Y)*RND(1)
15 KZ=(a-p_B)*RND(1)
16 IF(KX^2+KY^2)-C^2<0 AND(KZ-(a-p_B)
   +T*((KX-C)^2+KY^2)^0.5)<0 THEN s=s+1
           ((KZ-(a-p_B)+T*((KX-C)^2+KY^2)^0.5) が各消費者の需要量)
18 NEXT
20 V=(s/10000)*AA                 (経営Bの市場地域における販売量)
22 PRINT V
24 END
```

ここでは最も基本的な BASIC 言語で最も基本的な乱数の発生方法でモンテカルロ法を実行している。

2) 経営Bの店頭渡価格は経営Aより低く運賃率は高い場合における経営Bの販売量の導出方法

小売経営Bの店頭渡価格は経営Aより低く運賃率は高い場合経営Bの市場地域は蝸牛線などの複雑な曲線で示される。この場合においても，その販売量

は基本的には上記と同じ手法で導出できる。ただしこの手法を用いる場合には次の点に注意せねばならない。例えば，経営Bの市場地域が蝸牛線で示されるならば，その方程式は本文で示される数値例では(A2)式で表される。

$$(x^2+y^2-7.2x)^2=4.8^2(x^2+y^2) \tag{A2}$$

(A2)式を(A2a)のように変形してZの符号を経営Bの市場地域の内外において調べるとその符号は図Aのようになる。

$$z=(x^2+y^2-7.2x)^2-4.8^2(x^2+y^2) \tag{A2a}$$

図に示されるように経営Bの市場地域の内側にはプラスとマイナスの地域が出現するので，それぞれの地域における販売量を分けて求め，それらを合計することにより経営Bの市場地域における販売量を導出する。

図A 市場地域における販売量の導出

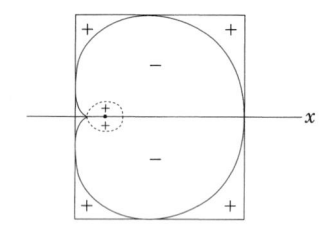

1) 線形の需要関数を用いる理由は基本的には次の2つである。1) 需要関数が不明である場合，線形の需要関数を用いるのが実際からの乖離がもっとも少ないと期待できる。2) 分析において取り扱いが容易である。経済活動の立地について基礎的理論を取り扱う段階においては，線形を仮定することにより失われるかもしれな分析の一般性より得られる結果の有用性の方が大きい。
2) 経営の利潤が丁度ゼロであり経営が成り立つ場合における最小の市場地域が生じるのは，市場においてLösch型の空間的自由参入競争均衡が成立する場合である。
3) この場合においても，最小の市場地域については，ここでの分析では市場地域の端点において消費者の需要は常に丁度ゼロであるという前提があることに注

意せねばならない。
4) 市場境点および市場境界線は空間経済の特徴が具現化される場所であり，その分析の意義は空間経済学において最も重要なものの1つであると言える。そのため本節の分析はできる限り詳細に行うことにする。
5) 接触価格（contact price）は小売経営の市場地域が競争相手の市場地域と接する点での商品の引渡価格を表すものである。これは Hoover（1937）によって考案された Margin line，おなじく Hoover（1970）によって Margin line を再命名した Frontier price とほぼ同じ内容を持つものである。ただし小売経営間の市場地域が接する点での引渡価格であるという内容が強調されている点において相異するものである。
6) 運賃率が低下すると，それに応じて既存経営の最適な市場地域は拡大し，それはここでの広さより長いものになる。
7) 空間経済の枠組においては運賃率の低下が最も重要な競争発生の原動力であるが，これ以外にも種々の要因により競争が発生することは当然考えられる。
8) 市場境界の形状として直線，円，双曲線が出現することは上記 Launhardt により，また宮坂によっても明らかにされている。ここで示した蝸牛線は，石川―竹内（1981）によりはじめて言及された形状であると思われる。
9) この円の形状は容易に示されるが，この形状とその経済的意味合いについてはあまり言及されてきていない。
10) 市場境界の形状として典型的な楕円の形状が出現することはない。
11) ここで考察されるように経営の市場地域の境界の形状は複雑であり市場地域おける販売量などの導出も容易ではない。このためこの分析が数式処理に依存していると，ほとんど発展せず他の近接する分野へ貢献する可能性も少ない。しかし数値計算の手法を取り入れることにより，この考察は空間経済のいくつかの分野，新規経営の参入問題，複雑な経営立地の状態における均衡分析などに応用できる。
12) 日本での調査で重複市場地域が存在することが鈴木（1982）により示されている。
13) 重複市場地域の形成の理論的説明として鈴木，金田，石川（1983）の考察もある。
14) 重複市場地域の消費者は財を選択する機会に多く恵まれるので，財の品質を見抜く力を養える。いわゆる賢い消費者になる。
15) 品揃が十分なスーパーマーケットで単一財を一単位購入するケースは少ない。

他方，鮮度を要求するような単一財を販売する経営で一単位あるいは少量を購入することは少なくない。そのような専門経営は品揃の豊富な経営の近くにおいても存在できる。

16) 次の点に注意せねばならない。ここでは個別経営の市場地域の頂点における販売量はゼロになるという条件が課せられている。個別経営を自己の販売店のように支配できる独占経営体ならば，利潤最大化のために単位面積当たりの利潤を最大化することを目指し個別経営を配置するであろう。その場合には市場地域の頂点における販売量はゼロになるという条件はない。

17) ここでも市場地域の頂点における販売量は丁度ゼロになることに注意せねばならない。

18) 市場地域の面積を単純に最小化するという意味では Lösch の主張するように市場地域は6角形である。ただし，その場合，財の店頭渡価格は最大化される。

19) ここでは行わないが運賃率を変化させる場合には3角形の市場地域が単位面積当りの社会的余剰を最大化する場合も生じてくる（石川，1994）。

20) Capozza-Van Order モデルにおいては Greenhut-Ohta 均衡値は価格の推測的変分は −1 として導出される。−1 とは経営が1単位店頭渡価格を下げる場合に競争相手のその価格は1単位上昇すると予測することである。この予測については明確なあるいは漠然とした疑問がでる。この点で第1に明確にしておかねばならないことは，元来 Greenhut-Ohta 均衡値はこのような疑問がでる価格の推測的変分を用いて導出されてはおらず頑健で意義のある解である。第2に価格のマイナスの推測的変分は経営の市場地域が最適に近い広さの場合には経済的合理性をもつことが推測される（Schöler. (1993), Ishikawa-Toda (1995) を参照）。しかし，市場地域の広さを限定せずに一般的に −1 の推測をするのは疑問の余地がある。それゆえ，ここの分析では負の価格の推測的変分を利用することは空間的自由参入均衡解の導出手段と考える方が良いと思われる。

21) Hoover (1970) は margin line より frontier price curve が良い名称であると考える。後者は経済学的基盤をもち精緻に説明されるが本質はまったく同じである。

22) 生産経営側においても生産数量ではなく，最適生産品目数はいかに決定されるかの問題は以前から着目されている。例えば産業立地論の分野においても Gough (1984) はこの問題の解明の必要性を指摘している。

23) 小売経営の市場地域の形状が円である場合，平面市場に財が販売されない地域ができる。分析の簡単化のためにこの地域は無視される。

24) Baumol-Ide は (115) 式のような具体的式を用いてはいない。
25) 消費者が自動販売機で飲み物を購入する場合，大型自動販売機の設置されている地点により多く出かけることも，この考察から理解されることである。

B　都市体系の形成と変化

　本部では，小売経営の市場地域に関する考察の結果を用いて生活空間の骨組を成す都市体系へ考察を展開する。都市体系が小売経営の市場地域により構築される機構，構築された都市体系の特徴，そして運賃率の低下によって生じる都市体系の変化，さらに都市体系の経済効率性を順次考察して行くことにしたい。

1．都市体系の構築方法とその特徴

　都市体系の本格的な解明を試み，これまでの都市体系考察の基盤の1つとなっている重要な分析として Christaller (1933) と Lösch (1940) の中心地理論が挙げられる[1]。かれらによる都市体系分析は次のように整理できる。
　Christaller と Lösch による中心地理論の間には以下の小節に見るように大きく相違する面があるが，共に地域住民の生活を支える小売経営の市場地域に基づいて都市体系が構築される。地域に販売される各種財の性質から各種財を扱う小売経営の市場地域はいくつかの大きさに分類される。異なった広さの市場地域を有する小売経営ではあるが，ある地点ではいくつかの小売経営が併存する。そのような地点に都市を形成する基盤が生成され各地点に立地する小売経営の種類数に応じて，都市の立地および規模が一定の規則にしたがって地域において決められる。これにより様々な規模を有する都市が存在するようになり，階層性のある都市体系が地域に組成されることになる。

このようにして形成される都市体系は地域住民の生活圏の基礎を作り，個々の都市体系が連結されて人々の居住地域を覆いつくして広く地域住民の消費生活を支えることになる。それゆえ都市体系は生活基盤の1つと考えられる。さらに工場やその支援機能施設に勤務する労働者はそれらの施設を離れれば消費者になり，多くの種類の消費財を購入・消費して人々の生活を支えている。都市体系が存在しなければ工場やその関連施設の立地もありえないことになる。

上記の両理論における相違は微視的経済学の視座から以下のよう特徴づけられる。Christaller による都市体系の構築方法は擬似独占理論を基盤とし，Lösch のそれは独占的競争理論から構築されると言える[2]。この違いから理論的に導出される両者による都市体系の構造も異なるものになる。Christaller の示した都市体系は小売経営の最適市場地域を基本にして簡潔な方法で構築され，幅広く各種の都市体系分析に用いられてきている。一方，Lösch は小売経営の必要・最小規模の市場地域を用いている。この事から派生して都市体系は各種の小売経営の市場地域網を回転させるという手法で構築される。かれの都市体系は経済学的基盤を有し精緻で魅力的あるが，その技巧性が克服され理論が広く展開・応用されるには時間を要することになる。

1) Christaller による都市体系の構築

Christaller によって構築された都市体系を初めに検討しよう。ここではかれの中心地体系をそのまま説明するというより，市場地域に販売される財の種類数とその市場地域の広さに注目しながら，Christaller 型の中心地体系の構築を行うことにする。

Christaller 型の都市体系の構築方法の手順の基本は次のようである。市場地域に販売される財は多数あり，各財の小売経営はそれぞれ固有の最適な市場地域の広さを有し，それは円形の市場地域の半径で表される。各財を販売する小売経営は，より大きい最適市場地域をもつ財の小売経営と並存立地する。しかし，そのような立地により財が供給されない地域が出現すれば，その空白地域の中心点に新規経営が参入し立地する。したがって，全ての市場地域の形状

は，本章前半部 A での独占小売経営の分析で示される 6 角形になる。

　これらの基本的な仮定に基づいて再構築されるこの型の都市体系は図ⅡB-1で示される。最大の広さで 6 角形の市場地域を有する財を販売する小売経営が立地する地点からは全ての種類の財が販売され，最大規模の G 都市（G 中心地と呼ばれる）が形成される。この最大市場地域の 6 頂点に，市場地域の広さの順位が 1 つ低い財を販売する経営が立地し，L 都市が形成される。同じ仕方でより低い順位の M と S さらに H 都市が，それぞれ 1 つ順位の高い都市の市場地域の 6 頂点に形成されてゆく。このような仕方で構築される都市体系は図ⅡB-1 で示される都市の階層性を生じさせ，また各規模における都市の数，その立地に規則性を作り出すことになる。

　Christaller 型の都市体系の基本的特徴の 1 つは，図ⅡB-1 を用いて次のように説明される。G 都市からその 6 角形市場地域の頂点までの距離を 36km としよう。そして，いま最適市場地域が半径 35km の財が販売されるとする。この財の経営は G 都市にまず立地する。この立地のみでは 6 角形の市場地域の頂点付近に財の未供給地域が出現するので，L 都市に新規経営が立地する。したがって，この経営は内接円の半径が 18km の 6 角形の市場地域を強いられることになる。最適な市場地域の半径が 35−21km の財の経営も同じく，G および L 都市に立地して，最適な広さより小さい 6 角形の市場地域を強いられること

図ⅡB-1 Christaller 型の都市立地とその市場地域

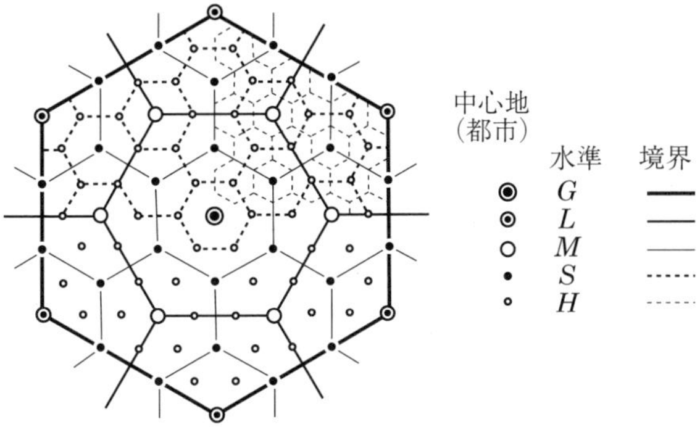

中心地（都市）

水準	境界
◉ G	——
◎ L	—
○ M	—
• S	----
∘ H	----

出所：Christaller (1933), S.71.（図は改変されている）

表ⅡB-1 Christaller型の都市と供給される財

都市	財の最適販売半径				
	4－6 km	7－11km	12－20km	21－35km	36－61km
G	o	o	o	o	o
L	o	o	o	o	
M	o	o	o		
S	o	o			
H	o				

o印は財が供給される都市を示す。

になる。同様な事態は M, S, H の都市に立地する多くの経営に妥当する。Christaller型の都市体系の特徴1つは，ほとんど全ての経営が最適より小さい市場地域で財を販売することである。各都市が供給する財について，整理すると表ⅡB-1のように示される。G 都市は最適な広さが半径61kmから4 kmまでのすべての種類の財を販売する。他方，最も小規模な H 中心地は半径4 kmから6 kmまでの財を販売することになる。

2) Löschによる都市体系の構築

続いて，Lösch (1940) によって構築された都市体系の基本的特徴を検討する。Löschにおいても前述のように小売経営の市場地域が都市体系の骨組を形成する。その市場地域の広さは空間的自由参入競争の均衡において出現するものであり，またLösch型均衡においての広さである。したがってこの場合における市場地域の広さは擬似独占状態を想定しているChristallerの市場地域よりかなり小さいものである。

Löschの都市体系の構築においても多くの種類の財が想定される。各種財を取り扱う小売経営の市場地域が構築の基本になる。各種類の財に対して空間的自由参入競争のLösch型均衡で定まる広さの市場地域により1つの市場地域網が形成される。ここでは財の種類により市場地域の広さは異なるが，全小売経営の利潤がゼロになる広さであるので，擬似独占の場合のように，より大きな市場地域をもつ経営と立地を共有して市場地域の頂点に小売経営が参入立地

するとうい仕方で都市体系網はできない。なぜならば，そのような参入は小売経営の利潤を必然的に負にするからである。

この状態において階層のある中心地体系を構築する方策として Lösch は，平面市場に設定されたすべての中心地網をそれぞれ回転させ，各種類の財の小売経営の立地点を一致させるという方法をとった。この方法によりある点では小売経営の立地がかなり一致し，他の点では少ないことになり，都市の大きさに相違を生み出して，都市の規模おいて階層性を生じさせることになった。Lösch はこのような方法により階層性がある都市体系を形成した。この都市体系は擬似独占市場を想定する場合における体系に比べて多様性をもち，その導出は経済学的合理を有する点で優れているといえる。しかし理論的には簡明性において，応用面では簡潔性に弱点を持っていると言わざるを得ない。

3) 市場地域の伸縮性を利用した都市体系の構築

一般的に，個別小売経営が疑似独占状態にある場合は，経済社会がまだ未成熟な段階にあり，交通網や物流網の整備が進展していない状態である時代に限定されると思われる。経済社会が進展してくるにつれ，多くの小売経営は独占的競争状態に置かれることになる。したがって都市体系を考察する場合においても，その基盤の構成段階においては Christaller 型の都市体系によるが，その後の進展においては Lösch 型の都市体系が発達してくると考えられる。したがって現代社会を基本にすれば，Lösch 型の都市体系の考察を進展させる必要がある。しかしながら，前述したように Lösch 型の都市体系の構築においては多くの種類の小売経営の市場地域網を回転させる方法が採られあまりにも技巧的である。そこでこの困難を克服する方策を示し，独占的競争状態における中心地体系の構築を試みることにする。

各種類の小売経営の市場地域が空間的自由参入均衡（独占的競争均衡）にあり，かつまた簡単に階層性のある都市体系を構築する方法は，本章の前半部においての考察結果から示唆される。すなわち，同じ種類の財を扱い，販売・生産条件が同じであるにしてもフロンティア価格曲線の分析において示されたよ

うに，小売経営の市場地域の広さはかなりの範囲において伸縮でき，Lösch が示したように単一の広さに限定されない。この伸縮性を活かせば，独占的競争均衡にある小売経営の市場地域を用いて都市体系が構築できることになる。

本章 A 部での空間的自由参入均衡分析において示されたように，Lösch 型競争様式はコンビニエンス店経営，Hotelling-Smithes 型はスーパーマーケット店経営に Greenhut-Ohta 型競争様式は中規模小売経営に対応させることが可能である。これらの小売経営の固定費などの相違も勘案すればかなり多様な市場地域を想定できる。いまコンビニエンス店経営の 6 角形の市場地域の内接円の半径は $0.08a$，スーパーマーケット店経営のそれは $0.16a$，中規模および大規模小売経営に対してはそれぞれ $0.32a$，$0.8a$ と想定して，都市体系を構築すれば，図ⅡB-2 のようになる。ここでは 4 種類の市場地域網を回転させることなく階層性のある都市体系が形成されている。図の太線は大規模小売経営の市場地域を示している。その中心点にある点 $Li(i=1, 3, 5)$ においては 4 種類

図ⅡB-2 4 種類の市場地域により生成される都市体系

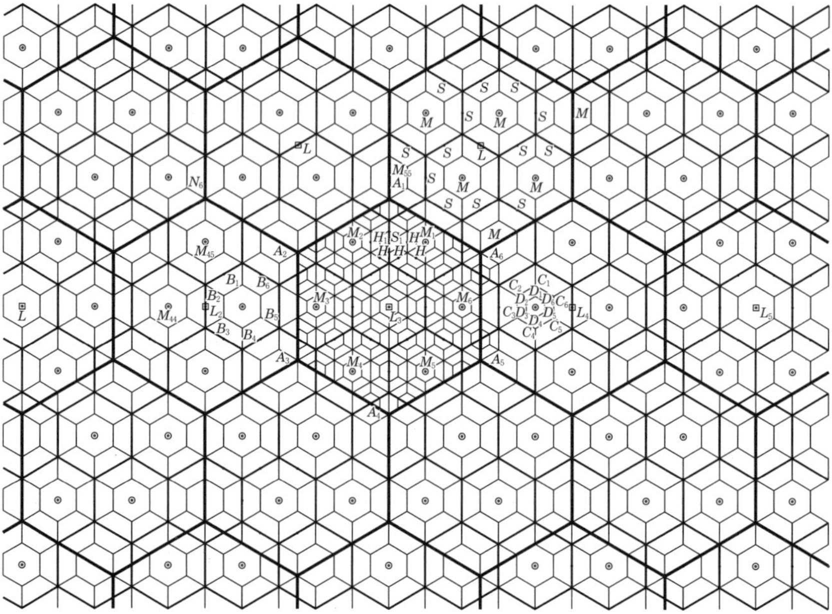

の小売経営の立地が一致しており最大都市になる。点 $Li(i=2, 4)$ では中規模小売経営の立地がなくやや脆弱な大都市である。続いて点 M では中規模小売経営，スーパーマーケット店，コンビニエンス店の3種類の小売経営の立地が一致し中都市を形成する。点 S ではスーパーマーケット店とコンビニエンス店の2種類の小売経営の立地が一致して小都市を形成する。最後に点 H ではコンビニエンス店の小売経営が立地して最小都市あるいは町を形成することになる。

このようにして独占的競争状態において都市体系の基礎を作り，都市規模において階層性を形成し階層性のある都市体系が地域に創出されることになる。

2．運賃率の低下による都市体系の変化

一度形成された都市体系も経済社会が進展するにつれて変化すると予想される。本小節では，運賃率の低下が生じ，それが都市体系をどのように変化させるかを分析する[3]。

空間的自由参入均衡分析において示されたように，小売経営の市場地域は小売経営間の競争様式により，運賃率の低下に対して異なる変化を示す。コンビニエンス店経営間の競争様式では，運賃率の低下に対してその市場地域は縮小する。したがって新規参入経営の可能性は高まり小都市の出現の可能性がある。これに対して中規模小売店などの小売経営間の様式では市場地域は拡大し，既存小売経営を退去させ，いくつかの中都市を消失させる可能性をもつことになる。図ⅡB-3は比較的大型の小売経営の市場地域網を示している。

大都市において大規模百貨店などのような小売経営と立地を同じくする中規模小売経営は潜在的に優位な販売条件を有しその市場地域を容易に拡大することができる。これに対して大都市の周囲にある中規模小売経営は特に優位な販売条件を持たない場合には，必要な広さの市場地域を確保できず，大都市の周囲にあるいくつかの中規模小売店は消滅することになると考えられる。図ⅡB-3の点 $Mi(i=1, 2, 3...)$ で示される地点に立地している6つの中規模小売

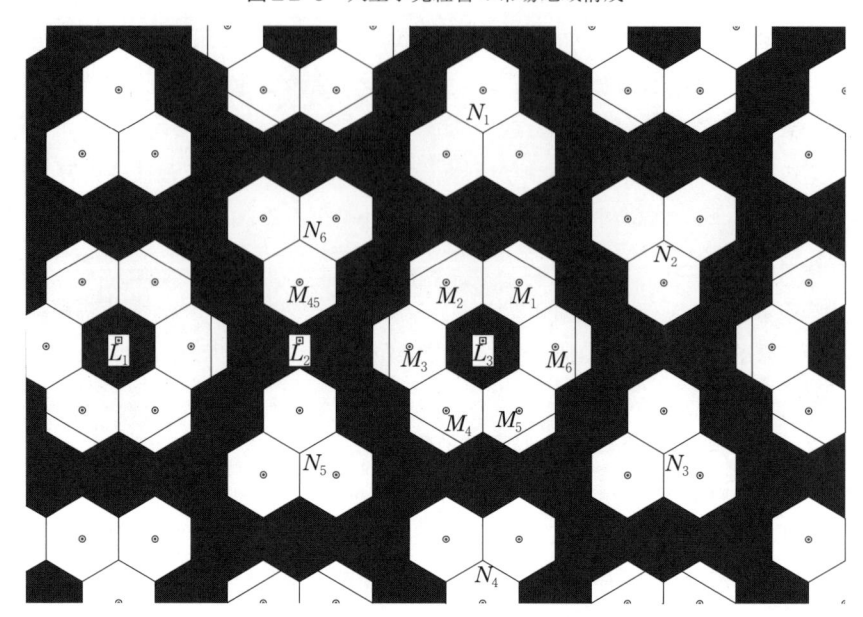

図ⅡB-3 大型小売経営の市場地域構成

経営は，点 L_3 に立地する中規模小売経営によりそれらの市場地域を侵略され市場から撤退することになり，これに伴い6つの中都市も小都市へ縮小することになる。さらに点 M_{45} に立地する中規模小売とその北側に立地する2つの中規模小売の市場地域は，大都市周囲にある中規模小売経営の市場地域の消失により比較的市場地域を拡大しやすくなっている複数の経営によって侵略されることになり，それらの経営は市場から撤退する。これにより3つの中都市の商業活動の水準は低下し中都市からより小さい都市に変化することになる。

このように低下する運賃率の影響により，いくつかの中規模小売店経営の市場地域は消滅する可能性がある。図ⅡB-3の白色で示された地域は撤退を余儀なくされる中規模小売店経営の市場地域を示し，これらの地域は競争に勝ち残った小売経営の市場地域に繰り込まれることになる。他方，次のような可能性についても考慮せねばならない。すなわち点 $Ni(i=1, 2, 3..6)$ で示される地点の周囲においては3つの中規模小売店の市場地域が同時に消失するので，点

$Ni(i=1, 2, 3..6)$ の場所に，新たな 1 つの中規模小売店が，高い店頭渡価格かつ小さい市場地域を持って参入する可能性が生じることである．既存の中規模小売店はより低い店頭渡価格で広い市場地域を持つことを指向するが，点 $Ni(i=1, 2, 3..6)$ の周囲のように空白地域が比較的広い場合には，上記の仕方で新規小売経営が参入できることになる．そのため，この地点に中規模小売店経営のみで形成されるやや脆弱な経済基盤を有する中都市が生まれる可能性が生じることになる．結局，運賃率の低下により大都市周辺における 6 つの中規模小売店の立地は消失し，大都市から最も遠方にある地点において 3 つの立地が消失し 1 つの新規の中規模小売経営の立地が生まれてくる．この結果生じてくる中規模小売店経営の市場地域は図ⅡB-4 により示されることになる．

図ⅡB-4 で示されるように，中規模小売店経営の市場地域は 4 種類の異なる形状になる．大都市にある中規模小売店経営の市場地域はより大きい正 6 角形の市場地域をもつ．点 M_{55} で示される場所の経営の市場地域は長方形，点

図ⅡB-4　中規模小売経営の 4 種類の市場地域の形状

M_{44}で示される場所に立地する経営の市場地域は正3角形になる。点$N_i(i=1,$ 2...)示される場所に立地する経営の市場地域は3つの双曲線が組み合わされた形状をもつことになる。同じ中規模小売店経営が立地する地点であっても，その市場地域の広さは異なり財の販売量も相違する。究極的にはこれらの地点における経済活動一般の水準にも差異が生じ人口規模も異なってくる。中規模小売店経営の立地により特徴付けられる中都市の経済活動水準や人口規模はかなりの多様性をもってくることになる。

　ここでは次の点に注意せねばならない。すなわち運賃率の低下は中規模小売店の市場地域を拡大させ，とりわけ中都市に立地する中規模小売店を市場から退出させる。これにより中規模小売経営の市場地域は拡大し正の利潤を有することになる。さらに拡大する市場地域の広さは中規模小売経営の立地点により異なり，利潤の水準は市場地域の広さによって相違することになる。またコンビニエンス店経営の場合においても，運賃率が十分に低下して新規参入者が市場に現れる状況が生成されるまでは正の利潤を得られることになる。小売経営の立地点が容易に移動できない状況を想定する場合には，もはや空間的自由参入競争均衡を成立させる条件は崩れてしまうと考えねばならない。

　最後に運賃率の低下により生じてくる小売経営全体の立地体系網，したがってまた都市体系は以下のように整理されるであろう。食料品，家庭用品また衣料品を主として取扱い消費者の基本的な生活を担うのはスーパーマーケットと総合スーパーマーケットである。このような小売経営は人々の生活圏の設定において基本的な役割を果たすことになる。これは都市の規模そしてその規模に応じた都市の立地体系の形成において基礎的な役割を果たすことになる。このような小売経営のうち特に総合スーパーマーケット店は大規模および中規模都市に立地する。とりわけ，中都市においてはこのような中規模小売経営がその中核を形成する場合が多い。運賃率の低下により，このような小売経営の市場地域が拡大する場合，大規模都市に立地する中規模小売経営は比較的容易にその市場地域を拡大できる。大規模都市は潜在的消費者を広い範囲から吸引する可能性が高いと考えられるからである。一方，中都市に立地する中規模小売経

営はその市場地域を拡大することはかなり困難であり，その小売機能を低下させる，あるいは市場から退出する可能性が高い。上記のように中都市では中規模小売店は都市の小売機能を特徴づけその中核的役割を担うので，この小売経営の衰退は中都市の経済的機能を大いに損なう可能性がある。このような傾向が続けば，都市体系全体の構成も変化し，都市体系は1つの大規模都市と多くの小規模都市で構成されるということになる。小売経営の品揃に注目した分析においては，運賃率が低下するにつれてコンビニエンス店経営の市場地域は縮小し，その品揃水準は低下する，中規模小売経営では，市場地域は最初縮小し次いでやや拡大し，その品揃は上昇することが示された。このような作用は上述の都市体系の変化をさらに進める方向に働くと考えられる。運賃率の低下は経済社会の進展により引き起こされるとすれば，その進展が商業活動とその立地変化を通して，都市体系は少数の大きく多様性に富む商品を扱う都市と多数の小さく定番の日用品を扱う都市により構成される傾向を有する。

　人々の生活空間の骨組を成す都市体系がこのように変化することは人々の生活にとって望ましいか否かは不明である。しかし，都市体系の在り方により経済的効率性が変化することは明白である。

3．都市体系の相違による経済効率性の変化

　本小節においては都市体系の相違が小売経営の利潤にどのような影響を及ぼすかについて分析する。都市体系には種々の構造的相違があることは，ChristallerとLöschによりそれぞれ構築された体系を見れば明白である。ここではChristaller型の都市体系に焦点をあてる。そしてこの型に絞っても都市体系に相違が生じ小売経営の利潤に違いが生じることを説明する。

　1）供給原理に基づく中心地体系の効率性
　Christaller型の中心地体系を構築方法には，先に取り上げ示してきた方法，すなわち財の供給原理と表現される構築方法がる。これとは別に交通原理とよ

ばれる構築方法がある[4]。

本節では重複することになるが，ここでの分析目的に合わせて，初めに。財の供給原理に基づいて構築される中心地体系を経済的視座から再度検討する。この型の中心地体系は，通常次のような基本仮定に基づいて構築されている。

① 消費者は平面市場において均等に居住している。各消費者は(1)式で示されるような同じ需要関数を有している。

$$q = ba - p - tu \tag{1}$$

ただし，b は最大需要価格に付随する係数である。他の記号の内容はこれまでの分析と同じである。この係数 b の値により，販売される財の種類が区別され，そしてこの区別に沿って小売経営も分けられることになる。

② 平面市場における財の販売においては未供給地域が出現しないように全小売経営は立地せねばならない。小売経営の市場地域の形状は6角形の市場地域を想定する。

③ 小売経営の費用関数も同じであり，それは(2)式で示される。

$$C = cQ + F \tag{2}$$

ただし，C は総費用，Q は小売経営の販売量である。c, F はそれぞれ限界および固定費用であり，財の種類により変化する。

④ 小売経営はその利潤を最大化するように店頭渡価格付けを行い，その立地を決定する。[5] 最も大きな最適市場地域を持つ小売経営の立地がまず定められ，順次より小さい最適市場地域を持つ経営の立地がきめられる。その際，既存小売経営が存在している地点がまず立地点として選択される。各小売経営の利潤は(3)式で導出される。

$$Y = (p-c)2\rho \int_0^{\pi/\rho} \int_0^{U/\cos\theta} (ba - p - tu) u \, du \, d\theta - F \tag{3}$$

ここで $b=1$, $t=1$, $c=0$, $F=0.001a^4$ とすれば，最大の最適市場地域が具体的に導出され，その市場地域を持つ小売経営による立地体系は図ⅡB-5のよう

に定められることになる。

図ⅡB-5 6角形の最適市場地域と立地体系

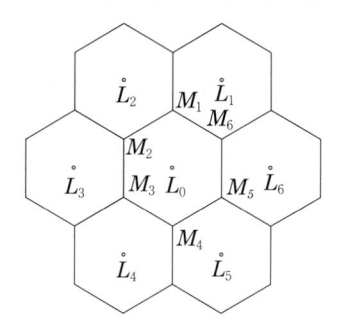

図ⅡB-5において，この小売経営の立地点はL_0-L_6で示され，市場地域の内接円の半径Uは$0.6495a$となる。

係数bの値が1より低い財を販売する小売経営の最適市場地域の大きさは図ⅡB-5で示されるものより小さいことになる。この種類の小売経営が市場地域に参入する場合，財の供給原理に沿えば，既存の小売経営の立地点L_0-L_6に立地することになる。そしてこの場合，6角形の市場地域の頂点M_1-M_6の周囲に財の未供給地域が生じることになる。この各頂点に新規の小売経営が参入し立地することになる。これにより財の未供給地域が解消され，経営間の距離間隔は最大になり，各小売経営の競争関係が最も弱く，最大の利潤を得られ

図ⅡB-6 新規経営の参入と都市体系

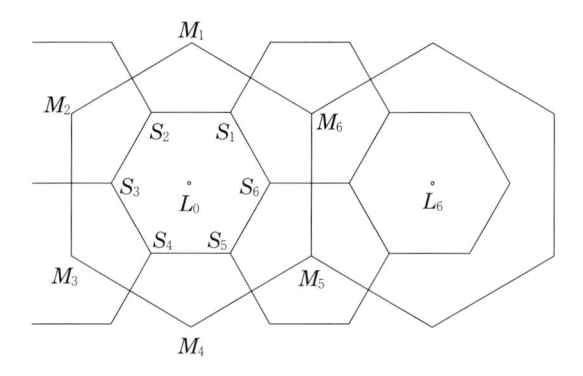

ることになる。もちろん，このように小売経営の立地がなされると，新規参入経営の市場地域の内接円の半径は0.375aとなり，最適な市場地域の大きさからはかなり乖離することになる。

　このように立地がなされると図ⅡB-6のように最初の階層を有する中心地体系が構築される。すなわち，点L_0–L_6では上記の2種類の小売経営が立地し，M_1–M_6の6地点では1種類の小売経営が立地し，2つの階層ができることになる。さらに，係数bの値が0.58以下であるような財を扱う小売経営が参入してくれば，その経営の市場地域の内接円の半径は0.2165aとなり，図ⅡB-7で示されるような中心地体系が生じてくる。この小売経営は図ⅡB-6のS_1–S_6地点に立地することになる。同じ原理で係数bの値が0.19まで低下させると4つの階層を持つ中心地体系を構築することができる。すなわち図ⅡB-7の点L_0は4つの種類の財を供給する大中心地，以下M_1–M_6の地点は3種類の財を扱う中都市，点S_1–S_6が小中心地になり2種類の財を販売し，さらに，図ⅡB-7ではすべての点は表示されてないがH_1–H_6で示される地点に微小中心地が出現し1種類の財を販売する地点になる。

図ⅡB-7　4階層の都市体系

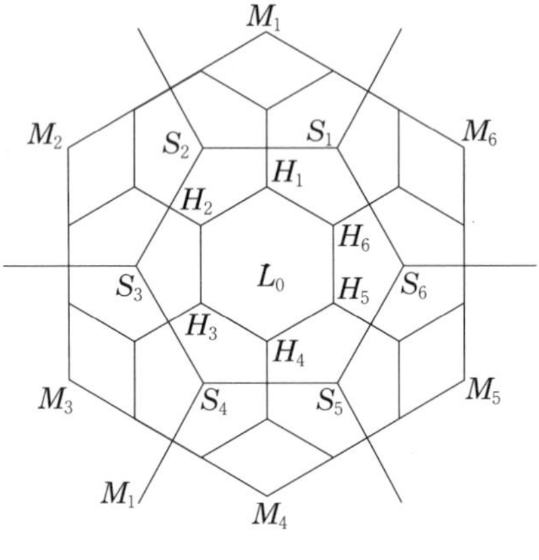

　ここで係数bの値を0.19から1.5までとして，また，bの値が1〜1.5の経営については$F=0.001a^4$，0.58〜1までは$F=0.00005a^4$，0.33〜0.58には

$F=0.00001a^4$, $0.33\sim0.5$には $F=0.000005a^4$ と仮定して，各階層の小売経営の利潤の合計を導出すると表ⅡB-2のようになる。

表ⅡB-2 供給原理に基づく中心地体系における小売経営の利潤

階層	L	M	S	H
b	$1.5-1$	$1-0.58$	$0.58-0.33$	$0.33-0.19$
利潤	$0.11823a^4$	$0.04476a^4$	$0.00882a^4$	$0.001566a^4$

2) 交通原理に基づく中心地体系の効率性

次に，交通原理に基づく中心地体系について検討する。消費者の需要，そして小売経営の費用関数などに関する仮定は同じであるが，新規参入経営の立地点が供給原理の場合とは変わる。すなわち最大の小売経営の立地体系が完成し，次の第2段階の小売経営が立地を決める場合，その小売経営は既存経営の立地と並存する。供給原理の場合には，未供給地域ができる市場地域の6頂点に次の新規参入経営が立地したが，交通原理の場合には市場地域の各辺の中点に新規経営が立地することになる。係数 b が低下し下位の段階の小売経営が参入する場合においても同じ方法で立地点が定まってくる。図ⅡB-8では交通原理に基づく4階層を有する中心地体系が示されている。

図ⅡB-8 交通原理に基づく都市体系

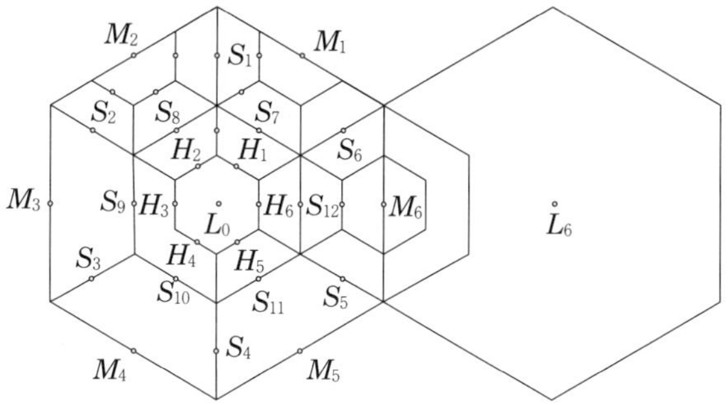

この原理に基づく都市体系の特徴は1つ下位の階層の中心地は必ず1つ上の中心地間の中間に位置し，交通網を整備する場合に有利になることである。

この中心地体系においても各階層の小売経営の利潤の合計を導出すると表ⅡB-3のようになる。

表ⅡB-3 交通原理に基づく中心地体系における小売経営の利潤

階層	L	S	M	H
b	$1.5-1$	$1-0.5$	$0.5-0.25$	$0.25-0.125$
利潤	$0.11823a^4$	$0.0535a^4$	$0.00666a^4$	$0.00079a^4$

交通原理に基づく場合には第2階層の小売経営の利潤は供給原理の場合よりも大きく,第3,第4階層における小売経営の利潤は供給原理の場合よりも少ないことが判明する。都市体系全体において生み出される利潤額を導出すると,供給原理の体系の場合には$0.1734a^4$であり,交通原理の場合には$0.1792a^4$となる。交通原理に基づく中心地体系の方が体系全体としてはより多くの利潤を生み出している。交通原理の中心地体系の経済的特徴は,中心地を結ぶ交通網の整備において道路建設の距離が短くなるということに加えて,中心地体系全体において生み出される利潤額を供給原理に基づく場合より多くするという極めて重要な有利性を持っていることである。ここでは示されないが消費者の購入量に関しても小売経営の利潤と同じ結果を得る。

本小節ではChristaller型の都市体系のみを想定して考察したが,この限られた考察においても都市体系の構成の在り方の違いにより小売経営の利潤と消費者の購入量が相異することが示された。この考察から次のように考えられる。都市体系の構造が相異すれば経済的な業績も変化するとなれば,地域住民,小売経営,生産経営そして行政にとっても都市体系の在り方は大きな関心事にならざるを得ない。

1) 都市体系を形成する都市の人口規模分布に関する考察も長い歴史を有している。例えば,Zipf（1941）の考察がある。
2) ChristallerとLösch理論の相違については石川（2003）を参照。
3) ここでの分析は石川（2010b）に基づいている。

4) より汎用的な構築原理としては Parr（1978）が提案した原理がある。

III 生産空間の組成理論

本章では生産空間の骨格を形成する農業と工業の立地に関して考察を行なう。具体的には，最初に都市の周囲および近郊に形成される耕作地域の分析をおこなう。続いて工業製品の生産経営による工場の立地決定，そして工業集積の形成と再編成の分野に分析を順次進めてゆく。

A 農業の生産空間

1. 農業における作物価格および運賃率の立地的作用

本節では Thünen (1826) の考察を基礎にして，簡潔な想定の下で作物の価格決定，そして運賃率が農業経営の利潤水準に与える影響の分析から，農業の生産空間がいかに組成されて行くかを検討する[1]。

1) 1種類の作物が作付けされる場合の作付け地域の形成

次のように仮定する。図ⅢA-1で示される半径 L の円で表わされる孤立した平野があり，その中心 O に作物の消費地であり，その取引がなされる市場でもある都市が1つ存在する。作物の栽培は都市を中心とする均質な地域において多くの農業経営によりなされる。各農業経営は1単位の面積の土地を有し

ており1種類の作物 m のみが作付けされる。その作物は1単位の面積において q の量が費用 k で生産される。収穫された作物は各農業経営により都市に運賃率 t で輸送される。市場における作物の価格は p で与えられている。

この仮定の下で,作物 m の作付けから得られる農業経営の利潤 Y は(1)式で示される。

$$Y = pq - k - tuq \tag{1}$$

ただし u は当該の作付け地点から都市までの距離である。生産量 q は簡単化のため1と仮定する。いま図ⅢA-1の直線 $O-L$ にそって農業経営の利潤を表わす(1)式を示すと,それは図ⅢA-2の直線 Y_0-Y_u ようになる。図示されるように都市に近い地点に立地する農業経営ほど高い利潤を得て(例えば Y_0),遠い地点ほど利潤は少なくなる(Y_{u1})。この作付けから得られる利潤は点 U においてゼロになる。図の点 u_2 のように都市からかなり遠い点では利潤は得られず,もし栽培すれば利潤はマイナス(Y_{u2}),すなわち赤字経営になり,農業経営は作物 m を栽培できない。図ⅢA-2の点 U は図ⅢA-1の点 U に対応する。したがって,図ⅢA-1において半径が U の円形の地域内で作物 m が作付けされることになる。

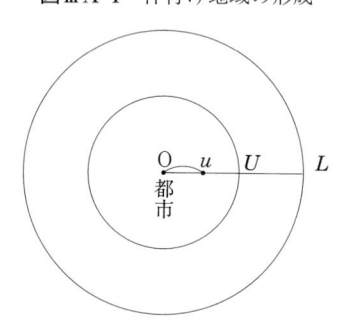

図ⅢA-1 作付け地域の形成

地点 U では農業経営の利潤がゼロになるので,(1)式から地点 U は(2)式のように表わされる。

III 生産空間の組成理論 115

図III A-2 作物の価格および運賃率と作付け地域の形成

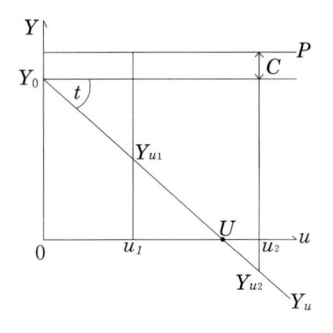

出所：鈴木（1980）p.103.（図は改変されている）

$$U = (p-k)/t \tag{2}$$

作物 m の価格と運賃率が(2)式のようにして作付け地域の半径を決定していることになる。

続いて作物の価格と運賃率の変化が農業経営の利潤と作付け地域に与える作用を図III A-3(a), (b)を用いて見てみよう。

図III A-3 価格，運賃率の変化と利潤および作付け地域の変化

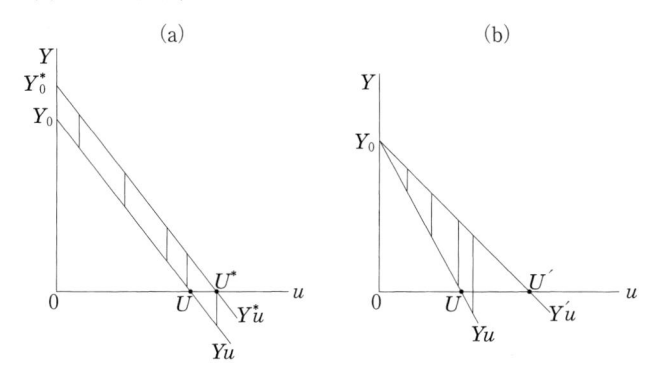

図III A-3(a)は作物 m の価格が上昇した場合に農業経営の利潤が直線 $Y_0 - Y_u$ から $Y_0^* - Y_u^*$ へ変化することを示している。価格が上昇する場合には都市からの距離にかかわらず，どの地点においても農業経営の利潤は価格上昇分だけ高くなり作付け地域の端点は U から U^* へ拡大する。他方，図III A-3

(b)は運賃率が低下する場合を示している。利潤はY_0-Y_uからY_0-Y_u'の水準へ増加する。利潤の増加額は都市から遠い地点に立地する農業経営ほど高くなり作付け地域の端点がUからU'へ拡大する。価格の上昇と運賃率の低下は各地点の農業経営にとって有利であるが、それらの作用は都市からの距離の関係において異なっている。都市から遠方の農業経営ほど運賃率の変化に鋭敏にならざるをえない。また価格の変化は短期的に変化し、道路の拡幅などで引き起こされる運賃率の変化はかなり長期的と想定される。したがって運賃率が長期的に変化する場合には遠方の農業経営は本格的な変更を準備せねばならない。他方、価格の変化については、各地点の農業経営はその変化の質を分析し、短期的な変化と見れば、現状を維持することになる。都市からの距離により価格と運賃率の変化に対する農業経営の関心の程度や対応は異なったものになる。

上記の作物の価格と運賃率の変化が作付け地域に対する作用は(2)式をpそしてtで微分することから示され、次の(3)、(4)式のような数式でそれぞれ表わせる。

$$dU/dp=1/t \qquad (3)$$
$$dU/dt=-(p-k)/t^2 \qquad (4)$$

これらの式に示されるように運賃率の変化は価格の変化より複雑なものとなる。

2) 2種類の作物が作付けされる場合の作付け地域の形成

次に作物の種類をm_1、m_2の2種類を仮定して、それぞれどの地域に作付けされるかを見よう。各作物作付けにおける農業経営の利潤をY_1とY_2とそれぞれ表わすと、それらは(5)と(6)式で示される。添数字1、2は作物m_1、m_2を示す。なお1単位面積における各作物の生産量は簡単化のために1とする。

$$Y_1 = p_1 - k_1 - t_1 u \qquad (5)$$

$$Y_2 = p_2 - k_2 - t_2 u \qquad (6)$$

これらの式で表わされる各作物の各農業経営の利潤は図ⅢA-4(b)の直線 $Y_1-Y'_1$, $Y_2-Y'_2$ ように示される。ただし $p_1>p_2$, $k_1>k_2$, $t_2>t_2$ と仮定している。

図ⅢA-4 作物作付け地域の変換点と農業経営全体の利潤

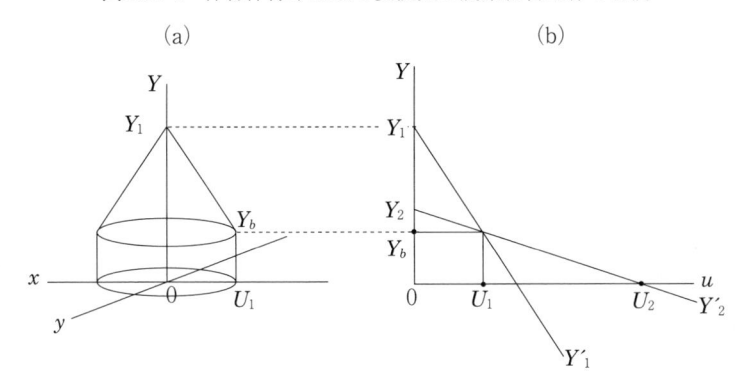

作物 m_1 と m_2 の農業経営の利潤を示す2つの直線の位置から明らかなように，地点 U_1 において同じになる（図ⅢA-4(b)）。したがって都市から地点 U_1 までは作物 m_1 が作付けされ，地点 U_1 から U_2 までは作物 m_2 が作付けされることになる。地点 U_1 は(5)，(6)式の連立方程式を u について解くことで求められ(7)式で表わされる。

$$U_1 = (p_1 - p_2 - k_1 + k_2)/(t_1 - t_2) \qquad (7)$$

(7)式から判明するように価格の上昇する作物や運賃率の低下する作物の作付け地域が拡大し，都市から遠方により広く拡大することになる[2]。したがって，作物の価格と運賃率の変化により，都市から遠方の農業経営ほど作付け作物が変更される可能性が高くなり，鋭敏な経営感覚が必要となる。作付けの変更点への価格および運賃率の作用は(7)式を価格そして運賃率で微分すること

により示される[3]。

また(7)式から各作物作付けをする農業経営全体の利潤を求めることができる。例えば作物 m_1 の作付けをする農業経営全体の利潤 TY_1 は図Ⅲ-4(a)で示される体積で表わされ(8)式により総利潤が求められる。

$$TY_1 = \int_0^{2\pi} \int_0^{U1} (p_1 - k_1 - t_1 u) u \, du \, d\theta \tag{8}$$

作物 m_1 の農業経営全体の総利潤額は，ここでの考察の外にあるが，作物 m_1 の栽培に必要な肥料や農機具などを提供する企業にとっては不可欠の情報となるであろう。

2. 都市からの距離と農業経営

本節はやや複雑な状況を想定し都市からの距離に応じて農業経営の在り方がいかに変化するかを分析する。最初は1種類の作物を仮定し，都市からの距離と作付けの集約度，生産量，地代の関係を分析する。次いで作物の価格決定を考察する。さらに2種類の作物を仮定し，作付作物が変換される地点を明らかにする。

1) 都市からの距離と作物作付けの集約度と生産量

次の仮定をしよう。図ⅢA-1で示される平野に作物 m のみが栽培される。都市 O に作物の消費地である都市に N 人の消費者が居住しており，各消費者は作物 m に対して(9)式で示される需要関数をもっている。

$$d = M - jp \tag{9}$$

ただし，d は需要量，M は消費者が支払ってもよい最大需要価格である。j はパラメータで以下1とされる。1単位の面積で作物栽培を行う農業経営は作物 m を(10)式で示される生産関数をもつて生産している。

$$q=An^\alpha \qquad (10)$$

ただし，q は生産量，n は１単位の土地に投入される労働量である。A と α はパラメータであり，$A>0$, $1>\alpha>0$ とする。農業経営の利潤 Y は(11)式で表される。

$$Y=(p-tu)q-wn-r(u) \qquad (11)$$

ただし作物の価格 p は市場における需給関係により決められる，w は外性的に決められている賃金率を示す。$r(u)$ は１単位の農地の地代を表し，土地の所有者が地代を農業経営に課すものとし，それは都市からの距離 u により変化する。（ただしこの地代は地代分析以外ではゼロとする。）他の限界費用はゼロとする。

このような仮定の下で図ⅢA-1の線分 $0-L$ 上に立地する農業経営についてみよう。まず農業経営は農地に投入する労働量を最適化することになる。その量は利潤を示す(11)式を n で微分しゼロと置くことで求められる。農業経営の投入労働量は(12)式で表される。

$$n=(\alpha A(p-tu)/w)^{1/(1-\alpha)} \qquad (12)$$

(12)式から判明するように農地に投入される労働量は都市からの距離 u とともに減少する。投入される労働量で作物栽培の集約度を表わすとすれば，作付けの集約度は都市からの距離とともに低減してゆくことになる。また(12)式から生産量も(13)式で表される。

$$q=a((p-tu)/w)^b \qquad (13)$$

ただし $a=\alpha(\alpha/(1-\alpha))A^{1/(1-\alpha)}$，また $b=\alpha/(1-\alpha)$ である。生産量も都市からの距離とともに減少してゆく。しかし，減少の仕方は集約度の場合と異なり都市から離れるにつれて減少度が大きくなる。

2) 作物価格の決定

集約度および生産量は都市からの距離のみならず，作物の価格 p にも依存している。次に作物 m の価格 p の決定についてみよう。作物 m の価格は市場での需要と供給が均衡する価格に定まる。作物 m に対する需要 QD と供給 QS はつぎの(14)，(15)式により表される。

$$QD = N(M-p) \tag{14}$$

$$QS = \int_0^{2\pi} \int_0^U (a(p-tu)/w)^b u \, du \, d\theta \tag{15}$$

ただし $U=p/t$ であり，U は都市から作付け地域の限界までの距離である。(14)，(15)式は図ⅢA-5の $D-D'$ と $S-S'$ 線で表され，作物の価格 p は図の点 E で示される。作物 m の価格は(14)と(15)式の連立方程式を p について解くことで得られる。この連立方程式は数式処理では煩雑になるので，数値計算の手法により解くことにしよう。次のような数値を想定しよう。$M=20$，$N=100$，$t=1$，$a=0.4$，$A=1.5$，$w=1.1$ である。この場合には価格 p は 11.17 となる。そして価格がこのように決定された場合における集約度，生産量，利潤は都市からの距離により変化し，図ⅢA-6の (a)，(b)，(c) で表されることになる。

3) 都市からの距離と地代の変化

農業経営が地主に支払う地代が都市からの距離に応じていかに変化するかを検討する。前小節では地代 $r(u)$ をゼロとしたが，この小節では都市からの距離 u とともに変化すると仮定する。

上記のように農業経営はその利潤を最大化するために労働投入量を(11)式を n で微分してゼロとおいて得られる値に決定する。他方，地主はその地代を最大化するために(11)式を u で微分してゼロとおいた額に設定する。したがって，ここでの状況のもとでは，次の(16)式と(17)式が同時に成立せねばならないことになる。

III 生産空間の組成理論 121

図 III A-5 作物の価格決定

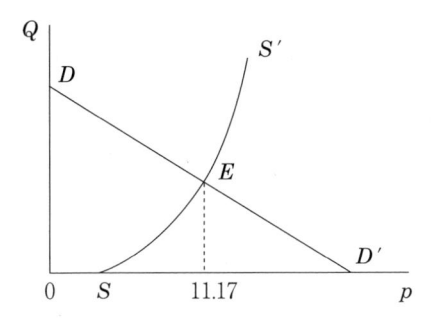

図 III A-6 都市からの距離と投入労働量，生産量および利潤

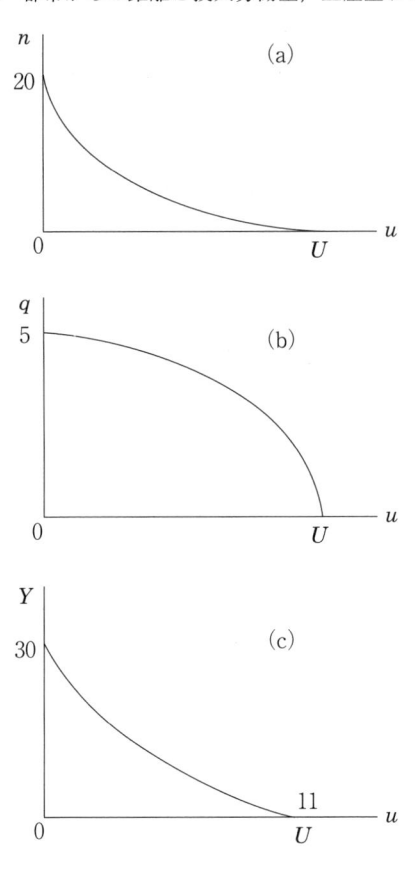

$$dY/dn = \alpha A n^{-(1-\alpha)}(p-tu) - w = 0 \tag{16}$$

$$dY/du = -tAn^{\alpha} - r'(u) = 0 \tag{17}$$

ただし $r'(u)$ は地代を距離 u で微分したことを示している。(17)式から明らかなように，地代は都市から作付け地点までの距離 u が1単位はなれることにより，作物の生産量を距離1単位輸送するために要する輸送費分だけ減少することになる。(16), (17)式から(18), (19)式が得られる。

$$-tnw/\alpha(p-tu) = r'(u) \tag{18}$$

$$-tA^{1/(1-\alpha)}((\alpha/w)(p-tu))^b = r'(u) \tag{19}$$

(19)式の両辺を u で積分すると地代が都市からの距離 u の関数として次の(20)式のように求められる。

$$r(u) = A^{1/(1-\alpha)}(\alpha/w)^b(1/(b+1))(p-tu)^{b+1} \tag{20}$$

(20)式を利潤を示す(11)式に代入すると(11)式はゼロになることから判明するように，地代は農業経営の利潤が都市からどのような距離にある地点においてもゼロになるように課されることになる。

4) 物作付け地域の変換点について

本小節において農業経営は作物 m_1 と m_2 のいずれか1つのみを生産し，投入される労働量と単位面積当たりの生産量は一定で所与であるとする。また，ここでは作物の価格は市場において決定されると仮定する。(ただし，その価格水準は $p_1 > p_2$，また運賃率については $t_1 > t_2$ と仮定する。) このような想定のもとで作物作付け地域の空間的変化，すなわち作物 m_1 と m_2 の作付けが都市からどのような地点において変更されかを分析する。

この想定において，まず各作物を栽培する農業経営の利潤 Y_1 と Y_2 はそれぞれ次の2式で示される。

$$Y_1 = (p_1 - t_1 u)q_1 - wn_1 \tag{21}$$

$$Y_2 = (p_2 - t_2 u)q_2 - wn_2 \tag{22}$$

作付け地域が変換される地点では各作物栽培から得られる利潤が同じになる。その利潤が同じになる地点を X で示せば, X は(21)と(22)式の連立方程式を u について解き(23)式で与えられる,

$$X = (p_1 q_1 - p_2 q_2 - wn_1 - wn_2)/(t_1 q_1 - t_2 q_2) \tag{23}$$

(23)式から明らかなように作付けの変換点は2つの作物の価格に依存する。これらの価格は市場において2つの作物に対する需要 D_1, D_2 と供給 S_1, S_2 により決定される。そこで, 各作物に対する需要をそれぞれ次のように想定して, 各作物の価格を求めよう。

$$D_1 = N(M_1 - e_1 p_1) \tag{24}$$

$$D_2 = N(M_2 - e_2 p_2) \tag{25}$$

ただし M_1, M_2 は各作物の最高需要価格, e_1, e_2 は各作物のパラメータである。他方, 各作物の供給量 S_1, S_2 は(15)式と同じ仕方から求められ, 以下のように導出される。

$$S_1 = \pi q_1 ((p_1 q_1 - p_2 q_2 - wn_1 - wn_2)/(t_1 q_1 - t_2 q_2))^2 \tag{26}$$

$$S_2 = \pi q_2 (((p_2 q_2 - wn_2)/t_2 q_2)^2 -$$
$$((p_1 q_1 - p_2 q_2 - wn_1 + wn_2)/(t_1 q_1 - t_2 q_2)^2) \tag{27}$$

各作物の価格は(24), (26)式そして(25), (27)式の連立方程式を各価格について解くことで求められる。しかし, その各作物の価格は他の作物価格の2次関数として示される。したがって, 各作物の価格を示す方程式による連立方程式をさらに解くことにより, 各作物の市場での均衡価格が決定されることになる。次の数値を各パラメータに与えて数値計算によって各作物の価格を導出してみよう。$N=100$, $M_1=20$, $M_2=12$, $t_1=1.1$, $t_2=0.4$, $e_1=1$, $e_2=1.1$,

$wn_1=7$, $wn_2=3$, $q_1=5$, $q_2=2$。上述したように各作物の価格はそれぞれ図ⅢA-7で示されるように他の価格の2次関数で示される。各作物の価格は図において2つの曲線の交点 E で示され，2つの曲線の連立方程式を解くことで求められる。ここでの数値例では作物 m_1 の価格は10.018，作物 m_2 の価格は6.303となる。この価格に基づいて各作物作付け農業経営の利潤 Y_1 と Y_2 を示すと，図ⅢA-8の $Y_1-Y'_1$ および $Y_2-Y'_2$ ように表さされ，作付けの変換点を求めると X=7.97となる。作物 m_1 の利潤は都市から7.97の距離までは作物 m_2 の利潤より高くなるので，作付け地域の空間的変化は，作物 m_1 が都市から7.97の距離まで作付けされ，それより遠方においては作物 m_2 が栽培され

図ⅢA-7　2種類の作物の価格決定

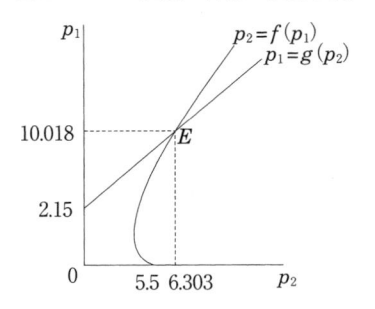

図ⅢA-8　作付け地域の変換点

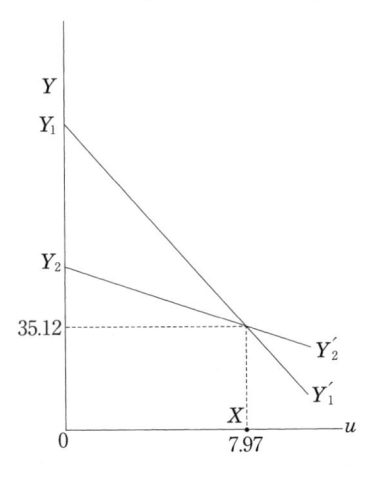

3. 大都市近郊における作付け地域の構成

1) Sinclair による農業立地論

Thünen の時代から100年以上を経た時代になると工業国において大都市がいくつか出現している。大都市の周辺における農業地域は Thünen の想定した形態とは大いに異なったものとなる。本節では Sinclair（1967）にそって大都市近郊の作付け地域について検討する。

Sinclair は大都市の近隣地域における農業地域について考察し Thünen とは異なった結論を導出する。かれの考察を手短にみると次のようになる。大都市の最近隣にある農地は近い将来において都市的な土地利用へと変換される可能性が高い。そのような農地に対して農業投資を行い作物栽培し収穫することは困難である。したがって，その土地は更地になる可能性が高い。大都市の最近隣よりやや離れると都市的土地利用への見込みはやや低下する。しかし多額の農業投資を行うことによって作付けが可能になる作物を栽培することは難しい。それゆえ，この地域では小額投資で農地の転用が容易な作物が栽培される。農業経営の仕方は本格的というより片手間なものとなりやすい。もう少し大都市から乖離すると都市的土地利用の可能性も低下しややまとまった農業投資も行える。しかし，都市化の期待も残るので本格的な農業経営を営むまでには至らない。すなわち，かなりの投資と労力を要する作物を栽培するまでに至らない。さらに大都市から離れた農地では都市的利用への可能性はかなり低下する。ここでは専門的な農業経営が可能になり農業投資も十分行われ，当該地域で農業が本格的に行われることになる。このようにして都市からの距離に応じて農地は更地的な状態から荒っぽい農業そして本格的農業へと変化すると考えられる。作付けされる作物もそれに対応する作物が選択される。この傾向はThünen の示した作付け地域の変化とは逆な性質を帯びることになり，この関係を Sinclair は図ⅢA-9 で示している。図の横軸は都市からの距離 u，縦軸は

当該農業を営む価値 V を示す。u_1-m_1 線は前述した時間と費用が少なく転用が容易な作物 m_1 を作付けする場合の価値，$b-m_3$ 線は上記の時間，費用をかなり必要とし本格的な取り組みを要する作物 m_3 を作付けする場合の価値を示す。$a-m_2$ 線は上記２つの作付けの中間的性格をもつ作物 m_2 を作付けする価値を示している。都市からの距離に応じて土地は更地（$0-u_1$ の地域），作物 m_1（u_1-u_2 の地域），作物 m_2（u_2-u_3 の地域）作物 m_3（u_3-D の地域）の作付け地域へ変化する。

図ⅢA-9　大都市近郊における作付け地域の形成

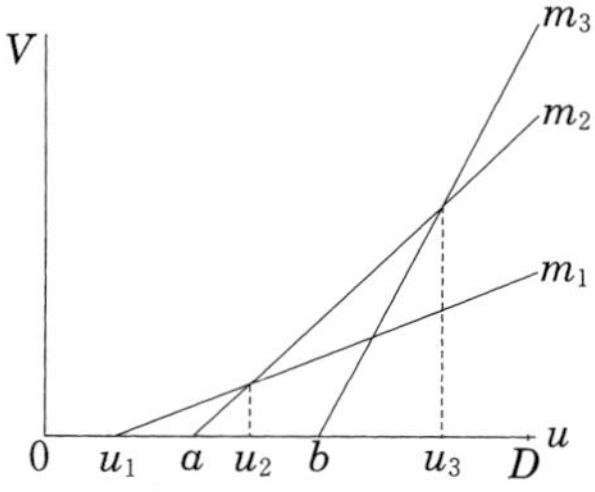

出所：Sinclair（1967），$p.80$．（原図を改変してある）

2) 大都市近郊における作付地域の構成

上記の Sinclair の考察を基礎に時間経過の視点を取り入れて大都市近郊の作付け地域の空間的構成を以下のような仮定の下で再分析しよう。

最初に農業経営は m_1 あるいは m_2 を選択しどちらかのみを栽培する。各作物栽培から得られる収入と費用は各地点，各時点において一定である。しかし，それらの将来収入および費用の現在価値への割引率は作物の種類と都市からの距離により異なる。農業経営はある一定期間における利潤の総額を計算し，それが最大になる作物を選択し作付けする。ここでは都市に近い農地ほど都市化の期待などにより作物栽培にはより不向きになり将来得られるであろう収入の現在価値への割引率は大きいと想定する。

このような想定において，ある T 期間内における作物 m_1 あるいは m_2 を栽培する場合における農業経営の総利潤 y_1 そして y_2 は次のように示される。

III 生産空間の組成理論

$$y_1 = \int_0^T R_1 Exp(\delta_1 t) Exp(-\gamma_1 (D-u+\sigma)t) dt -$$
$$\int_0^T k_1 Exp(\delta_1 t) Exp(-\sigma t) dt \tag{28}$$

$$y_2 = \int_0^T R_2 Exp(\delta_2 t) Exp(-\gamma_2 (D-u+\sigma)t) dt -$$
$$\int_0^T k_2 Exp(\delta_2 t) Exp(-\sigma t) dt \tag{29}$$

ただし t は時間を示す。D は農地が都市化される期待がゼロになる都市からの距離，u はこれまでと同じく都市から当該作付け地点までの距離を示す。R は作物栽培からの得られる毎時点における定額の収入，k はその生産費用である。δ は収入およびコストの価値の増加率，γ，σ は現在価値への割引率のパラメータを示す。

各地点で一定の期間 T における各作物栽培から得られる総利潤をつぎの数値の下で数値計算により求めよう。$T=5$，$R_1=10$，$R_2=15$，$k_1=3$，$k_2=3.5$，$\delta_1=0.1$，$\delta_2=0.2$，$Y_1=0.5$，$Y_2=0.9$，$\sigma=0.01$，ここでの数値の仮定においては，得られる収入がより高い作物 m_2 ほど，本格的な経営が必要とされコストも高いと想定している。さらに都市近隣では輸送費用の役割は微小と想定し考慮していない。

ここでの想定の下では，各地点における各作物栽培による一定期間内の総利潤は図IIIA-10の曲線のようになる。作物 m_1 の総利潤は $y_1 - y_1'$，作物 m_2 のそれは $y_2 - y_2'$ で示される。作付け地域の空間的変化は利潤水準から次のようになる。図IIIA-10で示されるように作物 m_1 の利潤は地点1.59より都市に近い地域では負になるので，都市からその地点までは更地になる。地点1.59から2.91までは作物 m_1 の利潤が作物 m_2 より高いので，作物 m_1 が栽培される。地点2.91からは作物 m_2 の利潤が作物 m_1 より高くなり，作物 m_2 が栽培される。作物 m_1 と m_2 の作付けの変換地点2.91は(28)と(29)式の連立方程式を解くことで求められる。また，更地と作物 m_1 の変換地点1.59は(28)式をゼロとおいて u について解けば求められる。

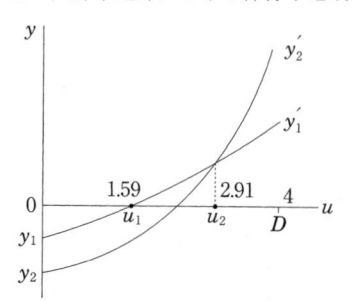

図Ⅲ A-10 大都市近郊における作付け地域の形成

将来価値の割引率が都市から離れるにつれて低くなり，また栽培から得られる収入が高く本格的農業経営を必要とする作物ほど割引率が高いと想定すれば，都市からの距離に応じて荒っぽい農法により栽培可能な作物から本格的農法を要する作物に変化することが示される。

4．作物の移出入と耕作地域構成に対する運賃率の影響

本節では都市周辺における耕作地域が都市間の農作物の移出入によって，いかに構成されるかを Samuelson（1952）により構築され，坂下（1990）により再解釈・展開されたモデルを援用して検討することにしたい。

1) 都市周辺における耕作地域の形成

ここでは次のような仮定の下で，都市周辺における耕作地域の形成を検討する。各農業経営は1単位面積の耕作地を有して，1種類の農作物を栽培する。その作物の生産量 q は投入労働量 n の関数であり(30)式で示される。

$$q = An^\alpha \qquad (30)$$

ただし，A は生産性を示す係数である。農産物は各農業経営から1つの都市Ⅰにある市場に輸送され販売される。その輸送費は農業経営により負担される。したがって，都市Ⅰから距離 u にある農業経営は(31)式で示される利潤

を得ることになる。

$$Y_u = (P - t_I u) A n^\alpha - w_I n \qquad (31)$$

ただしPは市場における需要と供給により決定される農産物の価格，t_Iは運賃率，w_Iは賃金率である。都市Iからuの距離にある農業経営の用いる最適な労働量n_uは(30)式から(32)式のように示される。

$$n_u = (\alpha A (P - t_I u) / w_I)^{1/(1-\alpha)} \qquad (32)$$

(32)式から当該農業経営の最適生産量は次式で求められる。

$$q_u = a((P - t_I u)/w_I)^b \qquad (33)$$

ただし，

$$a = \alpha^{\alpha/(1-\alpha)} A^{1/(1-\alpha)}$$
$$b = \alpha/(1-\alpha)$$

したがって，都市Iにある農産物市場における供給関数Q_Sは(34)式のように示される。

$$Q_S = \int_0^{2\pi} \int_0^U (a((P - t_I u)/w_I)^b) u\, du\, d\theta \qquad (34)$$

ただしUは都市Iから耕作地域の端点までの距離である。ここでの想定においては$U = P/t_I$となる。

農産物市場における当該作物に対する需要関数Q_Dは次式で示される。

$$Q_D = N_I (M - P) \qquad (35)$$

ただし，N_Iは都市Iの消費者数，Mは当該作物の最大需要価格である。したがって，当該作物の市場価格は(34)と(35)式を等しくする価格である。いま，各定数に以下のような具体的数値を代入して農産物の価格と全生産量を求めてみよう。$A=1.5$, $w_I=1.1$, $a=1.067$, $M=20$, $N_I=100$, $b=0.666$, $t_I=1$,

このような場合には，農産物の市場価格は $P=11.17$，全生産量 Q は $Q=882.8$ と導出され，この農産物の耕作地域は都市Ｉの周辺に面積392の円で示されることになる。図ⅢA-11の曲線 $D_I-D'_I$，$S_I-S'_I$ はそれぞれ上記の需要および供給関数と価格を示している。

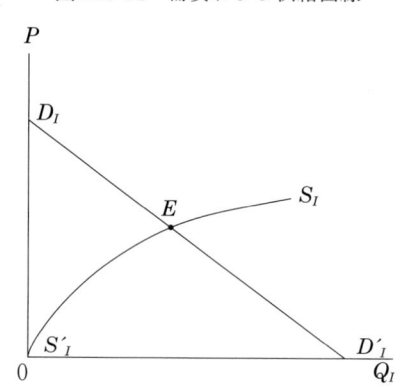

図ⅢA-11 需要および供給曲線

2) 都市間における農産物の交易と耕作地域の変化

次に都市Ⅱが都市Ｉから距離１の地点に出現し，都市Ｉと同じ農産物が栽培されるとする。そして都市ⅠとⅡの間において当該農産物の交易がなされると仮定する。そしてその交易が両都市の耕作地域に与える作用を上述したSamuelson（1952）により構築され，坂下（1990）により再解釈・展開されたモデルを援用して検討する。

都市Ⅱにおいて消費者数 N_{II} は都市Ｉの数の２倍である200とされる。他は都市Ｉとまったく同じと想定する。交易が無い場合における都市Ⅱでの農産物の価格 P_{II} は13.16であり，全生産量は $Q=1367.4$ と導出される。都市Ⅱにおいては，消費者が多いので都市Ｉより農産物の価格は高くその生産量も多いことになる。図ⅢA-12(a)は都市Ⅱの需要，供給関数そして価格を示し，図ⅢA-12(c)は都市Ｉのそれらを再示している。

さて，都市ⅠとⅡの間においてどのような交易になるかを検討するために，

III 生産空間の組成理論　131

図III A-12　超過需要および供給曲線

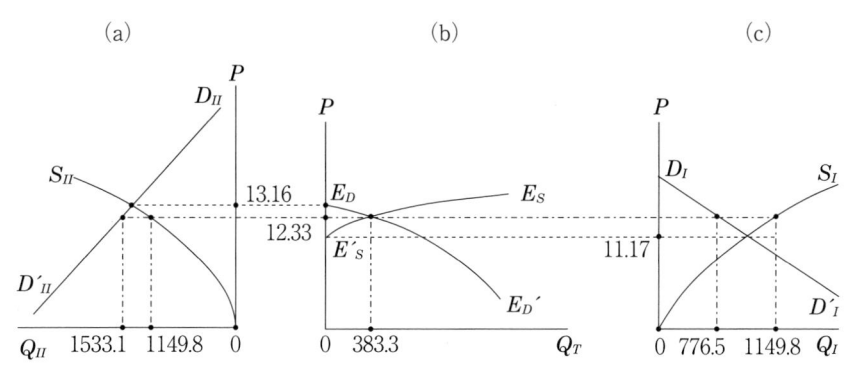

(a)　　　　　　　　　　(b)　　　　　　　　　(c)

図III A-12(a), (c)において示される2つの需要および供給関数から作物に対するいわゆる超過供給曲線と超過需要曲線を導出する。都市Iにおける当該作物の市場価格は都市IIのそれより低いので，都市Iの作物の超過供給関数E_Sは，その需要と供給関数から(36)式のように導出される。

$$E_S = (2a\pi/t_I w_I^b)(t_I^b/(b+1) - 1/(b+2))P^{b+2} - N_I P + N_I M \quad (36)$$

他方，作物の市場価格が高い都市IIにおける作物への超過需要関数E_Dを求めると，それは次式で表される。

$$E_D = -(2a\pi/t_{II} w_{II}^b)(t_{II}^b/(b+1) - 1/(b+2))P^{b+2} - N_{II} P + N_{II} M \quad (37)$$

作物に対する都市IとIIの超過供給曲線と超過需要曲線は図III A-12(b)でそれぞれ示される。

さて，都市IとIIの距離は1と仮定されている。また，2つの都市における作物の市場価格の差は1.99(=13.16-11.17)である。したがって，都市間における運賃率Tが1.99以上であれば，交易は生じないことになり，各都市における作物の市場価格や作付け地域は交易が無い場合とまったく同一の状態のままである。

運賃率Tがゼロであれば，都市間における作物の交易の価格とその量は，超過供給と超過需要曲線が交差する点で決定される。ここで想定されている数

値例では，作物の超過供給と超過需要を一致させる交易価格は12.33であり，交易量 Q_T は383.3と導出される。この場合には，各都市における作物の需給関係と作付け地域の構成は交易の無い場合よりかなり変化する。

都市Ⅰにおいては，作物の供給量は882.8から1149.8へ上昇する。その作付け地域の面積は392から477.6へ拡大する。都市Ⅰにおける作物の消費量は766.5へ低下することになる。一方，都市Ⅱにおいては，供給量は1367.4から1149.8へ減少し，作付け地域の面積は544.1から477.6へ減少する。消費量は1533.1へ上昇することになる。都市間の運賃率 T がゼロであり，都市間で生産条件が同じであれば，作物作付け地域の面積は，作物の交易により同じになり，さらに，消費者1人あたりの消費量も7.67であり同一になる。

図ⅢA-12(b)で示される超過需要曲線と超過供給曲線の垂直差を，坂下(1990)が指摘したように，作物1単位当たりの運賃率と読み替えて考察することができる。都市ⅠとⅡにおける市場価格差はここでの想定では1.99であるが，運賃率がこの1.99に丁度一致すれば，交易は生じない。運賃率が1.99以下であれば，都市間で交易が可能となり，運賃率がゼロの場合に最大383.3の交易が生じることになる。したがって，運賃率と交易量の関係を示すことが可能である。図ⅢA-13は運賃率 T が1.99からゼロにまで低下する場合に，いかに交易量が増加するかを示し，それに応じて都市ⅠとⅡにおける円形の作付け地域の半径がいかに変化するかを示している。上述したように，都市間の運賃率がゼロになる場合には両都市の作付け地域規模は同一になる。この運賃率が1.07である場合には，交易量は175である。都市Ⅰにおいて需要量は828.1，供給量は1003.1になる。移出量は175となる。そして作付け地域の半径は11.72であり，その地域面積は431.5となる。他方，都市Ⅱにおいては需要量は1441.8，供給量は1266.8となり移入量は175になる。その作付け地域の半径は12.79，作付面積は514.0となる。都市間において作付け規模に差が生じることになる。ここでの想定の下では，都市間の運賃率 T が低下して交易が進めば，都市間の作物作付け地域の相違は縮小の方向に向かうことになる。

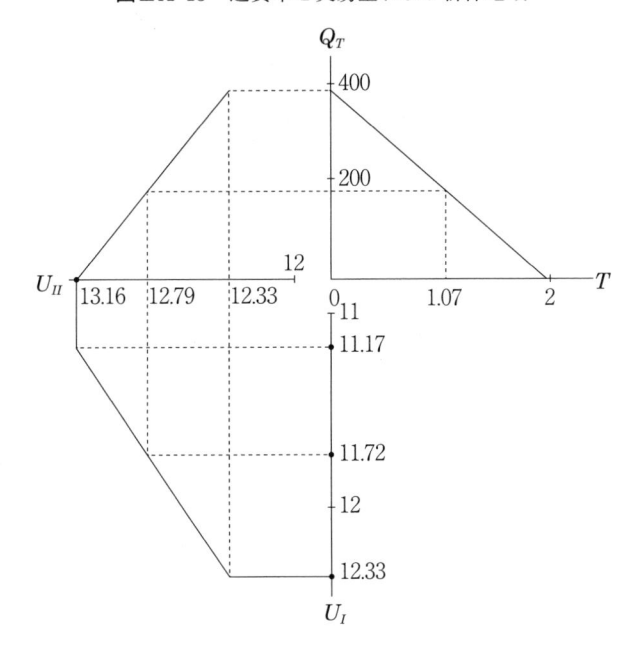

図 III A-13　運賃率と交易量および耕作地域

3)　運賃率および賃金率の変化が作付け地域に及ぼす影響

前節の考察においては都市間には消費者数の相違以外はすべて同一と仮定された。本節では都市IIにおける賃金率 w_{II} と都市II周辺における運賃率 t_{II} の相違がどのような変化を上記された結論へ作用するかを考察する。

いま、都市IIにおける賃金率 w_{II} が1.1から20%増加して1.32になったとしよう。この場合における都市IIでの農産物の市場価格は13.51，生産量は1298.0となる。都市Iとの交易があり，都市間の運賃率 T がゼロである場合における各都市における需要，供給，作付面積は前小節と同じ仕方により導出され，それらは表1の賃金率の列により示される。都市IIにおける運賃率 t_{II} が20%低下し0.8になる場合には，都市IIにおける作物の市場価格は11.88になり，生産量は1624.5になる。この場合に都市Iとの交易によって生じてくる結果は表III A-1の運賃率の列により示される。

表ⅢA-1 賃金率および運賃率の変化と作付け地域（$T=0$の場合）

		変化前	賃金率w_{II}の増加	運賃率t_{II}の低下
都市Ⅰ	需要量	766.5	749.5	837.9
	供給量	1149.8	1192.6	980.9
	半径	12.3	12.5	11.6
都市Ⅱ	需要量	1533.1	1499.1	1675.7
	供給量	1149.8	1056.1	1532.7
	半径	12.3	12.5	14.5
	交易量	383.3	443.0	143.1

　都市間の運賃率Tをゼロと仮定するが，都市Ⅱにおける賃金率と運賃率の変化は都市ⅠとⅡにおける農作物の価格や作付け地域の規模に異なった影響を与える。表ⅢA-1で示されるように，賃金率が変化する場合には，供給量は異なるが，両都市の作付け地域の半径は同じである。都市Ⅱでの賃金率の上昇は都市Ⅱのみならず，都市Ⅰの作付け地域を拡大させることになる。運賃率が変化する場合には，各都市の供給量とともにその作付け地域の半径も異なることになる。また，都市Ⅱの運賃率低下は都市Ⅰの作付け地域の規模を縮小させることになる。最後に当然ではあるが，都市間の市場価格差が大きいほど，交易量は多くなることが示される。

　農業の生産物は加工される工場を経て消費者に供給されることも当然ありうるが，基本的には直接消費者により消費されるものである。したがって消費者が居住する都市の周辺および近郊に農業の生産空間が形成されることになる。都市と農業生産空間はかなり密接な関係にあると言え，都市の人口規模により農業生産空間の在り方も大きく変化することになる。農産物の性質に応じて生産空間が形成され，価格や運賃率また他の地域との作物の移出入によりその空間構成が変化することになる。

1) 作付け地域の形成については簡明な考察が鈴木（1980）によりなされている，ここでの考察でも大いに参考にしている。
2) 運賃率は作物の種類により異なる。本来輸送にあまり耐えられない作物の運賃

率は高くなる。輸送上での技術革新も各作物の運賃率に異なる変化を与える。したがって、ある特定の作物の運賃率が他より大きく低下することは十分あり得え、それは作付け地域に作用を与えることになる。

3) 作物 m_2 の価格 p_2 と運賃率 t_2 の変化による作付け地域の半径 U_1 への作用は次の (N1), (N2) 式によりそれぞれ示される。

$$dU_1/dp_2 = -1/(t_1-t_2) \tag{N1}$$
$$dU_1/dt_2 = (p_1-p_2-k_1+k_2)/(t_1-t_2)^2 \tag{N2}$$

運賃率の変化が作付け地域の半径 U_1 へ与える作用は価格のそれに比較すると複雑である。

B 工業の生産空間

本節では生産経営による工場の立地決定を中心に分析する。初めに工業立地論の基盤を形成したと言える A. Weber (1909) の考察にそって分析を展開し、次いで工業製品の生産に関する経済分析とその分析結果を応用しながら工業の集積およびその集積体系について考察する。生産活動の集積と集積体系は生産空間の骨組を形成し生活空間と連結し近代における都市体系の編成に影響することになる。

1. Weber による工業立地分析

A. Weber はほとんどすべての工業の立地に作用する立地因子を一般立地因子とし、その因子として輸送費、労働費、集積の経済の3つをあげる。他方、特定の工業にのみ作用するものを特殊立地因子とする。またかれは立地因子を、作用の様態に基づいて局地立地因子と集積因子に分類する。前者は立地を特定地点へ牽引するように作用する因子、後者は立地を特定地点に牽引するのではなく集積させることで立地に作用する立地因子である。本小節では一般立

地因子の中の輸送費のみを取り上げ，輸送費最小化による工場立地決定を検討する。

1) 輸送費最小地の導出

工業立地の理論分析の中で輸送費は最も基本的な要因の一つとして重要な役割を常に果たしてきており，その立地的作用の分析は Weber に先だって Launhardt（1885）の考察以後詳細になされてきている。輸送費は基本的に運賃率，距離，重量に依存する。これらの3つの要素は密接に関連している。ここでは輸送費に作用する基本的要素のみを取り上げ工業経営の輸送費が最小化になる地点の導出を行なう。

いま，2つの原料 m_1 と m_2 を用いて1つの製品 m を生産する経営，すなわち工場を想定しよう。それらの原料産地は図ⅢB-1で示される均一な平面空間上の点 $M_1(x_1, 0)$, $M_2, (x_2, y_2)$ にあり，製品の市場は $M(0, 0)$ にあるとする。この場合には，2原料地から原料を経営まで輸送し製品を市場まで出荷する輸送費を最小化する地点 (x, y) を導出することが工業経営者の課題になる。この地点はこれら3点で形成される3角形の図形のなかに限定される。2つの原料と製品の工業渡価格は与えられており，その重量もそれぞれ m_1, m_2, m トンと決定されている。

図ⅢB-1 平面空間における輸送費最小地の導出

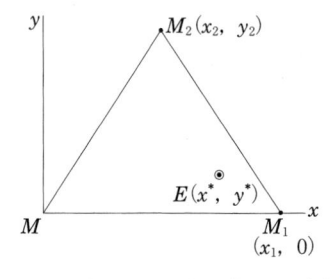

運賃率 t を1とすれば工場が負担する輸送費 T は(1)式で表される

III 生産空間の組成理論　137

$$T = m(x^2+y^2)^{0.5} + m_1((x-x_1)^2+y^2)^{0.5}$$
$$+ m_2((x-x_2)^2+(y-y_2)^2)^{0.5} \quad (1)$$

輸送費最小地は(1)式を x と y により偏微分し，次の(2a), (2b)式の連立方程式を x と y について解くことにより求められる[1]。

$$\partial T/\partial x = 0 \quad (2a)$$
$$\partial T/\partial y = 0 \quad (2b)$$

この連立方程式を直接的に解くことも数値計算の手法の利用により可能であるが，本節では以下のようにして，解析幾何学的手法により輸送費最小地を導出できることを示したい[2]。まず(2a)と(2b)式から(3a)と(3b)式を得ることができる。

$$mx/(x^2+y^2)^{0.5} + m_1(x-x_1)/((x-x_1)^2+y^2)^{0.5}$$
$$+ m_2(x-x_2)/((x-x_2)^2+(y-y_2)^2)^{0.5} = 0 \quad (3a)$$
$$my/(x^2+y^2)^{0.5} + m_1y/((x-x_1)^2+y^2)^{0.5}$$
$$+ m_2(y-y_2)/((x-x_2)^2+(y-y_2)^2)^{0.5} = 0 \quad (3b)$$

(3a), (3b)式から，次の2式を得ることができる。

$$mx/(x^2+y^2)^{0.5} + m_1(x-x_1)/((x-x_1)^2+y^2)^{0.5}$$
$$= -m_2(x-x_2)/((x-x_2)^2+(y-y_2)^2)^{0.5} \quad (4a)$$
$$my/(x^2+y^2)^{0.5} + m_1y/((x-x_1)^2+y^2)^{0.5}$$
$$= -m_2(y-y_2)/((x-x_2)^2+(y-y_2)^2)^{0.5} \quad (4b)$$

(4a)と(4b)式の両辺を2乗して加え整理すると次式をえる。

$$2m_1m_2(x(x-x_1)+y^2)/((x^2+y^2)^{0.5}((x-x_1)^2+y^2)^{0.5})$$
$$= m_2^2 - m_1^2 - m^2 \quad (5)$$

(5)式をさらに2乗して変形すれば(6)式をえる。

$$4m_1m_2(x(x-x_1)+y^2)^2$$
$$=((x^2+y^2)(x-x_1)^2+y^2)(m_2{}^2-m_1{}^2-m^2) \tag{6}$$

(6)式はさらに(7)式のように変形できる。

$$(4(m_1m_2)^2/((m_2{}^2-m_1{}^2-m^2)^2)) \cdot (x(x-x_1)+y^2)^2$$
$$=(x^2+y^2) \cdot ((x-x_1)^2+y^2) \tag{7}$$

ここで，次の(8)式に注目して(7)式を変形しよう。

$$((x^2+y^2)(x-x_1)^2+y^2)-(x(x-x_1)+y^2)^2$$
$$=((x-(x-x_1))^2)y^2=x_1{}^2y^2 \tag{8}$$

(8)式から(7)式は(9)式のように変形できる。

$$(4(m_1m_2)^2/((m_2{}^2-m_1{}^2-m^2)^2)-1) \cdot$$
$$(x(x-x_1)+y^2)^2=x_1{}^2y^2 \tag{9}$$

(9)式は(10)式に変形できる

$$x(x-x_1)+y^2=x_1y/(k^2-1)^{0.5} \tag{10}$$

ただし $k=2\ m_1m_2/(m_2{}^2-m_1{}^2-m^2)$ である。そして次の式をえる。

$$(x-x_1/2)^2+(y-x_1/(2(k^2-1)^{0.5}))^2=(kx_1/(2(k^2-1)^{0.5}))^2 \tag{11}$$

(11)式は輸送費最小地点が点 $(0, 0)$ と $(x_1, 0)$ を通り，これら2点を結ぶ線を垂直に2等分する線上に中心を有する円を示している。輸送費最小地はこの円上にあることになる。

　上記と同じ手法を点 $(0, 0)$ と (x_2, y_2) を対象にして行い，円の方程式を導出できる。これにより2つの式から2つの円を描くことができる。それらの2つの円が交わる点が輸送費最小地を示すことになる。これら2つの方程式を連立させて，x, y について解けば輸送費最小地が解析的に導出できる。した

がって2つの円を描き輸送費最小地を求める幾何的方法を解析手法で裏付けることができることになる。輸送費のみが工場の立地に影響するものとすれば，工場はこの輸送費最小地に立地することになる。

2) 労働地の立地的作用

輸送費が工場の立地に作用する唯一の要因とすれば，その立地は上記で求めた輸送費最小地に定まる。この他の費用要因が立地決定の要因の中に入ると，工場の立地は変化する可能性が生じる。例えば，ある地点は他の多くの地点より製品1単位当たりの労働費を低くできる場合，工場者は輸送費の増加を勘案しより生産費が低下すれば，その地点へ工場を移動することになる。Weberはこの問題に関して臨界等費用線を用いて検討する。本小節ではこの臨界等費用線を用いて工場の輸送費最小地からの労働費を低くする地点（労働地と呼ぶ）への移転を再検討しよう。

いま何らかの理由で工場の立地が上記分析から導出された輸送費最小地点（図ⅢB-2Aの中の地点●で示される）ら乖離するとしよう。乖離の程度が大きいほど，輸送費（製品1単位当たり）は増加する。その増加の額が同じになる点を結ぶと等費用線が形成される。図ⅢB-2Aの中の+30の線は，輸送費最小地点に比べて，例えば30ドルだけ輸送費が高い全地点を示すものである。等費用線の間隔は運賃率が低いほど広くなる。例えば，図ⅢB-2Bで示される状態になる。

ここで製品の生産に要する労働費を工場の費用に入れることにする。図ⅢB-2A，Bの地点▲に，他の地点より製品1単位当たりの労働費が30ドル低い，

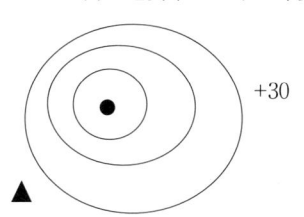

図ⅢB-2A　高い運賃率における等費用線

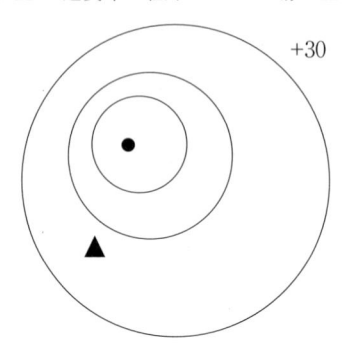

図ⅢB-2B　運賃率の低下による工場の立地変化

+30

　いわゆる労働地が存在するとしよう。ここで工場立地は変化するか否かが問題になる。図ⅢB-2Aが示すように運賃率が高い時には，経営は輸送費最小地に立地を維持する。なぜならば，この立地移転により工場の費用は，輸送費増加の方が労働費削減より多いため，増加するからである。他方，図ⅢB-2Bが示すように運賃率が低い場合は，労働地への移動により，労働費の節約が輸送費増加より大きく，全体の費用が低下する。工場は輸送費最小地から労働地へ移動することになる。

　さて，労働地の節約分に丁度あたる額だけ輸送費が高い地点を示す等費用線は臨界等費用線と呼ばれるものである。前述の例では図中＋30とした等費用線が臨界等費用線となる。この線を利用すれば，次のようなことが容易に判明する。当該の労働地がこの臨界等費用線の内側にあれば，労働地へ立地は移動し，外側にあれば輸送費最小地に留まることになる。これに付随して以下のようなことも容易に判明する。運賃率の低下は立地を輸送費最小地から解放し，他の要因の立地牽引力を強くする。すなわち経済社会が進展し，運賃率が低下するにつれて工場は輸送費最小地から離れ，労働費など生産費用が低下する地点へ移動して行くことになる。

　臨界等費用線に関しては以下のことに注意しておく必要がある。この線の形状は通常円形ではなく，かなり複雑な形状をとる。円形の臨界等費用線を用いることには抽象度の高い理論的分析には問題はないが，臨界等費用線は輸送上

における種々の要因により，様々な形状，広さになるという認識は理論上においても重要である。すなわち工場がどの労働地へ移転するかは，労働地がどのような距離に立地しているかのみでなく，その方向も重要な要素であることを明確に示すからである。

2．費用最小化と工場の立地

本節からは Weber による立地分析の枠組から離れ，工場の立地を微視的経済学の視点から検討する。ここでは線分の空間を想定し，輸送費と原料費からなる生産費用を最小化する工場の立地の関係をみよう。ここでは Emerson (1973) と Woodward (1973) の考察枠組を援用する[3]。

いま1つの工場があり，代替関係にある2つの原料 m_1 と m_2 を用いて製品を生産するものとする。その場合における生産関数は(12)式で示されるとする。

$$Q = A\, m_1^{\alpha} m_2^{\beta} \tag{12}$$

ただし Q は製品の生産量，A, α, β, γ はパラメータであり $A>0$, $0<(\alpha+\beta)<1$ とする。m_1, m_2 は2つの原料の量を示す。

各原料の工場渡価格を p_1, p_2 で示すと，工場経営の予算を示す方程式は(13)式で表される。

$$C = p_1 m_1 + p_2 m_2 \tag{13}$$

ただし C は予算額である

生産関数と予算方程式が与えられると経営者は生産費を最小化するために，図ⅢB-3の予算線と等量線（一定の生産量，例えば Q_0）の接点 E で示される生産者均衡点が指示するように各原料を用いることになる。すなわち次式が成り立つように各原料を使用することになる。

$$\alpha/p_1 m_1 = \beta/p_2 m_2 \tag{14}$$

図ⅢB-3 生産者均衡の点

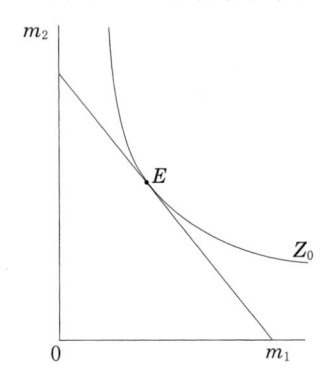

各原料が図ⅢB-4(A)の線分上の端点 M_1 と M_2 で産出されるものとしよう。この想定では工場者は原料の使用量に加えて，その立地点も決定せねばならない。その立地点は点 M_1 と M_2 を直線で結ぶ長さ L の線上に限定される。この線分上での立地点は以下のように求められる。

工場の生産関数は経営がどこに立地しても変化しないが予算方程式は(15)式のように変形される。

$$C = (p_1 + tu) m_1 + (p_2 + t(L-u)) m_2 \tag{15}$$

ただし u は点 M_1 からの距離を示し，これから決められる工業経営の立地点 G までの距離である。いま，予算 C の値は一定とし u の値をゼロから L まで適切な間隔で変化させて，各場合の予算方程式を図示してみると予算線は図ⅢB-4(B)のようになる。図の $L-L'$ は，工場が点 M_1 に立地した場合（$u=0$）の予算線を示し，$R-R'$ は経営が点 M_2 に立地した場合（$u=L$）における予算線を示している。これら2つの予算線の交点 $E(m_1{}^* m_2{}^*)$ はつぎのように示される。

$$m_1{}^* = C/(p_1 + p_2 + tL) \tag{16}$$

III 生産空間の組成理論　143

$$m_2{}^* = C/(p_1 + p_2 + tL) \tag{17}$$

図III B-4　工業経営の立地とその予算線

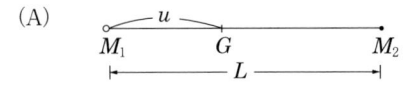

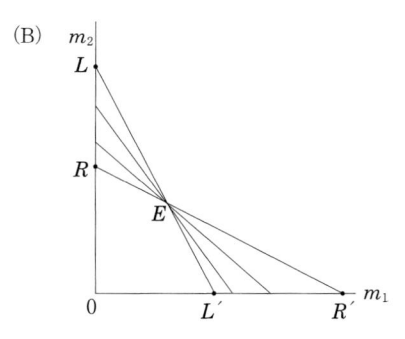

(A)

```
       ○―u―|
       M₁   G           M₂
       |―――――L―――――|
```

(B)

```
   m₂
   L•
    |\
   R•\
    | \
    |  •E
    |   \
   0|____L'__R'__ m₁
```

出所：Woodward (1973), p.338.（図は改変されている。）

図示されるように工場がどこに立地しても，すなわち u がどのような値をとっても，その予算線は必ず線分 $R-R'$ と $L-L'$ のどちらかの下方に位置し，必ず点 E 通る。このことは大変興味深い。生産者均衡の点は図III B-5 の $m_1 - m_2$ 空間のなかの最も右上の予算線上において成立する。したがって図III

図III B-5　2つの生産者均衡の点

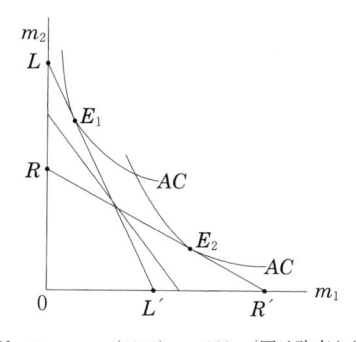

```
   m₂
   L•
    |
    | •E₁
   R•
    |   AC
    |     •E₂
    |        AC
   0|___L'___R'___ m₁
```

出所：Emerson (1973), p.338.（図は改変されている。）

B-5で示されるように,その生産者均衡の点は経営が点 M_1 あるいは点 M_2 に立地した場合における予算線上のみで生じる。端点定理は工場の立地は点 M_1 あるいは M_2 に限定され,それらの中間点での立地はないことを示すものである。経営がどちらの点に立地するかは等量線の配置,すなわち経営の生産関数の性質に依存する。端点定理は販売あるいは収入面よりも費用面が重要な産業に属する工場が原料産地にしばしば立地することをよく説明するものである。

3. 利潤最大化を目指す工場の立地と価格

本小節では平面空間を想定する。そして工場者が利潤最大化を目指して工場立地を決定する場合における立地点を考察する。

1) 分析の仮定と枠組

次のように想定しよう。経営者は1つの工場を有し,その工場の立地とその工場が生産する財の価格に関して利潤を最大化するように決定しようとする。この当該工場は代替関係にある2種類の原料 m_1, m_2 を用いて製品 m_4 を生産する。その製造過程において潤滑油を必要とし,それは m_3 で示される。これらの原材料の産出地はそれぞれ点 M_1, M_2 そして M_3 で示され座標 (x_1, y_1), (x_2, y_2), (x_3, y_3) で指示される。工場の立地点は L で示され,座標 (x, y) で示される。原料 m_1, m_2 の運賃率は t_m であり,潤滑油 m_3 のそれは t_e で示される。それらの工場渡価格はそれぞれ p_1, p_2, そして p_3 で表される。製品の市場地は M_4 であり,座標 (x_4, y_4) で示される。その製品の価格 p_4 は工場者により決定され,その運賃率は t_g である。図ⅢB-6はこれらの原材料と市場地の例として具体的な地理的関係を示している。より具体的には地点 M_1 と M_2 で生産される2種類の中間財を用い,そして M_3 で生産される1種類の潤滑油を移入して当該工場において製品が生産,組み立てられ,製品は M_1 の市場に出荷されるという想定をする。

次に,工場における生産関数は前節と同じく(18)式で与えられる。

図Ⅲ B-6 原料産出地および市場地の位置

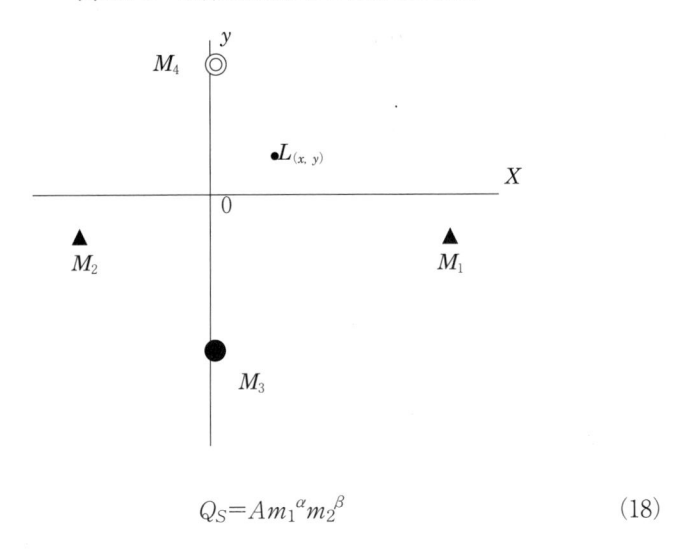

$$Q_S = A m_1^\alpha m_2^\beta \tag{18}$$

ただし Q_S は生産量。A, α そして β はパラメータであり，$A>0$, $0<(\alpha+\beta)<1$ である。

市場における製品への需要関数は次式で示される。

$$Q_d = a - p_4, \tag{19}$$

ただし Q_d は需要量，a は最大需要価格である。工場では需要される量を生産するので，Q_S は Q_d に一致することになる。次に工場と各原料産地 M_i ($i=1, 2, 3$) との距離 d_1, d_2, d_3, は次の3式で示される。

$$d_1 = ((x-x_1)^2 + (y+y_1)^2)^{0.5} \tag{20a}$$
$$d_2 = ((x-x_2)^2 + (y+y_2)^2)^{0.5} \tag{20b}$$
$$d_3 = (x^2 + (y+y_3)^2)^{0.5}. \tag{20c}$$

同じく工場と市場地 M_4 の距離 d_4 は(20d)式で示される。

$$d_4 = (x^2 + (y-y_4)^2)^{0.5}. \tag{20d}$$

用いられる潤滑油 m_3 の量は製造量 Qs に等しく，さらに工場の固定費は F で示されるとすれば，経営の利潤 Y_M は(21)式で表されることになる。

$$Y_M = (a-p_4)((p_4-t_g d_4)-(p_3+t_e d_3)) \\ -(p_1+t_m d_1)m_1-(p_2+t_m d_2)m_2-F. \quad (21)$$

工場の用いる2原料の量はその引渡価格に依存することになるので，それらの量は(21a)と((21b)式により与えられることになる。ただしここでは簡単化のために係数 α と β はともに0.4と仮定されている。

$$m_1 = A^{-1.25}(a-p_4)^{1.25}((p_2+t_m d_2)/(p_1+t_m d_1))^{0.5} \quad (21a)$$
$$m_2 = A^{-1.25}(a-p_4)^{1.25}((p_1+t_m d_1)/(p_2+t_m d_2))^{0.5} \quad (21b)$$

潤滑の量 m_3 は(21c)式により与えられる。

$$m_3 = (a-p_4). \quad (21c)$$

これらの量から経営の費用 C は(21d)式で示されることになる。

$$C = 2A^{-1.25}(a-p_4)^{1.25}(p_1+t_m d_1)^{0.5}(p_2+t_m d_2)^{0.5} \\ +(a-p_4)((p_3+t_e d_3)+F. \quad (21d)$$

したがって，経営の利潤は(22)式により再述されることになる。

$$Y_M = (a-p_4)((p_4-t_g d_4)-(p_3+t_e d_3)) \\ -2(a-p_4)^{1.25}A^{-1.25}(p_1+t_m d_1)^{0.5}(p_2+t_m d_2)^{0.5}-F. \quad (22)$$

2) 工場の利潤最大化立地点と最適価格の導出

経営による利潤最大化の工場の立地 (X, Y) および製品価格 P_4. の決定は(22)式に基づいてなされる。ここでは Puu (1998) による手法を用いてそれらを導出する[4]。この手法は次のようである。初めに以下に示される(23a)，(23b)，そして(23c)の3式による連立方程式の解の初期値を x_n, y_n, そして

p_{4n} とし，それらを(23a)，(23b)，そして(23c)に代入する。次にその連立方程式を解き一時解として x_{n+1}, y_{n+1}, p_{4n+1} をえる。この過程を繰り返して $(x_{n+1}, y_{n+1}, p_{4n+1})$ が (x_n, y_n, p_{4n}) に一致したとき，これらを解とみなすものである。

$$x_{n+1} = x_n + j * \partial Y_M / \partial x, \quad (23a)$$

$$y_{n+1} = y_n + j * \partial Y_M / \partial y, \quad (23b)$$

$$p_{4n+1} = p_{4n} + j * \partial Y_M / \partial p_4, \quad (23c)$$

ただし，j いわゆるステップ幅，n は繰り返し計算の回数，そして $\partial Y_M / \partial x$, $\partial Y_M / \partial y$, $\partial Y_M / \partial p_4$ は次の式で示される。

$$\begin{aligned}
\partial Y_M / \partial x = & (a-p_4)(-t_g(x/d_4) - t_e(x/d_3) - A^{-1.25}(a-p_4)^{1.25} \\
& t_m[\{(p_2+t_m d_2)^{0.5}/(p_1+t_m d_1)^{0.5}\}(x-x_1)/d_1 \\
& + \{(p_1+t_m d_1)^{0.5}/(p_2+t_m d_2)^{0.5}\}(x+x_2)/d_2] = 0 \quad (24a)
\end{aligned}$$

$$\begin{aligned}
\partial Y_M / \partial y = & (a-p_4)(-t_g((y-y_4)/d_4) - t_e((y-y_3)/d_3) \\
& - A^{-1.25}(a-p_4)^{1.25} t_m[\{(p_2+t_m d_2)^{0.5}/ \\
& (p_1+t_m d_1)^{0.5}\}(y+y_1)/d_1 + \{(p_1+t_m d_1)^{0.5}/ \\
& (p_2+t_m d_2)^{0.5}\}(y+y_2)/d_2] = 0 \quad (24b)
\end{aligned}$$

$$\begin{aligned}
\partial Y_M / \partial p_4 = & a - 2p_4 + t_g d_4 + p_3 + t_e d_3 + 2.5 A^{-1.25} \\
& (p_2+t_m d_2)^{0.5}(p_1+t_m d_1)^{0.5}(a-p_4)^{0.25} = 0. \quad (24c)
\end{aligned}$$

一般的な想定の下では上記の計算により最適な工場立地点と製品価格が導出されることになる。例えば各原料地と市場地そして他のパラメータについて次のように仮定する。$(x_1=3, y_1=-0.5)$, $(x_2=-1.73, y_2=-0.5)$, $(x_3=0, y_3=-1.5)$, $(x_4=0, y_4=1)$, $p_1=0.25$, $p_2=2$, $p_3=0.2$, $t_m=0.11$, $t_e=0.01$, $t_g=0.225$, $a=5.5$, $A=1$, $F=0$, この場合における工場の最適立地点は $X=-1.73$, $Y=-0.5$, 財の価格は $P_4=3.85$ となる。図ⅢB-7は最適な立地点 $X=-1.73$, $Y=-0.5$ と製品の価格 $P_4=3.85$ を示す解へ至る道筋を示している。このような場合における原料の使用量は原料 $m_1=0.372$, 原料 m_2

＝9.359，工場者の財の生産量は1.65，その利潤は3.564と求められる。

1工場のみを想定し，集積の節約や他の費用および収入に影響する要因を捨象するような単純な状況下では，上記のようにして経営者による工場の立地が決定され，立地に関連して生産量，製品の工場渡価格も定められることになる。

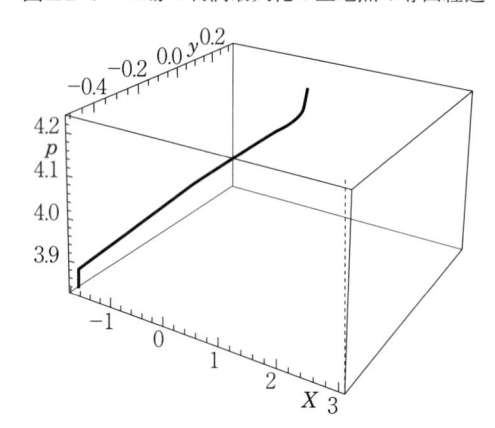

図ⅢB-7 工場の利潤最大化の立地点の導出経過

4．集積の生成と集積体系の編成および再編成

本節においては工業生産の集積に考察を進めることにする。集積の形成はWeberの立地分析で重要な位置づけをされている。経済社会の進展により一般立地因子の中で，その相対的な重要性は輸送費，労働費そして集積へと移動してきている。上記したようにこの集積と集積体系が生産空間を形成し，生活空間と連結して経済空間を生成し，それが都市体系として具現化することになる。したがって生産活動による集積の形成機構は重要な分析課題である。

1) 立地決定問題における集積経済の基本的特徴

前述したようにWeberによれば，全ての工場の立地決定に対して影響を与

える要因，すなわち一般立地因子としては，輸送費，労働費そして集積経済がある。生産経営は，立地決定際にはこれらの3要因を必ず考慮せねばならないということである。集積の重要性を次のような例を挙げて検討してみよう。

例えば企業誘致を進める地方自治体においても，工場が常に配慮するこれら3要因に注目せねばならず，集積経済には特段の配慮がなされることになる。というのは輸送費，労働費において他の市町村より有利な状況を作り出すことは，かなり長期の計画が必要とされるのに対して，集積経済の創出は他の2要因に比較して短い計画期間でなされる可能性があるからである。すなわち，次のような可能性が考えられる。当該自治体が補助金，助成金そして工場団地の整備などを公示すれば，それに対応して，いくつかの工場が関心を示し，それらの工場を牽引することができる。こうして形成される集積は，初めから集積経済の享受をめざして形成されたものではないので，偶然集積とよばれるものである。偶然集積であっても，結果的に工場が集積すれば，そこには少なくとも規模の経済および都市化の経済とよばれる集積経済が発生することになる。これにより集積経済を指向する工場を牽引する可能性が生じ，最終的には純粋集積を形成することになる。このようにして形成される集積経済は，上記したように，全ての工場が立地決定において考慮せねばならない要因であるので，当該自治体のある地点は全ての工場が注目する地点の1つとなるのである。このような可能性をもつ集積経済の役割は工場および企業誘致を展開する地方自治体，さらには国の産業立地政策においても重要性を増していると考えられる。本小節では上記のような可能性を持つ集積の生成，変化，そして不安定化に関して分析する。

2) 集積経済と工場の生産量の関係

いま，ある地点において生産を行なっている工場はその生産量の増加によりいわゆる内部経済という集積経済を享受できるものとする。工場は一定の工場規模の下で生産量を上昇させることで大量生産の経済を得られる。またその工場規模を連続的に拡大することにより大規模化経済を享受できる。ここではそ

れらの内部経済全体の額 A_I を経営の生産量 Q に直接結び付け，この種類の集積経済の額 A_I は次式で定められると想定する。

$$A_I = -aQ^2 + bQ - C \tag{25}$$

ただし a, b, そして C は正の定数である。

　工場の生産量が増加するにつれて，当該の地点に他の工場が参入してくる可能性がある。この新規経営の参入可能性はこの地点がもつ固有の特長，そして既存経営が立地しているということから生じる低い不確実性などから高められる。さらに，当該地点に形成される集積から生じる外部経済の享受の期待から新規経営の参入可能性が大いに高まることになる。このようにして新規工場の参入が進展すれば，当該地点に形成される集積から地域化の経済とよばれる集積経済 A_E が生み出されてくる。この集積経済は当該地点での生産量に依存すると考えられる。ここでは地域化の経済 A_E は次式のように各工場の生産量 Q と工場数 N に関係づけられるものとする。

$$A_E = -\alpha(\textstyle\sum_{i=1}^{N} Q_i)^2 + \beta(\sum_{i=1}^{N} Q_i) - D \tag{26}$$

ただし α, β, D は正の定数である。当該地点に立地する各工場は(26)式で示される様式で地域化の経済を享受することになる。

　上記の2種類の集積経済が各工場の生産量と当該地点における生産量といかに関係しているかの典型的な例は図ⅢB-8で示されている（石川，1976）。この図では次のように定数の値が仮定されている。$a=2$, $b=10$, $\alpha=0.75$, $\beta=12$, $C=3$, $D=10$。ここでの想定では，工場が1つに限定されても，その経営の生産量が増加するにつれて外部経済の一部を享受できるものとされている。なお集積経済が負ならば各工場の生産効率は低下するとみる。

　各工場が享受できる集積経済の総額 A_T は生産量の関数として次式で示されることになる。

$$A_T = -aQ_i^2 + bQ_i - C + (-\alpha(\textstyle\sum_{i=1}^{N} Q_i)^2 + \beta(\sum_{i=1}^{N} Q_i) - D) \tag{27}$$

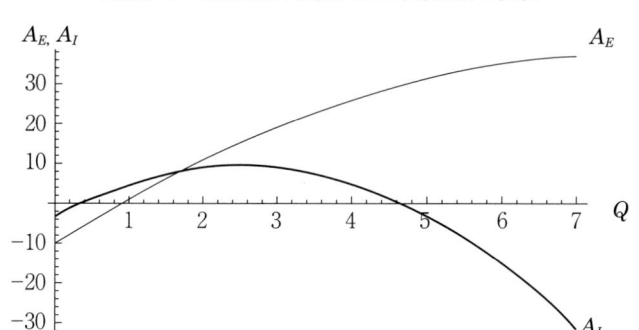

図Ⅲ B-8　生産量と内部および外部経済の変化

各工場が享受できる集積経済を最大にする各工場の最適な生産量 Q^* は(27)式から，工場数 N の関数として(28)式のように導出される。

$$Q^* = \frac{b+\beta N}{2(a+dN^2)} \tag{28}$$

上式で示されるように当該地点に立地する工場が享受できる集積経済を最大化する生産量は，当該地点への立地する経営，すなわち工場数 N が増加するにつれて減少して行く。(27)式から各工場が享受できる集積経済は次式で示されることになる。

$$\begin{aligned}A_T = &(-a((N\beta+b)/(2(a+\alpha N^2))))^{\wedge}2 + b((N\beta+b)/\\&(2(a+\alpha N^2)))-C+(-\alpha(N((N\beta+b)/\\&(2(a+\alpha N^2))))^2+\beta(N((N\beta+b)/\\&(2(a+\alpha N^2))))-D))\end{aligned} \tag{29}$$

したがって，当該地点に立地する工場が享受できる集積経済を最大にする工場の最適数 N^* は(29)式から(30)式で示される。

$$N^* = a\beta/\alpha b \tag{30}$$

工場の最適な生産量は(31)式で与えられることになる。

$$Q^* = (b+\beta)/(2a(1+\beta/b)) \tag{31}$$

当該地点に立地する工場が享受できる総集積経済は(35)式で示されるように，集積に参加する工場数の関数で示すことができる。いま，各定数に上記と同じ値を与えれば，図ⅢB-9のように工場が享受する総集積経済と工場数との関係を具体的に示すことができる。最適な工場数は3.2，各経営の生産量は2.5となり，当該地点の全工場による総生産量は8，各工場が享受する集積経済は47.5となる。もし，工場が1つに限定されているならば，最大の集積経済を享受するその生産量は4であり享受できる集積経済は31となる。また工場数が増加するにつれて，当該地点での全工場による総生産量 TQ は次式で示されるようにして増加してゆくことになる。

$$TQ = ((b+\beta N)/(2(a+\alpha N^2)))N \tag{32}$$

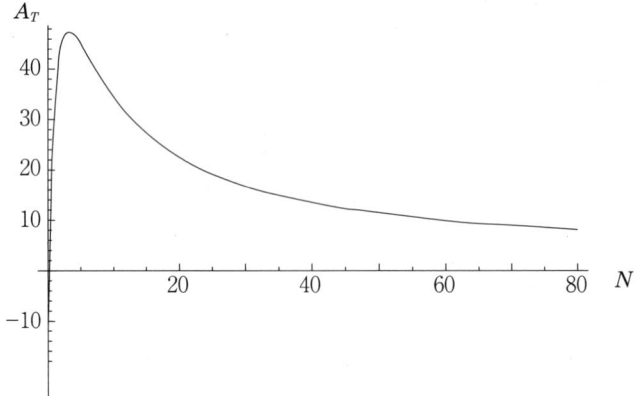

図ⅢB-9 工場数と工場が享受できる集積経済

本節で想定された状況での考察に基づけば以下のように結論を整理できる。ある地点に同種類の工場が立地，併存することにより大量生産および地域化の経済という集積経済が生み出されてくる[5]。同業種に属する工場によって集積が形成される場合，工場の集積に対する考え方は同じであり，各工場は享受で

きる集積経済を最大化して，生産費用の最小化を指向して行動すると考えられる。したがって，ある地点における集積経済を最大限享受しようとする場合，参加する工場数が増加するほど個別工場の生産量は低下することになる。さらに，参加する工場の数は，当該地点で各工場が享受できる集積経済を最大化できる数に一致することは例外的であり，他の地点で享受できる集積経済の水準にも依存し，通常は最適水準より多い工場数になる。工場数はより多くなるので，当該地点に立地する各工場の生産量はより少なくなり，当該地点での総生産量は最適水準より大きくなる。

したがって，より高い集積経済を生み出せる地点では，その最適な状態と比較して，工場数はより多く，各工場の生産量はより少なく，当該地点での総生産量はより大きくなるという様態の集積地が形成される。

3) 集積構成の変換機構

これまでの考察では，原材料が加工され出荷される製品までの生産過程は一連の生産工程でなされるものと想定して考察を進めきた。その関係は図ⅢB-10Aのように示される。図ⅢB-10Aは次のような状態を示している。ある地点に3つの工場A，B，Cが併存して集積経済を等しく享受している。各工場はそれぞれ4つの工程をもって生産活動を行なっている。各生産工程は固有の特徴を有し，それらは以下のようであるとされる。生産工程Ⅰは大量の原料を加工し中間財の材料生産を担当する生産工程で大型装置や建屋を使用する工程である。生産工程Ⅱは材料から部品製造をする工程であり，単純労働力を大量に使用する労働集約的工程である。生産工程Ⅲは中間財を変形加工する工程で，電力などのエネルギーを大量に消費する工程である。生産工程Ⅳは最終製品に仕上げる工程であり，専門的熟練労働を多く用い，試作品製造なども担当することから幅広い市場情報の入手などが重要となる工程である。

物流および情報通信の組織が発達していない段階において，各工場が集積し，またそれぞれ4つの固有の特徴を有する工程を1つの生産施設内で機能させることは生産効率において合理的であると考えられる。しかし，一定の期間

が経て,各工場間において集積経済に対する姿勢が一致し始めると,各経営はその生産組織の運営を変更することになる。すなわち大型装置を利用する第Ⅰ工程を分離し,新工場Dに担当させ,大規模化経済を十分に享受し,低費用で中間財を入手することになる。このような方向により費用を低下させることになれば,図ⅢB-10Bで示されるように各工場は各生産工程に専門化することでさらなる集積経済を享受し,製品生産費用を低下させることなる。ここでの例では工場Aは第Ⅱ工程,以下,Bは第Ⅲ工程,Cは第Ⅳ工程を専門的に担当することになる。これは水平的な生産の分業と言えるものである。

　さらに,これらの4つの工場はそれぞれの生産工場を分割することにより,

図ⅢB-10A　集積構成と4生産工程

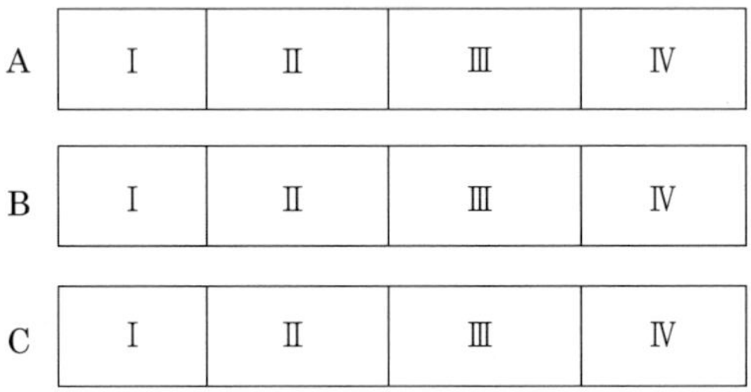

A	Ⅰ	Ⅱ	Ⅲ	Ⅳ
B	Ⅰ	Ⅱ	Ⅲ	Ⅳ
C	Ⅰ	Ⅱ	Ⅲ	Ⅳ

図ⅢB-10B　生産工程の再編成と集積構成の変化

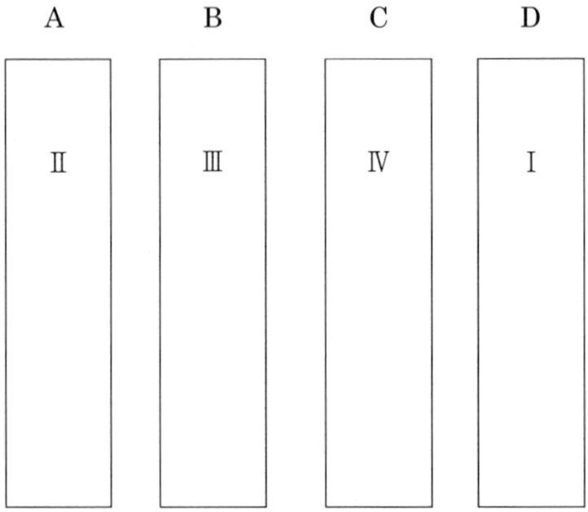

| A | B | C | D |
| Ⅱ | Ⅲ | Ⅳ | Ⅰ |

外部経済という様式で集積経済を享受できるとすれば,集積経済の最大限の享

受を目指して，その工程を最適な数にまで分割することになる。これは垂直的な生産工程の細分化と言えるものである。最初に生成された集積がそのままの体制で継続することはなく，生産に水平的分業そして生産工程に垂直的細分化が生じて集積内容に質的変更が生じ，その構成も変わって行くことになる[6]。以下では垂直的な生産工程の細分化について検討することにしたい。

4) 集積構成の再編成後における工場数とその生産量

第1小節と同じ考察枠組を用いながら各生産工程における内部経済と外部経済の作用とそれらを最大化する各工場の最適工場数，その最適生産量を導出しよう。工場Aは第Ⅱ工程を担当し，この工程は第Ⅰ工程で製造された材料から部品製造し，単純労働力を大量に使用する労働集約的生産の特徴を有する。この工程では内部経済は低いが，工場の外部に組織されている多くの小工場網に製造を委託することにより外部経済は比較的大きいと想定する。この想定の下では生産工程Ⅱにおける内部，外部経済は図ⅢB-11Aのように示される。

工場Aが享受できる集積経済の最大化を目指して，その工場を分割するとすれば，その工場数と集積経済全体A_Tの関係は図ⅢB-11Bのように表すことができる。そこで，以下のように内部・外部経済を表す(25)，(26)式の定数を仮定することにする。$a=2$，$b=8$，$α=0.95$，$β=18$，$C=4$，$D=20$。この場合，集積経済を最大にする工場数N_Aは多くなり4.73，各工場における生産量は少なく2となり，第2生産工程で生産される総量は9.46となる[7]。

次に工場Bは工程Ⅲを担当し，それは中間財を加工する工程で，電力などを大量に消費する特徴を有する。ここでは(25)，(26)式の定数を以下のように仮定する。$a=1$，$b=10$，$α=3.5$，$β=60$，$C=1.5$，$D=120$。このような場合においては，工場Bの最適工場数は少なく1.71，各工場の生産量は多くなり5となる。

続いて工場Cは生産工程Ⅳを担当し，この工程は最終工程であり製品に仕上げるものである。ここでは専門的熟練労働を多く用い，また試作品製造なども担当すると想定され市場に関する情報の入手などの関係から情報通信網が重

要である。定数は $a=1$, $b=4.5$, $\alpha=5$, $\beta=65$, $C=1.5$, $D=150$ と仮定される。このような場合には，工場Cの集積経済を最大化する最適工場数は比較的多くなり2.89，各工場の生産量は比較的少なく2.25となる。

最後に新しい工場Dは生産工程Iを担当し，この工程は内部経済が大きく，外部経済としては輸送関係の社会的基盤を必要とすると想定される。ここでは各定数は $a=12$, $b=100$, $\alpha=10$, $\beta=130$, $C=100$, $D=240$ と仮定される。そして最適工場数は最も少なく1.56，工場の生産量は最も多くなり4.17と導出される。図ⅢB-12は生産工程Iにおける工場数 N_D と集積経済全体の関係を示している。図ⅢB-11Bと図ⅢB-12の比較から工程Iで享受できる集積経済は工程Ⅱよりかなり大きいことも示される。

図ⅢB-11A　生産工程Ⅱにおける内部および外部経済

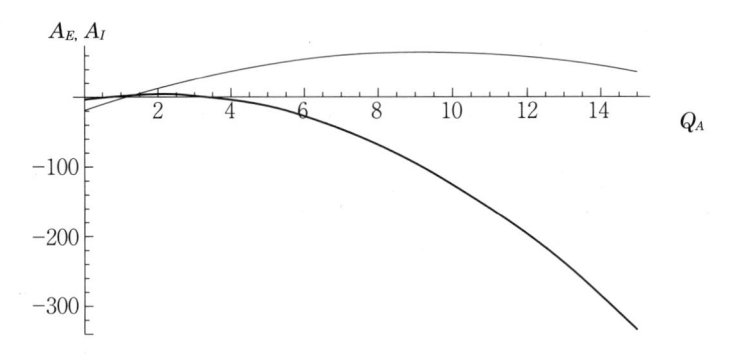

図ⅢB-11B　生産工程Ⅱにおける工場数と集積経済

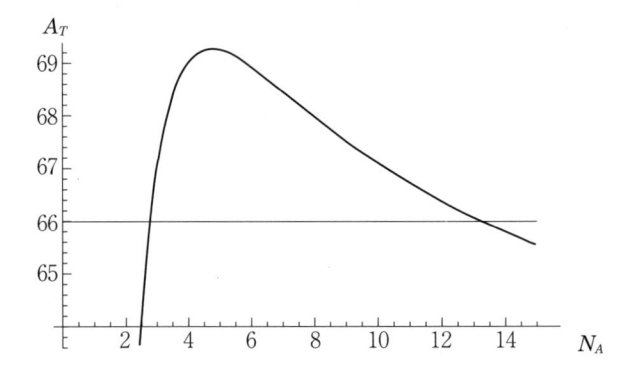

図ⅢB-12　生産工程Ⅰにおける工場数と集積経済

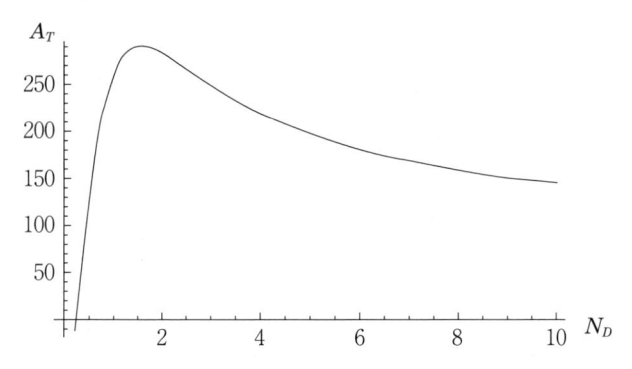

整理すれば以下のようになる。生産工程Ⅱは，中・小型機械を利用し多くの労働力を用いるため内部経済は低い。また外部委託がし易い生産組織を必要とするため外部経済の享受が不可欠で大きな役割を果たすことになる。この工程を担当する工場Aの工場数は最も多くなり，各工場の生産量は最も少なくなる。逆に生産工程Ⅰは大型装置を必要とし内部経済の働きが高い。また，重量のある原料を扱うため輸送関係の社会的基盤を必要とする。この生産工程Ⅰを担当する工場Dの工場数は少なく大規模工場で大量生産をすることになる。生産工程Ⅲも大量のエネルギーを必要とするので，生産工程Ⅰと類似の性質を有し，工場Bの工場数と生産量も工場Dに近いものとなる。生産工程Ⅳの作業内容は他の工程とはかなり異なるが，内部および外部経済の享受の面では工程Ⅱに近い性質を有すると考えられ，工場Cの工場数とその生産量は工場Aに類似してくることになる。工場数について再述すれば，生産工程Ⅰは1.56，工程Ⅱは4.74，工程Ⅲは1.71，工程Ⅳでは2.89となる。工場の総数は10.9であり，生産工程の再編前と比較すればほぼ3倍になる。

また次のような可能性についても考慮する必要がある。すなわち，当該地点以外に類似の集積が多数形成されているとしよう。そして生産工程Ⅱのような生産に関して，それらの集積地は66という集積経済を提供すると仮定する。この場合，それらの工場は66の集積経済を享受するまで，当該地点の集積に移動することになる。ここでの例での工場数は図ⅢB-11Bの2つの線の交点で示

され，その数は4.74から13.25へ増加することになる。工場の移転費用を勘案すると他地点での集積からの参入経営は多少減少することになるが，ここで想定される場合には最適な工場数はより多くの工場になり，各工場の生産量は最適水準より減少することになる。

5) 生産工程の細分化による集積体系の再編成
(1) 生産工程の分割による集積の拡充と不安定化

上記での考察において示されたように，ある財のいくつかの工場は集積経済の享受による生産費用の低下を目指し，1つの地点に併存する傾向を持つ。次いで，集積形成の後，工場はより高い集積経済の享受を目指し，生産工程の専門化を図り各工場は特定の生産工程を担当し，また特定の工程を担う新たな工場を生み出すことになる。このような集積の生産構成の再編成によって，より多くの集積経済の享受を指向して，工場数は再編成前より増加する。工場数が多いほど工場当たりの生産量は少ないが，集積地での総生産量は増加することになる。当該地点における工場数の増加，総生産量の上昇は集積を種々の面において拡充させることになる。さらに生活・生産に関する社会的基盤が整備されれば，新たな工場を牽引して当該地における集積をより強固なものにする。

しかしながら，集積の生産構成の上記のような再編成は，生産組織の内容にさらなる変化を生み出し，既存集積を不安定化させると考えられる。すなわち集積経済をより多く享受するため，生産工程を多くの小工場に分割し，各小工場の生産量を少なくすることは，次のような質的変化を小工場で引き起こすことになる。

分割された生産工程を担う小工場での作業内容は単純化，簡単化され，わずかな期間での訓練や準備により当該の生産活動に従事できることになる。仕事内容の単純化は低廉な賃金率で雇用できる未熟練労働力の利用が大規模に進められ，用いられる機械類も単純化されその使用が大いに促進されることになる。これらの進展により工場の生産費は大きく削減されることになる。これらの小工場はより低い賃金率を提供できる地点へ容易に移動する可能性をもつこ

とになる。すなわち，生産内容が単純化されるので，当該工場は特別な技術を必要としない。したがって工場は特別の優位性を有する地点を探査することなく，低賃金を主眼として広範囲の地域に移動できる可能性が生じることになる。生産工程の分割化は，当該地点での集積が固有に有している技術的特性という牽引力からいくつかの業種のいくつかの小工場を容易に開放させる可能性を与えることになる。また小型化，軽量化されている工場は容易に移転可能となる。

　このようにして生み出される工場移転の容易さは交通機関，金融機関の整備，そして情報通信技術の発達によりさらに高められる。すなわち，生産工程がいくつかの小工場に分割されると，それらの各工場は物流網，金融網，情報通信網で結びつけられねばならない。これらの役割を担う統括・管理機能，そしてそれらを支える支援機能は当該集積地において発達する。細分化された小工場は当該集積地に発展するこれらの統括・管理機能を利用して，当該地点の集積から乖離して，より生産費用を削減できる地点へ容易に移動できることになる。集積により生み出された高度な統括・管理とその支援機能は工場の空間的移動性を高め集積の生産構成を不安定化させる要因となるのである。

　例えば，当該集積地以外のいくつかの地点が低賃金率，あるいは高賃金率であっても高生産効率性，さらに税制，補助金などで何らかの有利性を提供すれば，小型化，軽量化された工場は容易に当該集積地から離れられ低廉な費用で担当する財を生産し，低廉な輸送費用で既存の集積地に形成されている製造過程網に乗せられることになる。工場として，その一部の工程が当該集積地から地理的に乖離しても生産活動を円滑に運営できることになる。もちろん当該集積地点に蓄積され空間的移動ができない集積経済を利用する生産工程はその立地を容易に移動させることはない。しかし，いくつかの生産工程のいくつかの工場が当該集積地から空間的に乖離することは可能となり，集積地での生産体制を改変し集積構成の在り方を再編成することになる。

　したがって次のように言えるであろう。工場が集積経済の最大限の享受を指向して行けば，生産工程の分割が進む。生産工程の分割，そして細分化は生産

における質的変化を引き起こし，既存の集積を形成しているいくつかの工場の移動を可能にする。集積により発展してきた統括・管理機能とその支援機能は既存集積地からの工場移転を促進して既存の生産組織を不安定化させ，集積を再編させる要因になる。それゆえ集積の進展は集積を改変させる要因を内包していると考えられる。

(2) 生産工程の集積地からの乖離と集積体系の再編成

ここまでは集積経済のみに焦点を当て，それが集積を構成する生産工程にどのような変化を生み出すかを中心に分析してきた。本小節においては，集積経済自体は分析の背後に置かれ，集積経済による生産工程の立地に対する直接的な影響は捨象される。ここでの分析では生産工程の生産関数が生産工程の立地の分析において中心となる。これは以下の理由によるものである。

すなわち，細分された生産工程は集積地に固定しておかれる必要性はかなり減じられている。統括・管理機能とその支援機能の働きにより，ある種の生産工程は空間的に集積地からかなりの距離で乖離できることになっている。上記の考察において中心的役割を果たした集積経済の牽引力，すなわち生産工程を空間的に集積地に牽引しておく力は衰退していると想定する。言い換えれば，統括・管理機能の拡充は生産工程を既存集積地から空間的に開放し，集積体系を再編成させる推進力の源泉ということになる。このような状況下では生産工程の立地は，各生産工程における生産活動の性格により大きく依存することになると考えられる。

さて，上記の考察に基づけば生産工程IIとIVでは工程分割が生じ易いことになり，分割された工程は統括・管理機能の利用により，これらの工程は既存集積から乖離できる可能性を持つことになる。そこで生産工程IIを想定し，その細分化と細分された工程の既存集積地からの乖離と新たな立地点を分析する。

(3) 分析枠組および生産経営の利潤関数の導出

本節の分析枠組と仮定は以下のようである。前述の生産工程IIを担当する生産経営Bの製品は(33)式で与えられる生産関数にしたがって生産される。すなわち，2種類の労働者L_1とL_2と前述の工場Dにより製造される原材料Q_I

によって，生産量 Q_{II} が生産される。

$$Q_{II}=AQ_I^{\phi}L_1^{\alpha}L_2^{\beta} \tag{33}$$

ただし，A, α, β, ϕ は正のパラメータであり，$0<(\alpha+\beta)\leq 1$ である。L_1, L_2 はそれぞれ異なる性格を有する労働者の人数である。以下では考察の簡単化のために原材料 Q_I は常に1単位のみが用いられると仮定する。

いま，集積地においての生産経営Bの製品価格を p_B，そして性格は異なるが労働者 L_1 と L_2 の賃金率はともに w，さらに工場の固定費用と原料 Q_I の仕入費用を一括でき，それを F_B で表せば，生産経営Bの利潤 Y_B は(34)式で表されることになる。

$$\begin{aligned}Y_B=&p_B Q_{II}-w(Q_{II}/A)^{1/(\alpha+\beta)}(((\alpha/\beta)^{\beta})^{1/(\alpha+\beta)}\\&+((\beta/\alpha)^{\alpha})^{1/(\alpha+\beta)})-F_B\end{aligned} \tag{34}$$

(34)式は生産工程が細分化しない場合における生産経営の利潤を示している。

次に生産工程が以下のように細分化される場合についてみよう。製品 Q_{II} は生産工程を労働者 L_1 が担当する前工程と，L_2 後が担当する後工程とに分割して製造することが可能であるとする。また，前工程と後工程の間において，生産される量に関して代替関係があるとする。すなわち，ある一定の量を生産する場合に，前工程においてより多く生産すれば，後工程では少ない生産ですむという関係がある。次に，細分化された生産工程が集積地から乖離し，他の地点に移動する場合には工程の生産性は変化し，その変化は，集積地における賃金率と他地点での賃金率の比率 R（$R=w_i/w$，ここで w_i は移転先の賃金率である）に依存すると仮定する。すなわち賃金率の高い地点では生産性も高いと想定する。その場合における生産関数は(35)式のように表される。

$$Q_{II}=((1/v)(AR^{\varphi})^{\gamma}L_1^{\alpha})(v(AR^{\varphi})^{(1-\gamma)}L_2^{\beta}) \tag{35}$$

ただし v, γ そして ϕ は正の定数であり，$0<\gamma<1$ である。

ここでは前工程が集積地から乖離，立地移転する可能性があると想定する。

この場合，前工程の生産量Q_{III}は(35)式の前半部である次式で示されることになる。

$$Q_{III}=((1/v)(AR^{\varphi})^{\tau}L_1^{\alpha})\tag{36}$$

工場Bの2つの生産工程は現在既存の集積地にあり，その地点は図ⅢB-13のZ_0で示されるとしよう。次に，生産工程Ⅱの前工程が既存の集積地から乖離し移転する場合，その移転候補地は図ⅢB-29の点Z_1とZ_2で示される2地点であり，各地点とZ_0との距離はそれぞれUである。

図ⅢB-13 既存集積地と立地移転の候補地

$$\begin{array}{ccc}\square & \bullet & \circ \\ Z_1 & Z_0 & Z_2\end{array}$$

また各立地候補地における賃金率は$w_i(i=1, 2)$で示される。したがって各地点における財の製造に関する生産性は$(w_i/w, i=1, 2)$により定まることになる。また生産工程が2つに細分化される場合の固定費用は以下のように変化する。

$$F_B=R^{\sigma}\delta F_B+(1-\delta)F_B\tag{37}$$

ただしσとδはパラメータであり，$0<\delta<1$, $0<\sigma<1$と仮定され，固定費用はRにも1部依存すると仮定され，上式の前半部が前工程の固定費用を示す。

次に前工程が集積から離れた地点に移動する場合その輸送費が発生する。その輸送費用Tiは(38)式で示される。

$$Ti=((1/R)^{\tau}t_d)U(Q_{II}/v)(AR^{\varphi})^{\tau-1}L_2^{-\beta}\tag{38}$$

$((1/R)^{\tau}t_d)$は運賃率を示し，これもRに依存すると想定される。輸送費全体は労働者数L_bの関数で示されることになる。τは正のパラメータである。

したがって，生産経営Bの生産工程Ⅱが細分化され分離される場合における利潤Y_{BF}は(39)式で示されることになる。

$$Y_{BF} = p_{II}Q_{II} - w_1(Q_{II}/(AR^{\varphi}L_2{}^{\beta}))^{1/\alpha} - w(Q_{II}/(AR^{\varphi}L_1{}^{\alpha}))^{1/\beta}$$
$$- (1/R)^{\tau}t_d U((Q_{II}/v)(AR^{\varphi})^{\gamma-1}L_2{}^{-\beta})$$
$$- R^{\sigma}\delta F_B - (1-\delta)F_B \tag{39}$$

以下では分析の簡単化のために生産経営Bの生産量 Q_{II} とその価格 p_{II} は一定とする。したがって，生産経営Bは生産費用を削減することにより，その利潤を増加させることができる。このような想定の下で，細分化された生産工程の立地移転に関する分析を行なうことにする。

(4) 細分化された生産工程の立地決定

いま，生産経営Bの生産すべき量 Q_{II} は150で一定であり所与とする。またその製品の価格 p_B は12.25であり，利潤 Y_{BF} は575.0であるとする[8]。そして，まだ生産工程は分離されていないと想定する。このような想定の下で生産経営Bが前工程を地点 Z_1 あるいは Z_2 へ移転させる計画を立てるとしよう。各地点に移転する場合に生産経営Bの利潤を最大にする労働者数 L_1 と L_2 を求めよう。

この場合，生産経営Bの利潤に関するラグランジュ方程式 $\overline{Y}_{BF}$ は(40)式のようになる。

$$\overline{Y}_{BF} = Y_{BF} - \mu(150.0 - AR^{\phi}L_1{}^{\alpha}L_2{}^{\beta}) \tag{40}$$

(40)式から次の(41a, b, c)の3式を L_1, L_2, そして μ に関して解けば，最適な労働者 L_1 と L_2 を導出することができる。

$$d\overline{Y}_{BF}/dL_a = (\alpha/\beta)w_1(Q/(AR^{\phi}L^{\alpha}{}_1)^{(1/\beta-1)}L_2{}^{-(1+\alpha)} - \alpha\mu AR^{\phi}L_1{}^{\alpha-1}L_2{}^{\beta} = 0$$
$$(i=1,\ 2) \tag{41a}$$
$$d\overline{Y}_{BF}/dL_b = (\beta/\alpha)w(Q/AR^{\phi}L^{\beta}{}_2)^{(1/\alpha-1)}L_2{}^{-(1+\beta)} + (1/R)^{\tau}t_dU(Q(AR^{\phi})^{(\gamma-1)})$$
$$(\beta/v)L_2{}^{-(1+\beta)} - \beta\mu AR^{\varphi}L_1{}^{\alpha}L_2{}^{\beta-1} = 0 \tag{41b}$$
$$d\overline{Y}_{BF}/d\mu = 150.0 - AR^{\varphi}L_1{}^{\alpha}L_2{}^{\beta} = 0 \tag{41c}$$

具体的に上記3式を解くために以下のように各パラメータの値を仮定する。

$A=10$, $w=5$, $w_1=8$, $w_2=12$, $F_B=150$, $\alpha=0.3$, $\beta=0.45$, $\phi=0.7$, $D=10$, $t_d=1$, $\nu=4$, $\gamma=0.75$, $\tau=0.75$, $\sigma=0.8$。$\delta=0.5$。このような想定の下で導出された各労働者数を利用して，地点Z_1で得られる利潤が575を上回れば，生産経営Bはその前工程を地点Z_1あるいはZ_2へ移転でき，利潤増加額がより多い地点に移転することになる。

上記の連立方程式を解いて地点Z_1とZ_2における最適な各労働者数を導出しよう。地点Z_1においては$L_1=23.37$，$L_2=24.26$と導出でき，Z_2においては$L_1=10.78$，$L_2=21.15$と導出することができる。そして，地点Z_1において利潤Y_{BF}は1313.3となり，地点Z_2で利潤Y_{BF}は1350.7となる。したがって，ここでの想定の下では工場は前工程を，低賃金率で低生産性の地点ではなく，高賃金率で高生産性の地点Z_2へ移転させることになる。

このようしていくつかの生産工程が集積から乖離し立地移転が実行されて行けば，既存集積の構成内容が不安定化することになり，さらに集積の生産組織および集積地体系の再生成が始まることになる[9]。

(5) 生産工程の細分化による集積地体系の再編成

既存のある産業の集積地から，生産工程Ⅱの細分化された工程が分離され移転する場合，その移転地は当該工程を引き付ける何らかの要因があると考えられる。その要因に引かれて，類似の生産工程がさらに当該地点に牽引されてくる可能性がある。これが実現，進展されてくるにつれ移転先の地点に地域化の経済が作用し始め，新たな集積地が形成されることになる。この集積は細分化された生産工程の性格と類似の生産活動で構成され，この生産工程により生産される製品を移転以前よりかなり低い生産費用で生産し，既存集積地へその製品を移出することになる。

いくつかの生産工程においてこのような立地移転がなされてくるにしたがい，工場の生産組織，その空間的生産組織体制は以下のようになると考えられる。すなわち，細分化された各生産工程はその性格にしたがってより生産に適した性格を有する移転先を見つけ，それぞれ広範な地域に分散する。その各分散地点では地域化の経済の享受を目的として集積が形成させる。それぞれ異な

る性格を有する集積地が広範な地域において形成され，各集積は，既存の集積地に立地する統括・管理機能とその支援機能により連結され，1つの生産組織網を形成することになる。地域的にかなり分散する各集積地はそれぞれ固有の性格を顕著に表し特徴ある生産地点なる。そしてそれらの地点は孤立しているわけではなく，統括・管理機能を中心として，物流，金融，情報網により連結されることになる。既存の集積地体系はこのようにして再編成され，生産組織体系が高度化して行くと考えられる。

5．独占的競争下における生産経営の生産量と経営数

本節においては工場の立地問題から離れて，独占的競争下で工場の数に関して微視的経済学，例えば，Dluhosch (2000) に基づいて検討してみよう。

1) 工場の生産量について

ある地域Aにおいて，消費財 x_i を生産する生産経営があり，その利潤 Y_i は次式で与えられものとする。

$$Y_i = (p_i - w)x_i - F \tag{42}$$

w, F はそれぞれ限界費用と固定費用である。この地域において類似の財を生産する工場は多数存在し，財の市場は独占的競争状態にある。そのため価格 p_i は工場が利潤最大化するように設定できるが，その利潤はゼロとなる独占的競争状態となっている。この状態においては価格次式で示される。

$$p_i = (e/(e+1))w \tag{43}$$

前章12節から価格の需要弾力性 e は $1/(\sigma-1)$ であるので，財の価格は(44)式でも示される。

$$p_i = (1/\sigma)w \tag{44}$$

上記のように財の市場は独占的競争状態にあるので，その均衡においては生産経営の利潤はゼロになる，すなわち，$Y_i=0$になる。この生産経営の利潤がゼロになるという条件から経営の生産量 x_i は次式により導出できることになる。

$$x_i = F\sigma/(w(1-\sigma)) \tag{45}$$

上記の(44)，(45)式から次のように言える。すなわち，係数 σ の値が増せば，財の価格は低下し工場の生産量は増加することになる。

2) 工場数に対する市場競争激化の作用

以下のように仮定を拡大しよう。すなわち，財市場が図ⅢB-14に示されるように，周辺の B, C, D の3か国に拡大し，これら3国では当該財の工場は存在せず，その財に対する好みも相違するものとする。このような市場拡大が工場の数に与える影響を検討しよう。

図ⅢB-14　外国市場への財の販売

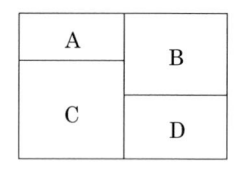

A	B
C	D

当該の消費財全体の需要と供給が一致する均衡において，各工場が生産する各消費財 $x_i(i=1, 2, ...n)$ をすべて x で表示すれば，次の(46)式が成立することになる。

$$nx = D \tag{46}$$

ただし，D は消費財群に対する需要量であり，$D=f(P, Y)$ で示される。すなわち，需要量は，消費財の価格指標 P と4つの国の消費者全体の所得 Y の関数である。(46)式から工場の数 n は(47)式で表される。

$$n = D/x \tag{47}$$

(45)式から，工場数は(48)式で再示されることになる。

$$n = Dw(1-\sigma)/F\sigma \qquad (48)$$

工場数に対して係数 σ がどのような作用をするかは次式の符号を調べれば明らかになる。

$$\partial n/\partial \sigma = (-Dw - w(1-\sigma)ED)/F\sigma^2 \qquad (49)$$

ただし，E は4つの国全体での当該消費財群全体 X に対する価格の弾力性であり，$E = dD/dP \cdot P/D$ で示される。$\partial n/\partial \sigma$ の符号は(50)式による。

$$-1 - (1-\sigma)E \qquad (50)$$

(50)式は以下のように再示される。

$$1/(\sigma-1) - E \qquad (50a)$$
$$e - E \qquad (50b)$$

したがって，$\partial n/\partial \sigma$ の符号は各弾力性 e と E の関係によることになる。弾力性が $E > e$ であれば σ の増加により工場数は増加することになり，また $E < e$ であれば工場数は減少することになる。

次に4つの国における所得 Y の変化の影響に関してみよう。その作用は次式で示される。

$$\partial n/\partial Y = (w(1-\sigma)/F\sigma) \cdot dD/dY \cdot Y/D \cdot D/Y - (wD/F\sigma^2) \cdot$$
$$d\sigma/dY - (w(1-\sigma)/F\sigma^2) \cdot E \cdot d\sigma/dY \qquad (51a)$$

この式は(51b)式のように再示される。

$$\partial n/\partial Y = D\sigma \, \Phi \, w(1-\sigma)/YF\sigma^2 -$$
$$Y(wD(1+(1-\sigma)E))(d\sigma/dY)/F\sigma^2 \qquad (51b)$$

ただし，$\Phi = dD/dY \cdot Y/D$ であり，需要の所得弾力性である。$\Phi > 0$ で正で

ある。(51b)式は(52)式のように示される。

$$\partial n/\partial Y = (wD\sigma/YF\sigma^2) \cdot ((1-\sigma)\Phi - (1+((1-\sigma)E)\theta)) \quad (52)$$

ただし，$\theta = d\sigma/dY \cdot Y/\sigma$ であり，σ の所得弾力性である。ここでは $\theta < 0$ と仮定する。$\partial n/\partial Y$ の符号は(53)式によることになる。

$$(1-\sigma)\Phi - (1+((1-\sigma)E)\theta \quad (53)$$

(53)式の符号は(54)式によることになる。

$$\Phi + (e-E)\theta \quad (54)$$

(54)式の符号は e, E, Φ, θ の値に依存することになる。そこで，$\sigma = 0.5$，$(e-E)$ の値を1.2，$\theta = -1$ と想定し，$\partial n/\partial Y$ の符号と Φ の関係をみると図ⅢB-15のように示される。

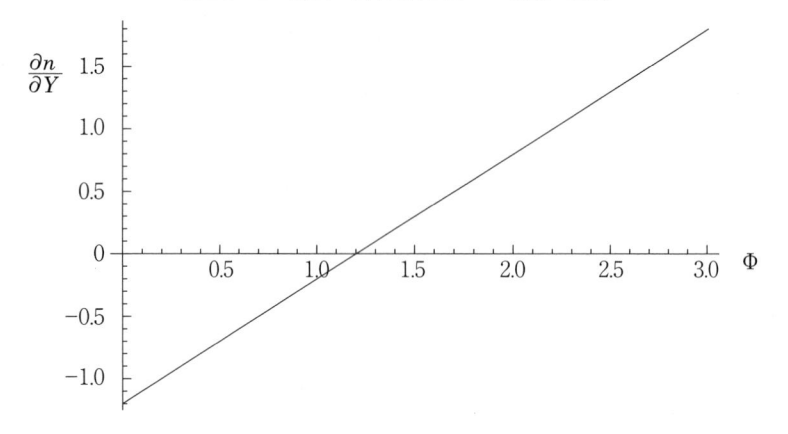

図ⅢB-15　需要の所得弾力性と工場数の変化

図ⅢB-15から需要の所得弾力性が高い場合には，工場数は増加する。しかしながら，その弾力性が低い場合には工場数は減少することが示される。(53)式の符号は e, E, Φ, θ の値とその関係に依存することに注意しなければならないが，経済社会が進展し当該財に対する需要もある程度満たされてくるに

つれ，当該財を生産する経営の数は所得の増加で低下に向かう場合があると推察される。

6．経済空間組織を変革する要因について

前章で示されたように，経済社会が進展するにつれて運賃率が低下すれば中規模小売店の市場地域の広さは拡大する。これにより中規模小売店間に生き残り競争が生じてくる。一般的にはいくつかの中都市の中規模小売店は市場から退出せねばならない。これによりいくつかの中都市の商業機能は低下し，当該都市全体が衰退する危機にさらされることになる。このような衰退が現実のものになれば，大，中，小都市により構成されている都市体系は中規模都市の衰退により，大，小都市の2種類で構成されるように変貌すると考えられる。運賃率の低下に関連して関税の引き下げ，規制緩和，物流組織の改善などは上記のような変化を引き起こすとともにそれを促進する要因として考えられる。

経済社会が進展しある財に対する需要が十分に満たされ，所得の需要弾力性がかなり低下する状態になれば，当該財を生産する経営の数は低下傾向を示す場合が生じてくる。多く存在した工場が淘汰される段階に入ることになる。かつてのように工場は大きな需要を賄うために生産工程を分け，生産性を上昇させるという目的ではなく，成熟した経済社会の段階においては，生き残りのために工場が競争者との価格競争，そのための費用削減競争に向けて生産工程を細分化させる。これにより生産空間が大きく変貌することになる。すなわち既存の工業地域では工程の細分化により生産組織が分裂・不安定化する。そして細分化した生産工程は地理的にも既存工業都市から乖離し始める。工程の細分化は生産工程を既存の工業地域から広く地域的に分散させることになる。経済活動の広域化によって引き起こされる工場間の広域的競争の激化は経済空間に大きな影響を与える1つの大きな要因になる。

大都市は種々の統括・管理機能を引き付け，結果的に大きな労働市場と消費財市場になり新たな産業を牽引することで現状維持あるいはより大きくなる。

工業地域の中都市は細分化された工場を流出させるのみで生産面でも衰退の危機にさらされる。細分された工程を受け入れる小都市，また地方の都市は当該生産産業で特徴づけられることなる。生産面でも商業活動と同じく中規模都市の衰退により，都市体系は大・中都市の2種類の都市で形成されることになる。

経済社会活動の範囲が地理的に狭く，その活動が隆盛している時代に形成された経済空間は，経済活動の広域化および消費活動の成熟化などにより引き起こされる小売および生産分野における既存経営間の生き残り競争を通して，変貌する。経済空間は大きく多様性に富む少数の大都市，そして小さく単調な多くの都市で形成されるものとなる。

このような2極化した経済空間は生産および消費活動の効率性という面では優れているように思われる。しかしながら，広く社会経済的な視座からすればこのような経済空間が優れているとは限らない。都市体系は大・小都市のみではなく，中都市が何らかの理由により復活し，大・中・小の3つの規模の都市により構成される方が望ましい可能性もある。これは今後の重要な考察課題と言えるものである。

1) 導出された値が最小であることは，いわゆる第2次条件の正負を調べなければならないが正であることが確認される。石川―金田（1984）を参照。
2) ここで示す方法は基本的には関係する地点が本文で示されるように3点の場合である。地点数が増加する場合，あるいは3地点でも内角が120度をこえる形に地点が位置する場合にはここでの手法は用いられない。
3) ここでの考察には Sakashita（1967）の精緻な分析が大いに参考になる。
4) Puu（1998）による手法は Ishikawa（2009）により応用され，経営者の立地決定と小売ネットワークおよび都市体系との関連が考察されている。
5) Weber は集積の経済を大規模化および地域化の経済に区分し，後者を中心に生産費用面から精緻な分析を行なっていると言える。
6) このような生産工程の変化に関する実証的な考察として Lazonick（1986）によるイギリスの綿工業の精緻な分析は大変興味深い。

7) ここでは需要面は分析から捨象されているが，当該地点の需要量を超える量は移出すると仮定される。
8) これらの数値は計算作業を簡単化するために与えられた数値である。
9) 輸送距離，輸送費そして集積との関係に関する最近の分析において，Duranton-Storper（2008）の分析は大変興味深い。

Ⅳ 生活と生産空間の連結

　消費・販売活動と生産活動は相互に関連しており，それらの立地も相互依存関係にある。これまでの考察ではこれらの立地を個別に取り扱ってきたが，本章では消費・販売活動と生産活動を連結させて立地分析を展開して行くことにする。具体的には次の考察を行なう。生産経営が製造した財を小売経営へ供給する関係を考察の中に明示的に取り入れることから生じる両経営間の関係についての分析，小売経営の立地から形成される都市体系に対して生産経営の工場立地が与える影響，次いで都市体系の在り方とその経済的効率性および健全性の関係ついての考察である。

A　小売経営と生産経営の立地的相互依存

　消費・販売活動と生産活動の立地の相互依存関係を平面空間において整合的に取り扱うことは困難である。そこで本節ではその関係をより簡潔に表せる円周空間を想定して分析を展開する。

1．生産経営による小売経営への介入と立地的影響

　生産経営と小売経営間にはさまざまな興味深い経済的関係が介在している，その1つに生産経営による小売経営への介入，すなわち小売経営への制約ある

いは条件付けがある。生産経営が独占の立場にある場合には小売経営に対して種々影響を及ぼし小売市場に介入することが可能である。介入手段には，再販価格維持制，上限あるいは下限価格の設定，小売量の制限，テリトリー制，フランチャイズ制などがある[1]。

本節では生産経営と小売経営および消費者の間に空間的距離を想定し，各経済主体間の関係，具体的には生産経営による小売経営への介入についていわゆる円周モデルを用いて分析する。

1) 基本的仮定

ここでの基本的仮定は以下のようである。図ⅣA-1で示される半径 U の円周上に消費者が密度1で均等に居住する。各消費者は財の引渡価格が最も低くなる経営から財を購入する。小売経営はこの円周上に立地し生産経営から財を仕入れ利潤を最大化する店頭渡価格で消費者に財を販売する。生産経営は円の中心点Oに立地し財の生産を独占して行う。

各消費者はこれまでの考察と同じ線形の需要関数を有しているが，本節では(1)式で示される。

$$q = a - p - t\theta U \tag{1}$$

ただし，$t\theta U$ は消費者から小売経営までの輸送費であり，t は運賃率，θU はその距離を表す。θ は消費者（例えば，図ⅣA-1の点 C_1）と中心点Oを結ぶ線が小売経営と点Oを結ぶ線が作る角度である。

小売経営の利潤 Y_r は(2)式で示される。

$$Y_r = (p_r - p_m - C_r)Q - F_r \tag{2}$$

ただし p_r は小売経営の店頭渡価格，p_m は生産経営の工場渡価格である。C_r, F_r は小売経営の限界費用と固定費用を示す。Q は財の販売量であり(3)式で表される。

図Ⅳ A-1　円周上の消費者および小売経営と中心点における生産経営

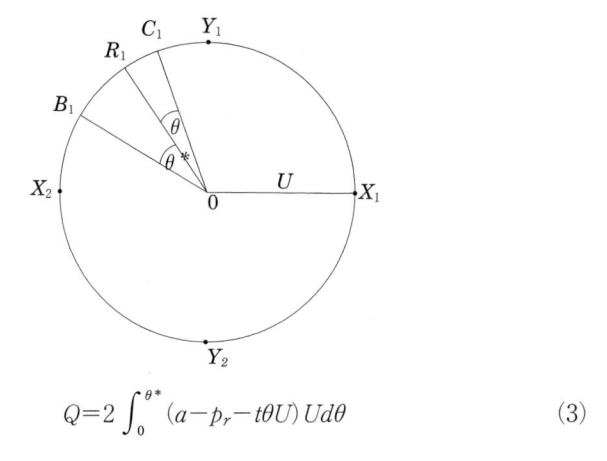

$$Q = 2\int_0^{\theta^*}(a - p_r - t\theta U)U d\theta \tag{3}$$

ただし θ^* は小売経営と中心点 0 を結ぶ線が小売経営の市場地域の端点（図Ⅳ A-1 の点 B_1）とを結ぶ線が作る角度である。したがって $\theta^* U$ は小売経営からその市場地域の端点までの距離を表すことになる。生産経営の利潤 Y_m は次式で表される。

$$Y_m = (p_m - t_A U - C_m)nQ - F_m \tag{4}$$

C_m, F_m は生産経営の限界費用と固定費用をそれぞれ示す。生産と小売経営間の財の輸送は生産経営が行い輸送費は生産経営が負担する。t_A はこの輸送における運賃率を示す。その輸送において規模の経済が働き $t_A < t$ とする。n は小売経営の数を示し(5)式で表される。

$$n = 2\pi U / 2\theta^* U \tag{5}$$

2) 空間的自由参入均衡における工場渡価格と生産経営の利潤

本小節では生産経営が利潤最大化の価格付けを行うのみで，小売経営に制限を加えず，小売市場に空間的自由参入均衡が成立すると想定しよう。この場合，生産経は均衡により定められる財の販売量を所与として受け入れ，それに

より定まる利潤を享受する。ここで得られた結果は次に考察する生産経営による小売経営への介入の可能性を判断する基本的な資料として用いられる。

小売市場において成立する空間的自由参入均衡は無数あるが，前述の3つの代表的均衡，Lösch，Hotelling-Smithies そして Greenhut-Ohta 型均衡を取り上げる。そして，円周市場における各均衡における小売経営の店頭渡価格，販売量，経営数を導出する。これらの値から生産経営の利潤を求める。最後に各均衡から得られる数値を比較し生産経営が小売市場に介入しない場合において，生産経営そして消費者にとって望ましい均衡の型を示すことにする。

さて小売市場における空間的自由参入均衡の成立条件は次の2つである。(1)小売経営はその利潤を最大化するように価格付けを行う。(2)小売市場には小売経営の利潤がゼロになるまで新規の小売経営が参入する。第1の条件は(6a)式で示され，第2の条件は(6b)式で示される。

$$dY_r/dp_r = (2(a-p_r) - t\theta^* U)$$
$$+ (p_r - p_m - C_r)(-2\theta^* U$$
$$+ 2U(a - p_r - t\theta^* U)(d\theta^*/dp_r)) = 0 \quad (6a)$$
$$Y_r = (p_r - p_m - C_r)(2(a-p_r) - t\theta^* U)\theta^* U - F_r = 0 \quad (6b)$$

(6)式における $d\theta^*/dp_r$ は，小売経営が価格を1単位下げる時，その市場地域の長さを表す θ^* の変化量を示す。この値は，小売経営が価格を変化させる場合において隣接する競争者の価格 p_r' の対応の予測である価格の推測的変分に依存し，(7)式により定められる。

$$d\theta^*/dp_r = (dp_r'/dp_r - 1)/(2tU) \quad (7)$$

前述ように，dp_r'/dp_r の値が1ならば，Lösch 型競争形態を示す。また，この値が0，-1ならば Hotelling-Smithies 型と Greenhut-Ohta 型の競争形態をそれぞれ表すことになる。

生産経営の工場渡価格 p_m が小売経営に与えられるならば，空間的自由参入均衡における小売経営の価格 p_r と市場地域の広さを表す θ^* は，(6a)と(6b)式

の連立方程式を解くことにより導出される。この解法は数値計算によることになる。ここでは，各パラメータに次の数値を与えて，この連立方程式を解くことにする。$a=20$, $U=10$, $t=1$, $t_A=0.43$, $C_m=1$, $C_r=0.75$, $F_r=10$。$F=15$。次に，(6a)と(6b)式の工場渡価格 p_m に価格付けが可能な数値を代入し，連立方程式を解くことにより，各工場渡価格に対する空間的自由参入均衡値を導出する。この一連の作業を Lösch, Hotelling-Smithies, Greenhut-Ohta の均衡型に対して行うことになる。工場渡価格とそれに対応する空間的自由参入均衡値から各工場渡価格に対する生産経営の利潤を求めることができる。表IVA-1 は 3 つの代表的均衡解である Lösch, Hotelling-Smithies ($H-S$), Greenhut-Ohta ($G-O$) 型均衡における各工場渡価格に対する小売経営の店頭渡価格，販売量，お売経営数そして生産経営の利潤を示している。

表IVA-1 空間的自由参入均衡における工場渡価格と生産経営の利潤，小売経営の数，販売量

p_m	型	p_r	θ^*	n	nQ	Y_m
9	Lösch	14.8265	0.0194	161.9	318.96	1165.17
	$H-S$	10.7606	0.0552	56.9	563.19	2068.80
	$G-O$	10.4745	0.0754	41.9	574.80	2111.79
10	Lösch	15.3150	0.0240	130.9	286.96	1333.09
	$H-S$	11.8174	0.0594	52.9	495.46	2313.68
	$G-O$	11.5178	0.0806	39.0	507.63	2370.89
11	Lösch	15.7989	0.0305	103.0	254.39	1435.03
	$H-S$	12.8849	0.0649	48.4	426.67	2417.03
	$G-O$	12.5704	0.0871	36.0	439.44	2489.81
11.5	Lösch	16.0379	0.0348	90.2	238.00	1460.60
	$H-S$	13.4237	0.0683	46.0	391.74	2413.80
	$G-O$	13.1013	0.0912	34.5	404.82	2494.87
12	Lösch	16.2743	0.0403	78.0	221.44	1468.66
	$H-S$	13.9664	0.0725	43.3	356.33	2372.42
	$G-O$	13.6364	0.0959	32.8	369.72	2462.13

表IVA-1 から次のことが明らかになる。生産経営の利潤は Greenhut-Ohta

型の空間的自由参入均衡において，工場渡価格が11.5の時に2494.9となり最大になる。さらに Greenhut-Ohta 型均衡においては小売市場での財の販売量も他の均衡の型より多くなる。生産経営および消費者全体にとってこの型の均衡は最も望ましいことになる。Lösch 型均衡においては生産経営の利潤および財の販売量は最低になる。しかし小売市場に参入する小売経営の数を最大にする特徴をもつ。もし消費者が財の価格より小売経営までの時間の短さを重視するならば，この均衡は消費者にとって望ましいものになる。Hotelling-Smithies 型均衡は Lösch と Greenhut-Ohta 型均衡と比較して顕著な特徴を示さない。この均衡の数値および性質は常に他の2つの均衡の中間に位置することになる。

3) 消費者に対する工場渡価格の情報提供がもたらす小売市場構成の変化
(1) 寡占市場における小売および生産経営の価格付けと利潤

次のように想定しよう。図ⅣA-1の円周市場に N 個の小売経営が立地している。その市場はいわゆる寡占的であり各経営は市場を$(1/N)$当分し，その各分割された市場地域を所与として利潤最大化を図るものとする[2]。この場合における小売経営と生産経営の利潤を求めよう。各小売経営の販売量は(8)式で求められる。

$$Q = 2\int_0^{\pi/N} (a - pR - t\theta U) U d\theta \tag{8}$$

ただし π/N は小売経営から市場境界までの距離を示す角度であり，小売経営の利潤 Y_R は次式で示される

$$Y_R = (P_R - P_M - C_r) Q - F_r \tag{9}$$

ここでの寡占市場での分析では小売，生産経営の利潤および価格は P_R, P_M, Y_R, Y_M で示すことにする。小売経営の最適利潤は(9)式をその店頭渡価格で微分し(10)式で示される。

$$P_R = (a + P_M + C_r - t(\pi/N)U/2)/2 \tag{10}$$

したがって小売経営の利潤 Y_R は(11)式のように得られる。

$$Y_R = (\pi/N)U/2)(a - P_M - C_r - t(\pi/N)U/2)^2 - F_r \tag{11}$$

生産経営の利潤 Y_M は(10)式を用いて(12)式で表わされる。

$$Y_M = N(\pi/N)U(P_M - C_m - t_A U)(a - P_M - C_r - t(\pi/N)U/2)^2 - F_m \tag{12}$$

小売と生産経営の利潤は工場渡価格 P_M の関数で示される。いま $N=6$ と仮定すると，それらは図ⅣA-2のように示される。

もし生産経営が小売経営に対して強い支配力をもてば，生産経営は利潤を最大にする最適価格 P_M^* を課す

$$P_M^* = (a + C_m - C_r + t_A U - t(\pi/N)U/2)/2 \tag{13}$$

図ⅣA-2 工場渡価格と生産経営および小売経営の利潤

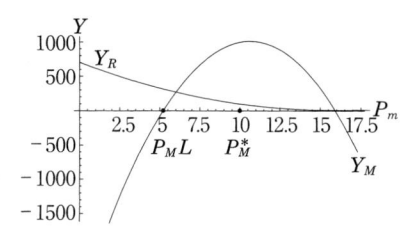

しかしながら寡占市場にある小売経営も強い対抗力をもつとすれば工場渡価格 P_M は生産と小売経営の交渉によると考えられる。その価格は生産経営の利潤をゼロする下限価格 $P_M L$ と生産経営の利潤を最大にする最適価格 P_M^* の範囲で決められることになる。下限価格 $P_M L$ は(12)式から次式で示される。

$$P_M L = -(-\alpha + (\alpha^2 + 4\beta)^{0.5})/2 \tag{14}$$

ただし

$$\alpha = a + C_m - C_r + t_a U - t(\pi/N)U/2$$
$$\beta = C_m C_r - aC_m - at_a U + t_a U C_r + (C_m + t_a U)t(\pi/N)U/2 - F_m/\pi U$$

生産経営の力が相対的に強いならば価格P_MはP_M^*に近づき,小売経営の力が強い場合には価格はP_MLに近い価格に決まることになる。

(2) 生産者の価格情報の提供による寡占市場への介入

(i) 生産者の価格情報の提供による寡占市場への介入手法

　小売市場が上記のような寡占状態にある場合には,生産経営は小売経営の市場地域の広さを調整し,小売経営の交渉力を弱め,自己の利潤を増加させることを模索し小売市場へ介入することが予想される。生産経営による小売市場への介入方法の1つとして,生産経営の工場渡価格の情報を消費者に提供し,消費者が直接工場から財を購入できるという情報を流すという手法がある。本節ではこの手法をまず説明しよう。次の節において,生産経営がこの手法により小売経営の市場地域を制限する場合の生産経営の利潤そして小売経営の店頭渡価格,販売量,小売経営の数を考察する。

　いま生産経営はその財を工場渡価格p_mで各小売経営に提供しているとしよう。そして生産経営は円周上の消費者に対して工場渡価格の水準と,生産経営に直接来る消費者に対しては財を引渡価格$(p_m + tU)$で小売する用意があることを知らせるものとしよう。この場合,消費者は小売経営と生産経営からの財の引渡価格の水準を比較し,それがより低くなる経営から財を購入することになる。さらに,このような場合小売市場が上記のような寡占状態であるならば,小売経営の市場地域の長さは隣接し直接競争する小売経営の財の引渡価格との関係ではなく,小売経営と生産経営からの引渡価格の水準により決定されることになる。すなわち各小売経営の市場地域は,その経営が販売する財の引渡価格が生産経営からの引渡価格より低い地域であり市場地域の境界点でそれらの引渡価格が一致することになる。したがって生産経営はその工場渡価格を変化させることにより小売営の市場地域の境界点での引渡価格を変化させることができ,小売経営の市場地域の長さを制御できることになる。

上記の制限が可能になるのは，次のような運賃率の差が存在するからである。消費者が生産経営に直接出かける時の運賃率は t であり，他方，生産経営が小売経営に財を輸送する場合の運賃率は輸送上に規模の経済が作用し t より低い t_A である。このため小売経営の市場地域の端点において財の引渡価格が一致することが可能になる。また生産経営と小売経営からの財の引渡価格は，小売経営の市場地域の境界点においてのみ等しくなるので消費者が生産経営に財を直接購入しに来ることは事実上なく，生産経営はなんら追加的な負担を負うこともない。このような生産経営の介入行動が可能になり実行されると寡占状態にある小売経営の価格付けに変更が生じるであろう。小売経営は所与の市場地域内で利潤最大化を図るのではなく小売経営の価格付けは単純に利潤最大化を目指して行われることになる。

（ⅱ）生産経営の工場渡価格情報の提供による寡占市場への介入

　上記のように生産経営が小売市場へ介入する場合における生産経営の工場渡価格付けと利潤そして小売経営の市場地域と利潤を分析しよう。小売経営の市場地域の境界点においては，生産経営と小売経営からの財の引渡価格が等しくなるので(15)式が成立する。(財の運賃率はともに t であることに注意せねばならない)

$$p_m + tU = p_r + t\theta^* U \tag{15}$$

(15)式から，小売経営から市場地域の境界点までの距離を表す θ^* は次式で与えられる。

$$\theta^* = (p_m - p_r + tU)/tU \tag{16}$$

小売経営の店頭渡価格 p_r は小売経営の利潤を最大化するように定められるので，小売経営の利潤を示す(2)式を p_r で微分して，ゼロとおくことにより求められる。ここでは市場地域の境界は隣接し，直接競争する小売経営との競争によらないので，p_r は次式で示される。

$$P_r = (a + p_m + C_r - t\theta^* U/2)/2 \tag{17}$$

したがって θ^* は p_m の関数として(18)式のように与えられる。

$$\theta^* = 2(p_m + 2tU - a - C_r)/3tU \tag{18}$$

θ^* が求められると小売経営の数 n は(19)式のように示される。

$$n = 3t\pi U/2(p_m + 2tU - a - C_r) \tag{19}$$

小売経営の数が求められると生産経営の利潤は工場渡価格の関数として(20)式のように導出される。

$$Y_m = 2\pi U(p_m - t_A U - C_m)(2(a - p_m) - t_A U - C_r)/3 - F_m \tag{20}$$

小売経営の利潤も工場渡価格の関数として次式で示される。

$$Y_r = 4(p_m + 2tU - a - C_r)(2(a - p_m) - tU - C_r)^2/27t - F_r \tag{21}$$

生産経営の利潤を最大化する工場渡価格 p_m^* は次式のように導出できる。

$$p_m^* = (2(a + C_m + t_A U) - tU - C_r)/4 \tag{22}$$

結局, 生産および小売経営の利潤は次の2式で示されることになる。

$$Y_m = (\pi U/12)(2(a - C_m - t_A U) - tU - C_r)^2 - F_m \tag{23}$$

$$Y_r = (2(C_m + t_A U - a) + 7tU - 5C_r)$$
$$(2(a - C_m - t_A U) - tU - C_r)^2/108t - F_r \tag{24}$$

ここでの数値例のもとでは生産経営の工場渡価格は9.96となる。この値に基づいて生産および小売経営の利潤, 価格, 小売経営数, 市場全体の販売量を求めると表ⅣA-2のようになる。

　前小節での生産経営の利潤とここでの生産経営の利潤を結びつけると, 生産経営が寡占小売市場に上記の手法で介入する状態を明らかにできる。(12)式と

Ⅳ 生活と生産空間の連結 183

表Ⅳ A-2 最適工場渡価格と生産および小売経営の
利潤，価格，数，総販売量

p_m^*	Y_m	Y_r	p_r	n	nQ
9.96	895.6	108.7	13.82	5.11	195.3

(24)式の連立方程式をつくり P_M について解くと(25)式を得る。すなわち寡占小売市場において生産経営と小売経営の交渉の結果，生産経営の工場渡価格が $P_M D$ より低い場合には生産経営は上記の方法で小売市場に介入することにより高い利潤をえることができる。生産経営が小売市場に介入するこの工場渡価格水準は(25)式に示されるように，小売経営数に依存している。

$$P_M D = (1/2)(-A-(A^2-4B)^{0.5}) \qquad (25)$$

ただし　　$A = -(a + C_m + C_r - t_A U - t(π/N)U/2)$

$B = (C_m + t_A U)(a - C_r - t(π/N)U/2) + (1/12)(2(a - C_m - t_A U) - tU - C_r)^2$

例えば小売経営数 N が 6 であれば寡占小売市場においての交渉において，その工場」渡価格9.201以下に決定されるのであれば上記の仕方で市場に介入することになる。

4) フランチャイズ料の導入と小売市場構成の変化

生産経営がその工場渡価格の情報を消費者に伝えるという手法で小売市場を制御する場合において，小売経営の利潤は正の額になる。小売市場において生産経営が強い支配力をもてるならば，生産経営は小売経営の利潤を徴収し，その利潤を増加させることを考えるであろう。この方法の1つとして，周知のように小売市場に参入する小売経営にフランチャイズ料の徴収がある。本小節では上記の市場介入の手法に加えて，生産経営は小売経営の利潤を完全に吸収するようにフランチャイズ料を決めるものと想定する。そしてフランチャイズ料制を導入した場合における生産経営の利潤を中心に分析する。さらに，この分析において，フランチャイズ料は工場渡価格の関数になり生産経営の工場渡価

格は複数の経路を通じて小売市場を制御し,その経済的役割が重要であることを示す。

さらに生産経営が小売市場にここで示される仕方で介入する場合における生産経営の利潤と消費者の財の総購入量を空間的自由参入均衡における場合のそれらと比較して,その介入は消費者にとって望ましいものか否かを考察する。

まず生産経営が小売経営に対してフランチャイズ料をかす場合における生産と小売経営の利潤は(26)式と(27)式でそれぞれ示される。

$$Y_m = (p_m - t_A U - C_m) nQ + nS - F_m \tag{26}$$
$$Y_r = (p_r - p_m - C_r) Q - S - F_r \tag{27}$$

ただしSはフランチャイズ料を表す。(26)式と(27)式のp_r, θ^*, n, をそれぞれ前述の式で置き換えれば,生産および小売経営の利潤は次の2式のように示される。

$$Y_m = 2\pi U(p_m - t_A U - C_m)(2(a - p_m) - tU - C_r)/3$$
$$+ 3t\pi US/(2(p_m + 2tU - a - C_r)) - F_m \tag{28}$$
$$Y_r = 4(p_m + 2tU - a - C_r)(2(a - p_m) - tU - C_r)^2/27t$$
$$- S - F_r \tag{29}$$

生産経営が小売経営の利潤をフランチャイズ料金により完全に吸収することを目的とする場合には,そのフランチャイズ料は小売経営の利潤を示す(29)式から次式のように表される。

$$S = 4(p_m + 2tU - a - C_r)(2(a - p_m) - tU - C_r)^2/27t - F_r \tag{30}$$

そして,生産経営の利潤は(31)式で表される。

$$Y_m = (2\pi U/3)(p_m - t_A U - C_m)(2(a - p_m) - tU - C_r)$$
$$(3t\pi U(4(p_m + 2tU - a - C_r))(2(a - p_m) - tU - C_r)^2/$$
$$27t - F_r)/(2(p_m + 2tU - a - C_r)) - F_m \tag{31}$$

この場合にフランチャイズ料が工場渡価格 p_m の関数で示されることに注意せねばならない。工場渡価格 p_m は財の販売からの利潤を決めるのみならず，フランチャイズ料金の水準も決めることになる。生産経営の利潤は p_m の関数で表される。図ⅣA-3は生産経営の工場渡価格と利潤の関係を示している。生産経営の利潤を最大化する工場渡価格 $p_m{}^*$ は(31)式を微分して，ゼロと置き，(32)式を p_m について解くことで求められる。

$$(p_m+2tU-a-C_r)^2((4/9)(2(a-p_m)-t_AU-2C_m-tU-C_r)$$
$$-(4/27)(2(a-p_m)-tU-C_r))+tF_r=0 \qquad (32)$$

図ⅣA-3　工場渡価格と生産経営の利潤

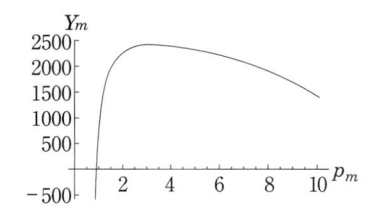

(32)式は数式処理が煩雑なので前節と同じ数値例をもちいて，生産経営の利潤を最大化する工場渡価格 $p_m{}^*$ を求めよう。$p_m{}^*=3.2780$ となる。工場渡価格が求められると，生産経営の利潤，小売経営の数および消費者の財の購入量は表ⅣA-3のように求められる。

表ⅣA-3　工場渡価格と生産の利潤，小売経営の価格，経営数，販売量，フランチャイズ料

p_m	Y_m	p_r	n	nQ	S
3.28	2433.03	11.59	18.64	475.30	182.88

表Ⅳ-2と表Ⅳ-3の比較から次のことがわかる。生産経営が小売経営の利潤を完全に吸収するようにフランチャイズ料を設定する場合には，そうでない場合より生産経営の利潤，小売経営の数，財の総購入量は増加する。他方，工場渡価格は低下する[3]。したがって，この介入は生産経営と消費者全体にとっても望ましいことになる。

また表ⅣA-1と表ⅣA-3の比較から以下のことも示される。生産経営の利潤は，小売市場に生産経営が介入せずに，工場渡価格が11.5でGreenhut-Ohta解が成立する場合に最大になる。財の購入量は生産経営が小売市場に上記の仕方でフランチャイズ料制をもって介入する場合，工場渡価格が11.5でGreenhut-Ohta型均衡が成立する場合より多くなる。したかってここで想定される数値例においては生産経営による価格情報の提供にフランチャイズ料金を組み合わせた小売市場への介入は消費者全体にとって望ましい状態を形成することになる。生産経営にとっては介入しないでGreenhut-Ohta型均衡が成立する場合が望ましいことになる。

2．小売市場における競争様態の生産工程立地への影響

小売市場における競争状態が相異すれば，上記分析で明らかなように小売経営の販売量は異なり市場全体における財の販売量も違ってくる。本節ではこのような相異が生産経営における工程の細分化と細分された工程の立地に及ぼす影響について分析を進めることにする。本節の分析においても円周モデルを用いることにする。

1) 小売経営および生産経営の利潤関数の導出

初めに本小節における基本的仮定と考察枠組を上記の考察を参考にして説明し，ここでの考察における小売経営と生産経営の利潤関数を導出しよう。

図ⅣA-4で示される半径 U の円周上に消費者が均等に密度1で居住し，各消費者は小売経営により販売される財に対して前小節1の(1)式で示される需要関数を有する。

小売経営は円周上に均等間隔で立地し生産経営から消費財を仕入れ利潤 Y_r を最大化する店頭渡価格で消費者に財を販売する。生産経営は円の中心点 O に立地し財の生産を独占して行う。生産経営から各小売経営までの財の輸送費は生産経営が負担する。小売経営の利潤 Y_r は(2)式で表わされる。小売経営

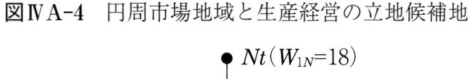

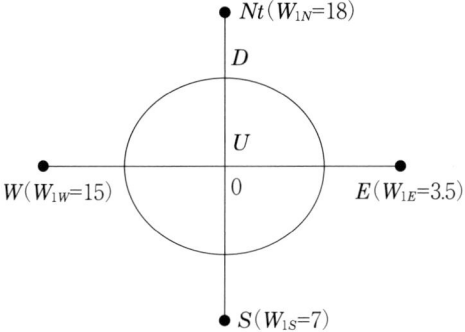

図Ⅳ A-4　円周市場地域と生産経営の立地候補地

$Nt(W_{1N}=18)$
D
U
$W(W_{1W}=15)$　　0　　$E(W_{1E}=3.5)$
$S(W_{1S}=7)$

の販売量は(3)式で導出される。

本小節においては生産経営に関して以下のように仮定を変更する。2種類の労働力 L_1 と L_2 を用いて1種類の製品を生産する財の生産関数は(33)式で示され，最初は統合された生産工程により財を生産する。

$$Q = A L_1^\alpha L_2^\beta \qquad (33)$$

ただし Q は生産量，A, α, β はパラメータであり，$A>0$, $0<\alpha<1$, $0<\beta<1$, $0<(\alpha+\beta)<1$ である。中心点 O では各労働者に対する賃金率は同じであり w で示される。

生産経営の利潤 Y_m は次式で示される。

$$Y_m = (p_m - t_A U) N Q_S - w(L_1 + L_2) - F_m \qquad (34)$$

ただし N は円周市場に立地する小売経営の数，t_A は生産経営から小売経営へ財を輸送する場合における運賃率である。生産経営は市場において需要される量を丁度生産する。したがって $NQ_S=Q$ が成立することになる。したがって生産経営の利潤は(35)式のように生産量の関数として再示できる。

$$Y_m = (p_m - t_A U) N Q_S - w(Q/A)^{1/(\alpha+\beta)} \\ (((\alpha/\beta)^\beta)^{1/(\alpha+\beta)} + ((\beta/\alpha)^\alpha)^{1/(\alpha+\beta)}) - F_m \qquad (35)$$

2) 自由参入均衡における小売経営の店頭渡価格と市場地域の広さ

自由参入均衡が成立する場合における小売経営の店頭渡価格とその市場地域の広さを導出しよう。上記の代表的な3つの自由参入均衡、Lösch、Hotelling-Smithies ($H-S$)、Greenhut-Ohta ($G-O$) 型均衡がそれぞれ成立する場合における生産経営の利潤を導出する。本小節では各パラメータの数値は表IV A-4 で示されるようにそれぞれ与える。

表IV A-4 各パラメータに対して割り当てられる数値

U	a	A	α	β	t	t_A	c_r	w	F_r	F_m
5	20	10	0.3	0.45	1.1	1	1.2	5	10	150

生産経営の利潤を最大化する工場渡価格、そして、その利潤額は次のようにして導出される。1). 生産経営により与えられるある1つの工場渡価格に対して、前小節(6a)式と(6b)式の連立方程式を解き、均衡店頭渡価格および市場地域の広さを導出する。2). それらの均衡値から生産経営の利潤を導出する。3). 上記1)と2)の作業を繰り返して生産経営が課す工場渡価格と生産経営の利潤の関係を導出する。4). 導出された生産経営の利潤額を比較し、利潤最大化を達成する工場渡価格と生産経営の最大利潤を決定する。5). このような作業を3つの自由参入均衡の型に対して行う。

表IV A-5 は上記の一連の手順に従って導出される生産経営の最適工場渡価格、小売経営の均衡店頭渡価格と市場地域の広さ、そして生産経営の生産量および利潤を示している。表IV A-5 から明らかなように、生産経営の利潤は小売市場が Greenhut-Ohta 型 ($G-O$) の競争均衡が成立する場合に最大になり

表IV A-5 最適工場渡価格、均衡小売価格 市場地域、生産量、利潤

均衡型	p_m	p_r	θ^*	NQ_s	Y_m
Lösch	12.50	16.6	0.11	93.7	359.2
$H-S$	12.25	14.7	0.155	150.0	575.0
$G-O$	12.30	14.5	0.202	155.3	603.8

生産量も最も多くなる．また小売経営の市場地域の広さから明らかなように，小売経営の数は Lösch 型均衡の場合に最大になる．

3) 生産工程の立地に対する賃金率と生産性および運賃率の作用

本小節では，生産経営が生産工程を2つに分離して財の生産を行うと仮定し，分離された生産工程の立地を分析する．分離された生産工程の立地に関して一般的には次のように考えられる．生産工程の立地点として，賃金率が低い地点が生産経営の関心を引くが，その地点においては生産性が低い．他方，高い賃金率の地点は高い生産性を得られると期待される．それゆえ，生産経営は，生産費用の削減を求めて，いくつかの立地候補地の賃金率と生産効率の関連に配慮して分離された工程の立地を決定する．本節では生産条件が異なる複数の立地候補地を仮定し，生産経営が工程をどの候補地点に立地させるかを分析する．

(1) 生産工程が分離される場合における生産経営の利潤関数

本小節では次のように仮定する．生産経営は生産工程を前工程Ⅰと後工程Ⅱの2つに分離し，後工程Ⅱは円周の中心点 O に立地し，前工程Ⅰで生産される中間財 Q_1 を，労働力 L_2 により製品 Q を製造する．前工程は中心点 O から距離 D だけ離れた地点において労働力 L_1 を用いて中間財 Q_1 を生産し後工程へ移送する．労働者 L_1 の賃金率は w_1 で示される．前工程の立地点は図Ⅳ A-4 の中心点 O からともに D だけ離れている4つの地点 E, S, Wt, Nt のいずれかに限定される．生産工程が2つに分離される場合には生産関数はⅢ章4節と同じ手法で次式で表されると想定する．

$$Q=((1/v)(AR^{\varphi})^{\gamma})L_1^{\alpha})(v(AR^{\varphi})^{(1-\gamma)}L_2^{\beta}) \qquad (36)$$

ただし，$R=(w_1/w)$ であり，$1<v$ である．ϕ, γ はパラメータで $0<\gamma<1$，$0<\phi<1$ である．前工程で生産される中間財 Q_1 は(11)式で示される生産関数の下で生産される．(37)式に示されるように前工程における生産効率は賃金率 w_1 と w の比率に連動するものと想定される．賃金率が高い地点ほど生産効率

も高いことになる。また，財の生産は，時間的にある期間をおいて加工することも可能であると仮定される。

$$Q_1 = (1/v)(AR^\varphi)^\tau)L_1^\alpha \tag{37}$$

次に，生産された中間財 Q_1 は後工程に運賃率 t_d で距離 D だけ移送されるが，その輸送費用 Ti は，運賃率 t_d，輸送距離 D そして輸送量 Q_1 により定まる。運賃率は各賃金率に依存すると想定される。したがって，輸送費用は(38)式で示される。

$$Ti = ((1/R)^\tau t_d)D(Q/v)(AR^\varphi)^{\tau-1})L_2^{-\beta} \tag{38}$$

ただし，τ はパラメータであり，$0 < \tau < 1$ である。

生産工程が空間的に分離される場合には，生産工程間を統括・管理する機能が必要とされることになる。ここではこの統括・管理機能の費用を間接費用をとして捉え，中間財の生産量に応じて変化するものと仮定する。その費用 C_S は中間財の生産量 Q_1 と統括機能数 z に依存し(39)式で表されると仮定する。

$$Cs = (k/z^\eta)Q_1 + (pz/Q_1^\phi)z \tag{39}$$

k，η，ϕ は係数，p_z は統括機能を1つ増加させる場合に必要とされる費用である。最適な統括・管理機能数は(39)式から導出されるので，この費用 C_S は生産量 Q と労働力 L_2 の関数として表わされることになる。

次に生産工程が空間的に分離される場合における生産経営の固定費用は運賃率と同じく各賃金率に依存すると仮定され，(40)式で求められる。

$$F_m = R^\sigma \delta F_m + (1-\delta)F \tag{40}$$

ただし，σ と δ はパラメータであり。$0 < \sigma < 1$，$0 < \delta < 1$ ある。(36)式の第1項が分離された工程の固定費用を示す。

したがって，生産経営の収入には何の変化も生じないとすれば，生産経営が生産工程を前・後の2つの工程に分離し，前工程を距離 D にある地点に分離

する場合における生産経営の利潤は次式で与えられる。

$$Y_{mf}=(p_m-t_A U)Q-w_1(Q/(AR^\varphi L_2^\beta))^{1/\alpha}-w(Q/(AR^{\varphi}_{L_1}{}^\alpha))^{1/\beta}$$
$$-(1/R)^\tau t_d)D((Q/v)(AR^\varphi)^{\gamma-1}L_2^{-\beta})$$
$$-k^{\eta/\eta+1}r^{1/\eta+1}(\eta^{-1}+1)(((Q/v)/(AR^\varphi)^{\gamma-1}L_2^{-\beta})^{1/\alpha})^{(-\eta\phi+1)/(\alpha(\phi+1))}$$
$$-R^\sigma \delta F_m-(1-\delta)F_m \tag{41}$$

(2) 分離された生産工程の立地点の導出

次のように各立地候補地での賃金率を与えて前工程の立地点を分析しよう。中心地点 O における賃金率 w は上記の仮定と同じく5と仮定する。これを基準にして図ⅣA-4の E 地点の労働者 L_1 の賃金率 w_{1E} は3.5，以下 S 地点での労働費は $w_{1S}=7$，Wt 地点では $w_{1W}=15$，Nt 地点では $w_{1N}=18$ とする。

さて，財の生産が中心点 O においては統合された生産工程でなされ，財の小売市場で Hotelling-Smithies 型の競争均衡が成立している場合，前節で示されるように，生産経営の工場渡価格 p_m は12.50，生産量 Q は150.0，その利潤 Y_m は575.0である。これらの生産経営の工場渡価格，生産量そして利潤をそれぞれ所与とし，これと同じ生産量と利潤を，生産工程を2つに分離して達成しようとする場合，前工程と後工程間での中間財の輸送における運賃率がどのような水準であれば E，Wt，S，Nt の各地点においてそれぞれ達成できるかを導出しよう。

上記仮定から利潤に関するラグランジュ方程式が(42)式のように与えられる。

$$\overline{Y}_{mf}=Ymf+\mu(150.0-AR^\varphi L_1^\alpha L_2^\beta) \tag{42}$$

(42)式を L_1，L_2 そして μ で微分しゼロと置いた以下の3式（43a, b, c）と，生産工程が統合される場合と分離される場合における利潤が同じであるという条件を示す(43d)式で構成される連立方程式を構築する。この連立方程式を L_1，L_2，μ そして t_d について解くことにより，前工程を各立地候補地点に立地させる場合おける最適な各労働力量が求められ，同時に，前工程が分離され

る場合と統合された生産工程の場合における生産経営の利潤を一致させる運賃率を導出できる。用いられる各パラメータの数値は前節と同じ値であり，新しく導入されたパラメータは次のように数値が与えられる。$D=10$, $t_d=0.2$, $\nu=4$, $\gamma=0.75$, $\phi=0.7$, $\tau=0.75$, $\sigma=0.8$, $\eta=0.5$, $\phi=0.01$, $k=0.12$, $\delta=0.5$, $p_z=0.1$。

$$d\overline{Y}_{mf}/dL_1 = (\alpha/\beta)w_1(Q/(AR^\varphi L_1^\alpha))^{(1/\beta-1)}L_1^{-(1+\alpha)}$$
$$-\alpha\mu AR^\varphi L_1^{\alpha-1}L_2^\beta = 0 \tag{43a}$$

$$d\overline{Y}_{mf}/dL_2 = (\beta/\alpha)w(Q/AR^\varphi L_2^\beta)^{(1/\alpha-1)}L_2^{-(1+\beta)}$$
$$+(1/R)^\tau t_d D(Q(AR^\varphi)^{(\tau-1)})(\beta/v)L_2^{-(1+\beta)}$$
$$+(\beta/\alpha)KHL_2^{-(1+\beta H/\alpha)}((Q(AR^\varphi)^{(\tau-1)})(\beta/v)L_2^{-(1+\beta)})^{(H/\alpha)}$$
$$-\beta\mu AR^\varphi L_1^\alpha L_2^{\beta-1} = 0 \tag{43b}$$

$$d\overline{Y}_{mf}/d\mu = 150.0 - AR^\varphi L_1^\alpha L_2^\beta = 0 \tag{43c}$$

$$Y_{mf} - 575.0 = 0 \tag{43d}$$

ただし，$K=k^{\eta/\eta+1}\eta^{1/\eta+1}(\eta^{-1}+1)p_z^{\eta/\eta+1}$, $H=(-\eta\phi+1)/(\alpha(\eta+1))$ である。

　小売市場において Hotelling-Smithies 型の競争均衡が成立する場合において，前工程が分離される場合と統合された生産工程の場合における生産経営の利潤を一致させる最も高い運賃率 $t_d{}^*$ の値（実際には運賃率は賃金率の比率に作用されるので，運賃率構成要因 t_d の値）を導出しよう。それは表ⅣA-6の Hotelling-Smithies 型（H-S）の行において示される。表示されるように，生産経営が前工程を地点 Nt に立地させる場合において最も高い運賃率 $t_d{}^*$ $=2.13$で，統合された生産工程で生産する場合と同じ生産量と利潤を達成できることになる。もし，経済一般の発展とともに，運賃率が順次低下して行くと想定するならば，中心点 O において統合された生産工程で財を生産していた経営は，最初に前工程を地点 Nt に最初に分離することになる。したがって次のように言えよう。財の小売市場で Hotelling-Smithies 型競争均衡が成立するとき，賃金率が最も高い地点 Nt が前工程の立地点として最初に選択される可能性が大きいことになる。

同じ仕方により，小売市場において Lösch 型競争均衡そして Greenhut-Ohta 型（$G-O$）の競争均衡が成立している場合に生産経営は前工程をどの地点に分離させるかを見よう。表ⅣA-6に示されるように，小売市場が Lösch 型均衡である場合，生産経営は運賃率が0.18以下であれば，その前工程を地点 S に分離させることになる。また Greenhut-Ohta 型の競争均衡が成立している場合には，生産経営は運賃率が2.44になれば，その前工程を地点 Nt に分離させる。したがって，運賃率が経済発展とともに低下するとすれば，Greenhut-Ohta 型の競争均衡が成立している場合に，生産経営は前工程を最も早く空間的に分離し，その立地点は賃金率が最も高い地点 Nt に分離させることになる。

表ⅣA-6 工程分離を可能にする運賃率と工程の立地点

競争型	地点	$t_d{}^*$
Lösch	S	0.18
$H-S$	Nt	2.13
$G-O$	Nt	2.44

4) 運賃率の低下による生産工程の立地変化

経済発展とともに運賃率は低下し地点間の賃金率および生産効率の関係もともに変化するとすれば，一度空間的に分離された前工程がその立地を再移動させる可能性がある。本小節ではこの可能性を検討する。次のように想定する。すなわち，生産経営の生産量は上記分析と同じく所与であるが，利潤は新しい生産状況に応じて変化する。運賃率 t_d の値を0.2と仮定する。このような想定の下で，生産経営の利潤を最大化する地点を4つの立地候補地から求めよう。

いま競争的小売市場において Hotelling-Smithies 型均衡が成立しているとする。統合された生産工程を用いる生産経営の製品の工場渡価格は，前記のように12.25，その生産量は150.0である。これらの数値を所与として生産経営がその前工程を地点 Nt に立地させると生産経営の利潤は，（43a, b, c）からなる

連立方程式を L_1, L_2 そして μ ついて解き，それらの値から導出でき，表Ⅳ A-7 で示される。生産経営の利潤は615.6となり，統合された生産工程における利潤より高くなる。しかしながら，生産経営が前工程を地点 Nt ではなく，地点 Wt に立地を移動させるとその利潤は624.4に上昇し，4つの立地候補地点の中で最大になる。したがって，生産経営は前工程を地点 Nt から地点 Wt に移動させることになる。Lösch 型競争均衡が成立する場合における生産経営の利潤はすべての地点において，地点 O において統合された生産方式の利潤を下回ることになり，生産工程の空間的分離はない。Greenhut-Ohta 型競争均衡が成立する場合，生産経営はその前工程を地点 Nt から地点 Wt に移動させることで660.8の最大利潤を得ることになり Wt に生産工程を立地させる。

　上記の考察から次のような結論を得る。生産工程の空間的分離の時期とその立地は立地候補地の賃金率，運賃率に関係する。また小売市場の競争状態の相違によっても生産経営の工程の空間的分離の時期およびその立地点は変化する。経済発展の進展とともに運賃率が低下するとすれば，Greenhut-Ohta 型競争均衡が成立する場合に生産工程は最も早く空間的に分離される。また，分離された生産工程の立地点も小売市場の競争状態の相違により異なることになる。Lösch 型均衡が成立する場合には賃金率が低い地点に立地する傾向をもつ。Hotelling-Smithies 型均衡と Greenhut-Ohta 型均衡が成立する場合には比較的賃金率が高い地点に立地する傾向をもつ。この分析結果は，各市場の経済状態から決められる生産経営の工場渡価格と生産量から次のようにも言える。賃金率が高くても生産効率の良い地点は，生産量が多く工場渡価格が低い生産経営にとって有望な立地点である。他方，賃金率が相対的に低く，生産効率も相対的に低い地点は，生産量が少なく工場渡価格が高い生産経営により立地点と

表Ⅳ A-7　各立地候補地と生産経営の利潤

地点	E	S	Wt	Nt
Lösch	−	−	−	−
$H-S$	−	596.7	624.4	615.6
$G-O$	−	627.8	660.8	653.0

して高く評価されることになる。

5) 生産工程全体の移転可能性

　生産工程ⅠおよびⅡの両方を一括して，4つの立地候補地のいずれかに生産工程全体が移転する可能性をみよう。この場合にはいわゆる間接費は生じてこないが，輸送費用が増加することになる。完成品の運賃率が $t_d=0.2$ では生産工程の全面移転は不可能である。そこで，完成品の運賃率が $t_d=0.05$ に低下すると仮定し，各候補地に生産工程全体を移転させる場合における経営利潤は表ⅣA-8に示されている。表示されるようにHotelling-Smithies型均衡とGreenhut-Ohta型競争均衡が成立する場合に，生産経営は地点 E と S において生産工程の完全移転が可能である。またLösch型均衡の場合には地点 E においてのみ生産工程を完全移転が可能となる。いずれの場合にも前節までの工程の分離傾向とはことなり，生産工程全体の移転を可能にするのは賃金率の低い地点であるという傾向がある。本小節の考察に基づく限りでは，次のような示唆を得ることができる。すなわち，生産工程のすべてを市場のある地点ら他の地点へ移転させ，完成品を市場地に移送するという生産方法は輸送環境がかなり優れたものになれば，賃金率の低い地点へ移転する可能性が比較的高いと考えられる。

表ⅣA-8　生産工程の完全移転する場合における生産経営の利潤

地点	E	S	Wt	Nt
Lösch	406.5	—	—	—
$H-S$	653.7	592.9	—	—
$G-O$	686.2	626.3	—	—

3．異なる競争形態を包含する経済地域における経済空間の形成

　これまでの考察においては小売経営と生産経営の関係がいかに生産経営の価

格付けの在り方や立地に影響するかを分析してきた。本節は次のような方面へ分析を展開して行く。空間的な広がりの大きい国や地域においてはいくつかの異なった競争形態の財市場が同時に存在している。同一の財に関して，ある地点においては多数の経営が集中的に立地し競争的市場を生み出す。他の地域では1経営のみが存在し地域的独占の立場を享受する。別な地域ではいくつかの経営が立地し独占的競争の市場を形成する。異なる競争形態の市場が空間的に分離され経済的にもそれぞれ独立していた状態が，経済的に接触するようになる場合には，各形態の市場は経済や空間構造においてそれぞれ固有な変化を生み出す。本節においても円周モデルを用いて，競争形態の市場間における経済的相互作用の働きと，その作用を受けて生じてくる経済空間構造，すなわち，市場地域と通勤圏を理論的に分析する[4]。

1) 経済空間のモデル分析

2種類の競争形態の市場を包含する経済地域における経済空間構造を分析するための本小節においては空間面と経済面にわけて円周モデルを構築して行く。

(1) 円周モデルの空間構造と市場の形態

図ⅣA-5のように平面空間に半径Uの円周を$x-y$平面に想定し，この円周上で1種類の財が販売され消費されると仮定する。財の消費者はこの円周上に密度d_sで均等に分布する。また労働者も同じく密度d_Lで均等に分布する。円周の点AとBに経営AとBのみがそれぞれ立地する。経営A，Bは地域的独占の立場を享受して労働者を雇用し財の生産と販売をする。他方，円周の中心点Oからx軸上でVだけ左に乖離した地点Cには経営A，Bより小規模な経営が比較的多数立地し，財を生産し円周上の消費者に販売する。この点Cは他の多くの経済地域あるいは世界市場と接触する港のような場所であると仮定される。このため点Cにおいては当該財の価格p_Cは世界市場で決められ所与とされる。また点Cでは労働者に支払われる賃金率w_Cはこの経済地域における全産業における労働力の需給関係により決められて所与とされる。したがっ

て点 C に立地する経営は財の価格と賃金率に基づき利潤最大化する生産量を達成するのに必要な労働者数を決定する。点 C では競争的市場が形成されそれに沿った経営が行われる。

図IVA-5 円周モデルの空間構造

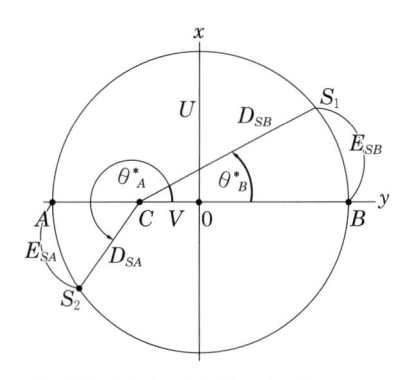

(2) 円周モデルでの経済構造と経済主体の行動

（i） 円周モデルにおける消費者および労働者の行動

消費者は同じ需要関数を有しており，財の引渡価格が最も低くなる経営から購入する。消費者が財を購入する場合，経営 A あるいは B から財を購入する時は，消費者は円周に沿って移動し，点 C の経営から購入する場合には最短の直線を移動する。そのため前者の場合における需要関数は(44a)式，後者の場合には(44b)でそれぞれ示される。

$$q_i = a - p_i - t_S e_{Si}$$
$$(i = A, B) \tag{44a}$$
$$q_C = a - p_C - t m_S \tag{44b}$$

ただし $q_i (i=A, B, C)$ は消費者の需要量，a は最大需要価格，$p_i (i=A, B, C)$ は経営の店頭渡価格，t_S は円周上を移動する場合の運賃率，$e_{Si} (i=A, B)$ は当該消費者から経営 A あるいは B までの円周にそった距離である。さらに，t は消費者が点 C に行く場合の運賃率，m_S は当該消費者と点 C までの直線距離である。

労働者は点 A, B あるいは C にある経営で雇用され，もっとも高い実質賃金になる経営で雇用される。すなわち各労働者は各経営により提示される賃金を受け取り経営までの運賃を負担するので，運賃を差し引いた賃金が問題になる。またここでは消費者の場合と同じく，労働者が経営 A あるいは B で雇用される場合には円周にそって移動し，点 C の経営において雇用される場合には最短の距離を移動する。したがって，各労働者の実質賃金率 $W_i(i=A, B)$ は経営 A あるいは B で雇用される場合には(45a)式で示され，点 C の経営で雇用され場合の実質賃金率 W_C は(45b)式で示される。各労働者はこれらの水準に基づきもっとも高い実質賃金率になる地点へ通勤することになる。

$$W_i = w_i - t_S e_{Li}$$
$$(i=A, B) \tag{45a}$$

$$W_C = w_C - t m_L \tag{45b}$$

ただし $w_i(i=A, B)$ は経営 A あるいは B により提示される賃金率, w_C は上記したように点 C における賃金率であり，その水準は外性的に決められている。$e_{Li}(i=A, B)$ は当該労働者から経営 A あるいは B までの円周に沿った移動距離，また m_L は点 C までの直線距離である。

（ⅱ）円周モデルにおける経営の行動

経営 A および B そして点 C に立地する経営は一定の生産施設と労働力を用いて次の2式で示される生産関数にしたがって財をそれぞれ生産する。

$$Q_{Si} = S_{Gi} Log(S_{Ii} n_i + 1)$$
$$(i=A, B) \tag{46a}$$

$$Q_{SC} = S_{GC} Log(S_{IC} n_C + 1) \tag{46b}$$

ただし $Q_{Si}(i=A, B, C)$ は財の生産量，S_{Gi} と $S_{Ii}(i=A, B)$ および S_{GC} と S_{IC} はそれぞれ正のパラメータ，$n_i(i=A, B, C)$ は雇用される労働者数である。

経営 A, B は地域独占の立場を享受するので，財の店頭渡価格を自ら決定す

IV 生活と生産空間の連結　199

る．それに応じて財の販売量 $Q_{Di}(i=A, B)$ も定まることになる．したがって経営 A, B の収入 R は次の(47)式で表わされる．

$$R_i = p_i Q_i$$
$$(i = A, B) \qquad (47)$$

ただし経営 A, B の生産量と販売量はそれぞれ一致するのでそれらの量は Q_i $(i=A, B)$ で示すことにする．

経営 A, B は財を販売量と同じ量を生産するので，経営が雇用する労働者数は生産関数から容易に導出できる．これにより経営 A, B の費用 $TC_i(i=A, B)$ は財の販売量の関数として表わすことができ，(48)式のように示される．

$$TC_i = w_i(Exp(Q_i/S_{Gi}) - 1)/S_{Ii} + F_i$$
$$(i = A, B) \qquad (48)$$

ただし $F_i(i=A, B)$ は経営 A あるいは B の固定費である．したがって経営 A, B の利潤 $Y_i(i=A, B)$ は財の店頭渡価格と販売量の関数として(49)式で表わされる．

$$Y_i = p_i Q_i - w_i(Exp(Q_i/S_{Gi}) - 1)/S_{Ii} - F_i$$
$$(i = A, B) \qquad (49)$$

次に競争的市場が形成されている点 C に立地する経営の収入，費用，利潤についてみよう．点 C においては財の価格は外部の世界市場において p_C と決められている．また賃金率は当該経済地域における全産業における労働市場において w_C と与えられている．点 C の経営の収入 R_C と費用 TC_C は次の(50)，(51)式でそれぞれ示される．

$$R_C = p_C S_{GC} Log(S_{IC} n_C + 1) \qquad (50)$$
$$TC_C = w_C n_C + F_C \qquad (51)$$

ただし F_C は点 C での経営の固定費である．したがって点 C の経営の利潤 Y_C

は労働者数 n_C の関数として次式で表わされる。

$$Y_C = p_C S_{GC} Log(S_{IC} n_C + 1) - w_C n_C - F_C \tag{52}$$

(3) 異なる競争形態の市場間の経済的関係

上述したように点 C においては財の価格は p_C と決められている。円周上に居住するどの消費者も点 C に出向き財を $(p_C + tm_S)$ の引渡価格で購入することができる。したがって点 A, B に立地する経営 A, B が財を消費者に販売するためには，財の引渡価格は上記の点 C からの財の引渡価格 $(p_C + tm_S)$ より低い水準になるように店頭渡価格 $p_i(i=A, B)$ を設定せねばならない。それゆえ経営 A, B が財を消費者に販売して一定の範囲の市場地域を有するとすれば，その市場地域内においては(53)式で示される不等式が成立していなければならない。

$$(p_i + t_S e_i) < (p_C + tm_S)$$
$$(i = A, B) \tag{53}$$

経営 A, B がその財を販売する市場地域の端点に居住する消費者は経営 A あるいは B で財を購入しても点 C で購入しても無差別な消費者である。したがって経営 A, B の市場地域の端点では(54)式が成立することになる。

$$(p_i + t_S E_{Si}) = (p_C + tD_{Si})$$
$$(i = A, B) \tag{54}$$

ただし $E_{Si}(I=A, B)$ は経営 A あるいは B の立地点からその市場地域の端点までの円周そっての距離であり，D_{Si} は点 C からその端点までの直線距離である。

(54)式から(55)式をえる。

$$p_i = p_C + tD_{Si} - t_S E_{Si}$$
$$(i = A, B) \tag{55}$$

(55)式は次の重要なことを表わしている。経営A, Bの財の店頭渡価格は各経営の市場地域の端点から点Cまでの地理的距離と点Cにおける財の価格, そして経営の市場地域の広さに依存する。そして財の価格p_Cは所与であるので, 経営A, Bの店頭渡価格は経営の市場地域の長さにより変化する。異なる形態の市場間の経済的関係は経営A, Bによる価格付けに明示されるのである。

異なる形態の市場間の経済的関係は経営A, Bによる賃金率の決定にもあらわれる。上述したように点Cにおいて賃金率はw_Cと与えられている。円周上に居住する労働者は点Cに出向き実質賃金率(w_C-tm_L)で雇用されることができる。したがって点A, Bに立地する経営A, Bが財を生産するために必要な労働者を確保するには, 賃金率を上記の点Cでの実質賃金率(w_C-tm_L)より高い水準になるように賃金率$w_i(i=A, B)$を設定せねばならない。それゆえ経営A, Bが財を生産するのに必要な労働者を確保するために一定の範囲の通勤圏を有するとすれば, その通勤圏内においては次式で示される不等式が成立していなければならない。

$$(w_i-t_s e_{Li}) > (w_C-tm_L)$$
$$(i=A, B) \qquad (56)$$

経営A, Bの通勤圏の端点に居住する労働者者は経営AあるいはBで雇用されても点Cで雇用されても無差別な労働者である。したがって経営A, Bの通勤圏の端点では(57)式が成立することになる。

$$(w_i-t_s E_{Li}) = (w_C-tD_{Li})$$
$$(i=A, B) \qquad (57)$$

ただし$E_{Li}(i=A, B)$は経営AあるいはBの立地点からその通勤圏の端点までの円周にそっての距離であり, D_{Li}は点Cからその端点までの直線距離である。(57)式から(58)式をえる。

$$w_i = w_C - tD_{Li} + t_S E_{Li}$$
$$(i = A, B) \tag{58}$$

(58)式は次のことを表わしている。経営 A, B の賃金率は各経営の通勤圏の端点から点 C までの地理的距離と点 C における賃金率,そして経営の通勤圏の長さに依存する。そして点 C での賃金率は所与であるので,経営 A, B の賃金率は経営の通勤圏の長さにより変化する。異なる形態の市場間の経済的関係は経営 A, B による賃金率の決定にも明示されることになる。

他方,異なる競争形態の市場間の経済的関係は点 C そして円周における経済構造に作用する。まず経営 A, B の財の市場地域および通勤圏が決定されると,点 C に集中に立地する経営に残された市場地域 E_{SC} と労働者の居住地域 E_{LC} が決定され次の2式でそれらが示されることになる。

$$E_{SC} = 2\pi U - 2(E_{SA} + E_{SB}) \tag{59a}$$
$$E_{LC} = 2\pi U - 2(E_{LA} + E_{LB}) \tag{59b}$$

これらの式から点 C の経営に残された財の総需要量および労働者数が判明する。残された消費者による財の需要量は点 C に立地できる経営数に影響を及ぼすことになる。また点 C における経営の生産関数から,そこでの労働者数も定まるので,当該産業の経営に雇用されない労働者が出る可能性も生じてくる。

異なる形態の市場間の経済的関係は,経営の市場地域の端点における財の引渡価格そして通勤圏の端点における実質賃金率を通して,円周モデルに現れる各経済主体に対して影響を及ぼし,経済地域の空間および経済構造に作用することになる。

(4) 市場地域の長さおよび角度による空間および経済構造の表示

円周モデルを用いると,経済地域の空間および経済構造の多くを経営の市場地域の長さそして,ある角度により示すことが可能であり,それらの分析をかなり容易にする。まず,空間および経済構造を経営 AB の市場地域の長さで表

わすことにする。

経営 A, B の市場地域における財の販売量 $Q_{Di}(i=A, B)$ は(60)式で求められる

$$Q_i = 2d_S \int_0^{E_{Si}} (a-p_i-t\,e_{Si})\,d\,e_{Si}$$
$$(i=A,\ B) \qquad (60)$$

(60)式を $e_{Si}(i=A, B)$ により積分すると次式をえる

$$Q_{Di} = 2d_S E_{Si}(a-p_i-t_S E_{Si}/2)$$
$$(i=A,\ B) \qquad (61)$$

経営 A, B の販売量はその市場地域の長さで表示されることになる。経営 A, B の店頭渡価格は市場地域の長さで表わされるので、経営 A, B の収入もその市場地域の長さの関数で表わすことができる。

次に経営の生産量は経営の販売量に等しいという事実を利用して経営の市場地域の長さでまず経営 A, B の雇用者数と通勤圏の長さを表わすことにする。経営 A, B の当該の販売量の生産に必要な雇用者 $n_i(i=A, B)$ は(62)式で求められる。

$$n_i = (Exp(2d_S E_{Si}(a-p_i-t_S E_{Si}/2)/S_{Gi})-1)/S_{Ii}$$
$$(i=A,\ B) \qquad (62)$$

また経営 A, B の雇用者数 $n_i(i=A, B)$ は通勤圏を用いて(63)式によって表わせる。

$$n_i n_i = 2d_L E_{Li}$$
$$(i=A,\ B) \qquad (63)$$

したがって、通勤圏の長さ E_{Li} は(64)式のように経営 A, B の市場地域の長さ $E_{Si}(i=A, B)$ により表わすことができる。

$$E_{Li} = (Exp(2d_SE_{Si}(a-p_i-t_SE_{Si}/2)/S_{Gi})-1)/(2d_LS_{Ii})$$
$$(i=A, B) \tag{64}$$

経営 A,B の通勤圏の長さが(64)式のように市場地域の長さで求められると, 点 C と通勤圏の端点を結ぶ直線の長さ $D_{Li}(i=A, B)$ も容易に市場地域の長さで(65a),(65b)式のように表わすことができる。

$$D_{LA} = (U^2+V^2-Cos((Exp(2d_SE_{SA}(a-p_A-t_SE_{SA}/2)/S_{GA})$$
$$-1)/(2d_LS_{IA})))^{0.5} \tag{65a}$$
$$D_{LB} = (U^2+V^2+Cos((Exp(2d_SE_{SB}(a-p_B-t_SE_{SB}/2)/S_{GB})$$
$$-1)/(2d_LS_{IB})))^{0.5} \tag{65b}$$

上記の(64)式と(65a),(65b)式から経営 A,B の賃金率は市場地域の長さの関数として(66a),(66b)式で表わすことができる

$$w_A = w_C - t(U^2+V^2-Cos((Exp(2d_SE_{SA}(a-p_A-t_SE_{SA}/2)$$
$$/S_{GA})-1)/(2d_LS_{IA})))^{0.5} + t_S((Exp(2d_SE_{SA}$$
$$(a-p_A-t_SE_{SA}/2)/S_{GA})-1)/(2d_LS_{IA})) \tag{66a}$$
$$w_B = w_C - t(U^2+V^2+Cos((Exp(2d_SE_{SB}(a-p_B-t_SE_{SB}/2)$$
$$/S_{GB})-1)/(2d_LS_{IB})))^{0.5} + t_S((Exp(2d_SE_{SB}$$
$$(a-p_B-t_SE_{SB}/2)/S_{GB})-1)/(2d_LS_{IB})) \tag{66b}$$

雇用者数も(63)式で示されるように経営 A,B の市場地域の長さで表わされるので経営 A,B の費用も収入と同じく市場地域の長さの関数で表わすことができる。

(5) 角度による空間および経済構造の表示

図IV A-5 の点 C において x 軸と点 C と経営 A,B の市場地域の端点を結ぶ直線が点 C で作る角度を $\theta_i^*(i=A, B)$ として, この角度により経営 A,B の市場地域の長さと点 C と経営 A,B の市場地域の端点を結ぶ直線の距離を表わし, 経営 A,B が関係する空間および経済構造を角度 θ_i^* を用いて示すこと

にする。

図ⅣA-6の点Cから経営A, Bの市場地域の端点S_1とS_2までの直線距離$D_{Si}(i=A, B)$は(67)式で求められる。

$$D_{Si} = VCos\theta_i^* + ((VCos\theta_i^*)^2 - V^2 + U^2)^{0.5}$$
$$(i=A, B) \tag{67}$$

そして経営A, Bから円周にそっての市場地域の端点S_1とS_2までの距離E_{Si} $(i=A, B)$は(68a), (68b)式で求められる。

$$E_{SA} = \int_\pi^{\theta A^*} ((dM_{SA}/d\theta)^2 + M_{SA}^2)^{0.5} d\theta \tag{68a}$$

$$E_{SB} = \int_0^{\theta B^*} ((dM_{SB}/d\theta)^2 + M_{SB}^2)^{0.5} d\theta \tag{68b}$$

(68a), (68b)式をθで積分すると経営A, Bの市場地域の長さ$E_{Si}(i=A, B)$は角度θ_i^*の関数で(69a), (69b)式で表わされる。

$$E_{SA} = U(\theta_A^* + ATN(k/(1-k^2)^{0.5}) - \pi) \tag{69a}$$
$$E_{SB} = U(\theta_B^* + ATN(k/(1-k^2)^{0.5})) \tag{69b}$$

ただし$k=(V/U)Sin\theta_i^*$ $(i=A, B)$である。

このように経営A, Bの市場地域の長さE_{Si}が角度θ_i^* $(i=A, B)$の関数で表わされると, 経営A, Bに関する空間および経済構造, すなわち経営A, Bの市場地域および通勤圏の長さ, 経営A, Bの店頭渡価格, 販売量そして利潤は角度θ_i^*で表わせることになる。

(6) 経営の利潤最大化条件と市場の均衡条件

（ⅰ）経営の利潤最大化条件

経営A, Bが他の形態の市場から影響をまったく受けない地域独占の立場にあれば, 経営A, Bはその利潤を最大化するように店頭渡価格を決定する。しかし, ここで想定するように競争的市場との関係がある場合には, 経営A, B

の店頭渡価格は競争市場における財の価格，経営A，Bと競争市場との地理的距離，そして経営A，Bの市場地域の長さに依存する。したがって，経営A，Bはその利潤最大化のために財の店頭渡価格ではなく市場地域の長さを決定することになる。

上記のように経営の市場地域の長さは角度θ_i^* $(i=A, B)$ で表わせるので，経営A，Bは利潤を最大化する角度θ_i^*を求めることになる。この角度は経営の利潤関数を角度θ_i^*で微分してゼロとおくことで求められ(70)式をθ_i^*について解くことになる。

$$dY_i/d\theta_i^*=0$$
$$(i=A, B) \qquad (70)$$

他方，点Cに立地する各経営の利潤は労働者数の関数として示される。経営は利潤の最大化する労働者数を決定することになる。その労働者数は(71)式をn_Cついて解くことで利潤を最大化する労働者数を求める。

$$dY_C/dn_C=0 \qquad (71)$$

(ii) 市場地域と通勤圏の関係と財市場の均衡条件

経営A，Bは財の市場地域において販売する量に等しい量だけ生産する。その生産に必要な労働者数は生産関数から求められ，その数から必要な通勤圏の範囲も決定される。販売量は市場地域の長さで表わされるので，経営A，Bの市場地域の長さとその通勤圏の長さは(64)式で関係付けられる。

経営A，Bの市場地域の長さが決定されると点Cの比較的多数の経営に残された市場地域の長さと総需要量そして労働者の数およびその居住地域も決定される。点Cの経営に残された総需要量TQ_{DC}は(72)式をθ_A^*から$(2\pi-\theta_B^*)$まで積分して求められる。

$$Q_{DC}=2d_s \int_{\theta A^*}^{2\pi-\theta B^*} (a-p_C-t(V\cos\theta+((V\cos\theta)^2-V^2+U^2)^{0.5}))M_S d\theta \qquad (72)$$

点 C における各経営の生産量は(70)式を通して(46b)から求められ,財の総需要量は(72)式で与えられる。したがって,財の生産量と販売量を一致させ財市場を均衡させる点 C の経営数 N は(73)式を N について解くことにより得ることができる。

$$TQ_{DC}=NQ_{SC} \qquad (73)$$

経営 A,B の利潤を最大化する市場地域の長さを指示する角度 θ_i^* ($i=A$, B) が導出されると,その θ_i^* に基づいて均衡状態における空間構造,すなわち市場地域と通勤圏のサイズ,そして経済構造,すなわち経営の店頭渡価格および利潤,財の購入量また雇用者数と賃金率,さらに点 C における経営数が導出される。

以下では異なる競争形態の市場を包含する経済地域の経済空間構造について具体的数値を用いて分析しよう。

2) 異なる競争形態の市場間における経済的相互作用と空間および経済構造

円周モデルのパラメータに具体的数値を与え,数値計算により2つの異なる形態の市場を包含する経済地域における経済空間構造を考察する。

(1) 角度による経営の利潤の表示

地域独占の立場を享受する経営 A,B の利潤は角度 θ_i^* ($i=A$, B) により表わすことができる。まず経営 B について利潤を表示すると(74)式で表わすことができる。

$$Y_B = ((p_C + t\alpha - t_S\beta) * 2d_S\beta * (a - (p_C + t\alpha - t_S\beta) - (t_S/2)\beta))$$
$$- ((1/S_{IB})(Exp((1/S_{GB})2 d_S\beta * (a - (p_C + t\alpha - t_S\beta)$$
$$- (t_S/2)\beta))) - 1)) * (w_c - (V^2 + U^2 + 2 V U Cos$$
$$((1/(2*d_L U))((1/S_{IB})(Exp((1/S_{GB})*2d_S\beta *$$
$$(a - (p_C + t\alpha - t_S\beta) - (t_S/2)\beta))) - 1))))^{0.5}$$
$$+ t_S(1/2d_L)((1/S_{IB})(Exp((1/S_{GB})2d_S\beta *$$
$$(a - (p_C + t\alpha - t_S\beta) - (t_S/2)\beta))) - 1)) - F_B \qquad (74)$$

ただし $\alpha = V Cos\theta_B^* + ((V Cos\theta_B^*)^2 - V^2 + U^2)^{0.5}$
$\beta = U(\theta_B^* + ATN((V/U)Sin\theta_B^*/(1 - ((V/U)Sin\theta_B^*)^2)^{0.5}))$.

この(74)式をθ_B^*で微分してθ_B^*をついて解けば経営Bの利潤を最大化する最適市場地域を指示する角度を求めることができる。

$$dY_B/d\theta_B^* = 0 \qquad (75)$$

表ⅣA-9のようにすべてのパラメータに具体的数値を与えて最適角度を導出することにする。

表ⅣA-9 パラメータの数値

U	V	d_S	d_L	p_C	w_c	t	t_S
5	2	1.75	1.25	5	10	1	1.2

$S_{GA, B}$	$S_{IA, B}$	S_{GC}	S_{IC}	a	$F_{A, B}$	F_C
30	3	3	1	15	5	0.75

このような数値をパラメータに与えた場合の経営Bそして経営Aの最適市場地域の長さを指示する$\theta_i^*(i=A, B)$はそれぞれつぎのように求められる。

$$\theta_A^* = 4.0789$$
$$\theta_B^* = 0.6259$$

点Cに立地する経営数は110.4と求められる。これらの数値を用いて当該経済地域の均衡状態における空間および経済構造を明らかにすることができる。

IV 生活と生産空間の連結　209

(2) 異なる競争形態の市場間における空間および経済構造

経営 A，B の最適市場地域の長さを示す角度を用いて当該経済地域における空間および経済構造を導出する。これら2つの構造を示す市場地域，通勤圏，経営の店頭渡価格，賃金率，販売量，利潤などは表IV A-10 により示される。

表IV A-10　経済地域における空間および経済構造

	経営 A	経営 B	点 C の経営
市場の長さ：$2E_S$	6.08	8.62	16.71
通勤圏の長さ：$2E_L$	4.78	5.84	2079
経営の利潤：Y	369.9	531.5	0.33
財の販売量：Q	88.23	92.1	1.22
財の価格：p	4.89	6.31	5.0
賃金率：w	9.51	6.50	10.0
雇用者数：n	5.95	6.85	0.5
経営数 N	1	1	110.4

図IV A-6　経済地域における市場地域および通勤圏

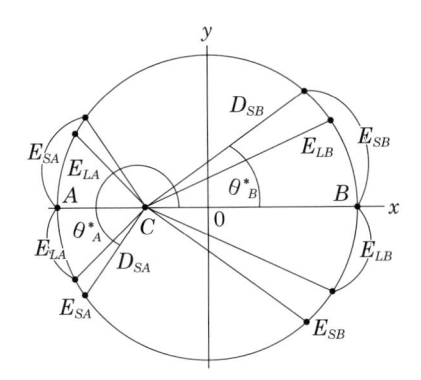

表IV A-10 の数値から，当該経済地域の空間および経済地域の構造に関して次のことが推察される。競争的市場に近い地域独占経営 A の市場地域および通勤圏の広さはそれより遠い経営 B のそれらより小さい。いずれの経営においても市場地域は通勤圏より大きい広さになる。図IV A-6 はこの場合における空間構造を示している。

次に経済構造をみよう。経営 A の財の店頭渡価格は点 C より低い，すなわ

ち経営の利潤最大化のために世界市場で決められる価格より低い価格を付けることになる。経営Bの店頭渡価格は点Cのそれより高く設定できる。経営A, Bの提示する賃金率は当該経済地域における産業により決められる水準より低く設定できるが，経営Bにおいてより低くなる。財の販売量は経営Aの店頭渡価格が低いので，小さい市場地域であっても経営に近い量になる。経営Bは高い店頭渡価格と低い賃金率を設定できるので経営Bの利潤は経営Aよりかなり高くなる。

したがって，次のように言えよう。競争的な市場より遠い地点に立地する独占経営ほどより高い価格と低い賃金率を設定でき高い利潤を享受できる。また競争的市場に近い消費者ほど低い引渡価格で財を入手でより多い財を購入でき有利である。また労働者にとっても競争的市場に近いほどより高い賃金率をえることができ経営Aの周辺が有利となる。

3) 空間と経済的状況の変化と空間および経済構造の変化

本小節ではいくつかのパラメータの値を変化させて，それにより生じてくる経済空間の構造の変化を分析しよう。

(1) 消費者密度と運賃率の変化と経済空間構造の変化

最初に消費者密度が1.75から2.5へ上昇する場合における空間および経済構造の変化をみよう。各構造を示す値は表ⅣA-11(a)で与えられている。消費者密度が上昇すると経営A, Bの市場地域は縮小し，通勤圏が拡大する。とりわけ競争的市場に近い経営Aにおいては通勤圏が市場地域より大きくなる。経営A, Bの財の店頭渡価格と賃金率はともに上昇し，特に経営Aの提示する賃金率は点Cでの賃金率より高い，すなわち経営Aはその利潤最大化のために産業全体により決められる賃金率より高い賃金率を提示することになる。しかし経営Aは経営Bとともに消費者密度の上昇のためより高い利潤を獲得することができる。

続いて，運賃率t_Sが1.2から0.85へ低下する場合における空間および経済構造の変化を検討する。この場合における各構造を示す値は表ⅣA-11(b)で与

えられている。

　運賃率 t_S が低下する場合において注目すべき空間および経済構造における変化が2つある。競争的市場に近い経営 A の通勤圏が経営 B のそれよりながくなることである。次に販売量および雇用者が経営 B のそれより多くなることである。これらはともにこの運賃率の低下により経営 A の市場地域が大幅に拡大し，販売量を増加させ，これにともない雇用者が増加することによるものである。

表Ⅳ A-11　消費者密度と運賃率の変化による経済空間構造の変貌

	(a) $d_S=2.5$			(b) $t_s=0.85$		
	A	B	C	A	B	C
$2E_S$	4.74	7.22	19.45	7.48	10.0	13.93
$2E_L$	6.22	7.24	17.95	7.80	7.71	15.91
Y	442.7	655.4	0.33	475.9	649.6	0.33
Q	95.8	100.1	1.22	102.3	101.9	1.22
p	5.50	7.29	5.0	5.60	7.05	5.0
w	10.16	7.71	10.0	9.47	6.69	10.0
n	7.79	9.05	0.5	9.76	9.64	0.5
N	1	1	184.7	1	1	88.1

　経済空間の構成に関しては次のように言える。競争的な市場地に近い経営 A は財の低い店頭渡価格と高い賃金率を強いられ，不利な経営環境となる。逆に遠方の経営 B は地理的距離により高い財の価格と低い賃金率を課すことができ有利な立場を享受できる。他方，消費者および労働者の視点からは，経営 A の周辺において財の引渡価格が低く，高い賃金率なり有利になる。低い財の引渡価格は消費者の財の購入量を増加させ，財の販売量の増加により経営 A の経営環境に貢献することになる。もし消費者および労働者の居住の移動が可能になれば，競争的市場地に近い地域に移動することになる。これは競争的市場地に近い経営の経営環境を良くし，より遠方の経営より多い利潤を得ることも可能にする。これにより新たな均衡状態が生じてくることになる。

補論　接触価格の有用性について

これまでの考察において経済空間の組成において接触価格あるいはフロンティア価格と呼ばれる価格概念は常に重要な役割を果たしてきている。接触価格は単純に店頭渡価格に輸送費を加算したものと理解され，その概念の役割が軽視される恐れがある。そこで補論において経済空間の分析における接触価格あるいはフロンティア価格概念のもつ有用性について検討する。この説明のために円周モデルを利用して説明を行うことにする[5]。

1) 円周小売市場における競争様態の相違と生産経営の利潤

接触価格（フロンティア価格）の有用性に関する説明のための基本的仮定と枠組をこれまでの考察にそって説明する。図A1で再示される半径 U の円周上に消費者が均等に密度1で居住し，各消費者は小売経営により販売される財に対して(A1)式で示される需要関数を有する。

$$q=a-p_r-t\theta U \tag{A1}$$

各記号の内容はこれまでと同じであるが，再述すれば q は需要量，a は消費者の最大需要価格，p_r は小売経営が課す財の店頭渡価格。$t\theta U$ は消費者から小売経営までの輸送費であり，t はその運賃率，θU はその距離を表す。θ は当該の

図A1　円周市場と中心に立地する生産経営

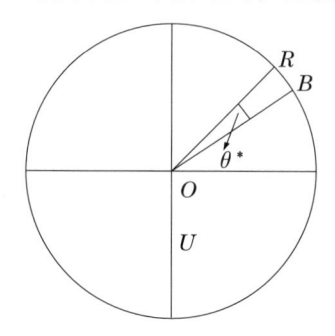

消費者と中心点 O を結ぶ線が，小売経営と点 O を結ぶ線が中心点 O で作る角度である。小売経営は円周上に均等間隔で立地し生産経営から消費財を仕入れ利潤 Y_r を最大化する店頭渡価格で消費者に財を販売する。生産経営は円の中心点 O に立地し財の生産を独占して行う。生産経営から各小売経営までの財の輸送費は生産経営が負担する。

小売経営の利潤 Y_r は(A2)式で表わされる。

$$Y_r = (p_r - p_m - c_r)Q_S - F_r \tag{A2}$$

Q_S は小売経営の販売量であり(A3)式で示される。

$$Q_S = 2\int_0^{\theta^*}(a - p_r - t\theta U)Ud\theta \tag{A3}$$

生産経営は2種類の労働力 L_1 と L_2 を用いて1種類の製品を生産する。生産工程の固定費は F_m で示される。財の生産関数は(A4)式で示され，最初は統合された生産工程により財を生産する。

$$Q = AL_1^\alpha L_2^\beta \tag{A4}$$

ただし各記号はこれまでと同じく Q は生産量，A, α, β はパラメータであり，$A>0$, $0<\alpha<1$, $0<\beta<1$, $0<(\alpha+\beta)<1$ である。中心点 O では各労働者に対する賃金率は同じであり w で示される。

生産経営の利潤 Y_m は(A5)式で示される。

$$Y_m = (p_m - t_A U)NQ_S - w(L_1 + L_2) - F_m \tag{A5}$$

ただし N は円周市場に立地する小売経営の数，t_A は生産経営から小売経営へ財を輸送する場合における運賃率である。生産経営は市場において需要される量を丁度生産する。したがって $NQ_S = Q$ が成立することになる。生産経営の利潤は(6)式のように生産量の関数として再示できる。

$$Y_m = (p_m - t_A U)NQs - w(Q/A)^{1/(\alpha+\beta)}(((\alpha/\beta)^\beta)^{1/(\alpha+\beta)}$$
$$+ ((\beta/\alpha)^\alpha)^{1/(\alpha+\beta)}) - F_m \qquad (A6)$$

2) 自由参入均衡における小売経営の店頭渡価格と市場地域の広さ

小売市場が独占的競争状態であり,自由参入均衡が成立する場合における小売経営の店頭渡価格とその市場地域の広さは先述した仕方で導出される。

$$dY_r/dp_r = (p_r - p_m - c_r)(dQ/dp_r + dQ/d\theta^* \cdot d\theta^*/dp_r) = 0 \qquad (A7)$$
$$Y_r = 0 \qquad (A8)$$

(A7)式おける $d\theta^*/dp_r$ は小売経営がその店頭渡価格を変化させる場合における市場地域の長さの推測的変分を示す。$d\theta^*/dp_r$ の値は,当該小売経営による近隣小売経営の店頭渡価格の推測的変分に依存する。すなわち競争相手の店頭渡価格を p_r' で示すと,$d\theta^*/dp_r$ は(A9)式により決められる。

$$d\theta^*/dp_r = (dp_r'/dp_r - 1)/(2tU) \qquad (A9)$$

先述のように dp_r'/dp_r の値が 1 0,-1 ならば,それぞれ Lösch 型,Hotelling-Smithies 型,Greenhut-Ohta 型の競争形態をそれぞれ表す。3つの典型的な競争形態のうち,競争形態の相違が強く表される Lösch 型と Greenhut-Ohta 型の競争の2つの形態を想定して分析を進める。

各型の競争形態における小売経営の数と店頭渡価格が求められると,(A3)式および(A6)式を利用して,各小売市場の競争均衡においての生産経営の生産量および利潤を導出することができる。

3) 競争均衡における生産経営の利潤

円周小売市場が競争状態にあり,2つの自由参入均衡型がそれぞれ成立する場合における生産経営の利潤を導出する。そこで各パラメータの数値は表 A1 で示されるようにそれぞれ与える。

生産経営の利潤を最大化する工場渡価格,そして,その利潤額は先述した仕

表 A1　各パラメータに対して割り当てられる数値

U	a	A	α	β	t	t_A	c_r	w	F_r	F_m
5	20	10	0.3	0.45	1.1	1	1.2	5	10	150

方で求められる。表A2は上記の一連の手順に従って導出される生産経営の最適工場渡価格,小売経営の均衡店頭渡価格と市場地域の広さ,そして生産経営の生産量および利潤を示している。表A2から明らかなように,生産経営の利潤は小売市場がGreenhut-Ohta型の競争均衡が成立する場合に最大になり生産量も最も多くなる。また小売経営の市場地域の広さから明らかなように,小売経営の数はLösch型均衡の場合に最大になる。

表 A2　最適工場渡価格,均衡小売価格
　　　　　市場地域,生産量,利潤

均衡型	p_m	p_r	θ^*	NQ_s	Y_m
Lösch	12.50	16.5	0.11	93.7	359.2
$G-O$	12.30	14.5	0.20	155.2	603.8

3)　競争様態の異なる市場地域の接触とその影響
(1)　競争様態の異なる市場の連結による財の価格,販売量の変化

同じ市場地域と生産経営を想定しても小売経営間における競争形態が相違することにより,小売市場地域における財の価格,販売量,生産経営の利潤はかなり異なったものになる。ここでは以下に示されるような状況を想定し,異なる競争形態を有する市場地域が輸送線で結ばれる場合に市場地域の経済様態がいかに変化するかを考察する。

いま図A2で示されるように,2つの円周市場地域A, Bがあり市場地域Aにおいては,Lösch型均衡が成立し,市場地域BではGreenhut-Ohta型の競争均衡が成立しているとしよう。次いでこれら2つの市場地域が点$Ra-Rb$を結ぶ輸送線によって結ばれるようになり,それら2点間における財1単位の輸送費は丁度0.5であるとする。さらに,円周市場地域AのRa点,市場地域B

の Rb 点にはそれぞれ小売経営が立地していると仮定する。

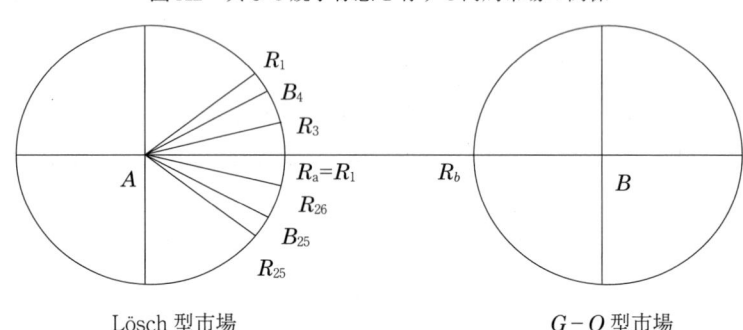

図 A2　異なる競争様態を有する円周市場の関係

Lösch 型市場　　　　　　　　　G-O 型市場

　円周市場地域 A では Lösch 型均衡が成立しているので，小売市場において小売経営数は28であり，地点 Ra に立地している小売経営（R_1 とする）の店頭渡価格は16.5となっている。他方，円周市場地域 B では Greenhut-Ohta 型の競争均衡が成立しており Rb 点に立地する小売経営の店頭渡価格は14.5である。このような経済状況にある2つの円周市場地域が地点 $Ra-Rb$ を結ぶ輸送線によって結ばれるとすれば，次のような状態が生じることになる。すなわち，市場地域 B の Rb 点から提供される財の引渡価格は，円周市場地域 A の地点 Ra において15となる。この引渡価格の水準は小売経営 R_1 の店頭渡価格の水準16.5より低くなる。もし，小売経営 R_1 が市場地域 B から財を仕入れ店頭渡価格15で財を販売する場合，あるいは消費者が市場地域 B へ出かけられる場合には，次のような可能性が生じてくる。地点 Ra の両側の円弧に居住する消費者の需要は市場地域 B に吸収され，地域 B の生産経営の生産量を増加させ，地域 A の生産経営の生産量は減少することになる。

　円周市場地域 A の地点 Ra において市場地域 B から供給される財が店頭渡か価格15で販売されるとすれば，どの地点までの消費者が市場地域 B から供給される財を購入することになるかをみよう。小売経営の市場地域の境界点においては財の引渡価格が同じでなければならない。さらに，小売経営にとって最小必要な市場地域が確保されねばならない。このようなことから，地点 Ra

において店頭渡価格15で財が販売されることになると，地点 Ra に立地していた小売経営の他に，その両側にそれぞれ立地している2小売経営がその市場地域を失うことになり，5つの小売経営が市場地域 A から消失することになる。そのため地点 Ra から第3番目に立地する小売経営から販売される財の引渡価格と地点 Ra から販売される財の引渡価格が同じになる地点の導出が問題となる。その地点は次式を θ_b について解くことで求められる。

$$(15+t\theta_b U)=(16.5+tU(0.44-\theta_b)) \tag{A10}$$

ただし，θ_b は上記の2地点から販売される財の引渡価格が同じになる地点を示す角度である。この角度は0.4664と求められる。図A2において第3番目の小売経営と地点 Ra から販売される財の引渡価格が同じになる地点が B_4 で示されるとすれば，その点は $\theta_b=0.4664$ で示されることになる。その市場境界点における引渡価格は17.57になる。そして第3番目の小売経営の市場地域は若干拡大されることになり，その利潤は丁度ゼロからプラスに転じることになる。上記の場合，市場地域 A の生産経営の利潤は，小売経営が5つ減少するため約64減少し，市場地域 B の生産経営の利潤は，その工場渡価格を同じであるとすれば生産量の増加により104の増加となる。

　さて，このような状況に対して円周市場地域 A の小売および生産経営が市場地域 B へ消費者を奪われない状況を生み出すとすれば，それはどのような市場状況であるかを導出しよう。それは円周市場地域 A における全ての小売経営の店頭渡価格が15と与件とされることになる。店頭渡価格が15と決められたうえで，生産経営がその利潤を最大化する価格付けをし，小売経営の数が小売経営の利潤をゼロとするような市場状況が生み出されることになる。小売経営の利潤をゼロとする小売経営の数は(A11)式を θ^* について解くことで求められる。

$$Yr=(15-pm-cr)2\int_0^{\theta^*}(a-15-t\theta U)Ud\theta-Fr \tag{A11}$$

生産経営の価格は前節と同じ繰り返し計算を行うことから導出することができ

る。ここでの想定においては表A2で示されるように，生産経営の価格p_mは12.8となり，θ^*は0.23と導出することができる。これにより円周市場地域Aにおける経済状況は表2Aで示されるように変化することになる。すなわち，

総販売量は137.4，生産経営の利潤は599.1，小売経営数は13.7となる。生産経営の利潤は市場地域Bとの接触が起こる以前より増加し，財の販売量も増加する。他方，小売経営数は減少することになる。したがって，小売市場地域の接触は小売市場地域Aの生産経営および消費者にとっては望ましい結果をもたらすことになると言える。

表A2 市場地域Aでの工場渡価格，小売価格，生産量，利潤

p_m	p_r	θ^*	NQ_s	Y_m
12.8	15.0	0.23	137.4	599.1

(2) 競争様態の異なる市場の連結のもつ空間経済的含意

財の小売市場における競争形態の相違により，財の店頭渡価格と生産経営の工場渡価格は相違する。このような異なる市場地域が，例えば輸送機関における技術革新や整備，さらに関税の引き下げ，規制緩和などにより連結されることはしばしば実際に見られることであろう。このような場合，上記のように小売経営の店頭渡価格が高い市場地域の経済的様態が，それが低い市場地域から影響を受けて変更されることになる。すなわち，小売経営の店頭渡価格の低下を強いられ，これにより小売経営数の変化が生じ生産経営の生産量および利潤が変化する。

異なる経済的様態をもつ市場地域が連結されることにより生じる上記の変化の中で，空間経済学の視座から最も興味深い点は次のようなである。すなわち，小売経営により決定される店頭渡価格が，ここではある地点において外生的に与えられる引渡価格に基づいて定められるということである。

小売経営が課す店頭渡価格に輸送費が加算された価格が引渡価格であるので，伝統的な立地論では，引渡価格が果たす経済的役割は小売経営の市場地域の境界の確定のように付随的なものと一般的には捉えられてきていると言え

る。このような状態において，財の引渡価格に関してもっとも関心を払って立地研究に取り組んできたのはE. M. Hoover（1970）である。HooverはFrontier Priceとその集合体であるFrontier Price Curveを用いて市場地域および中心地体系を分析する。この概念と手法を用いることにより，財の生産において作用する規模の経済と財の生産地点と消費者までの輸送費が，いかに市場地域の広さの決定そして市場地域内における財の販売量などに影響を及ぼすかを考察できることになる。この研究に加え，市場境界点における引渡価格を用いて独自のモデルを構築し空間経済学に新しい視点を提供した考察としてGreenhut-Ohta（1973）の研究がある。

Greenhut-Ohtaの市場地域に関する考察モデルでは競争関係にある2つの小売経営の市場地域の境界点における財の引渡価格がパラメトリックに与えられる。その引渡価格に基づいて，市場地域の広さそして独占的競争均衡価格が決定される。市場境界における引渡価格が最初の与えられるという仮定はかなり斬新なものであった。次いでCapozza-. van Order（1978）はGreenhut-Ohtaのモデルから出される結果を価格の推測的変分を用いることにより簡潔に導出できることを示しGreenhut-Ohtaのモデルから出される結果は価格の推測的変分がマイナス1とすることで導出できることを明らかにした。この推測値の意味することは，小売経営が店頭渡価格を1単位低下させる場合に，競争相手はその価格を1単位上昇させるであろうと推測することである。このような推測的変分に関する分析はSchöler（1993）により詳しく論じられているものの直感的には理解されにくいと言える。この推測値もGreenhut-Ohtaモデルをより理解しにくいものにしていると思われる。このような2つの事柄がGreenhut-Ohtaモデルの特徴またその特長は理解されにくいものにした。

Greenhut-Ohtaモデルを理解されにくいものにしている2つの事柄のうち，後者はIshikawa-Toda（1998）によりCapozza-. van Orderによる価格の推測的変分を応用することなくGreenhut-Ohtaモデルから導出される解の性質を簡潔に導出できることが，先述のHooverによるFrontier Price Curveを用いることで明確に表されることが示された。

最後にこのモデルの理解を困難にさせている前者の事柄が残されている。すなわち，競争関係にある2つの小売経営の市場地域の境界点での財の引渡価格がまず与えられ，その引渡価格に基づいて，市場地域の広さが決められそれに応じて独占的競争均衡価格も一意的に決定されるというモデルの設定である。この設定の妥当性は本補論において示された状況を想定する場合にはよく理解されるものである。すなわち空間的に分離されていた2つの市場地域が，輸送機関における技術革新や関税の引き下げなどにより連結，接触する場合はしばしば見られる現象である。その場合，小売経営の店頭渡価格が高い市場地域は，小売経営と生産経営とも大きな変更を強いられることになる。その変更はまさに，異なる市場地域から供給される財が接触する地点における引渡価格（接触価格）に基づいて引き起こされるのである[6]。このような状況のもとではGreenhut-Ohtaモデルはより理解されるものとなる。このようなことから，次のように考えられる。規制緩和や関税の引き下げによりある国内市場が他国の市場と接触する場合，国内における小売市場の経済的構成，生産経営の工場渡価格と生産量などにおける変化の分析においてHooverやGreenhut-Ohtaよる引渡価格（接触価格）を重視する分析枠組が果たす役割も大きなものになる。

(3)　商品の引渡価格の一致と市場地域の多様な構成

　本小節では小売経営の引渡価格に焦点を当て，その経済空間の形成における意義を再検討しよう。次のような単純な想定をしよう。線分市場において小売経営が市場において商品の未供給地域を生じさせず，独占小売経営と同じ市場地域と価格付けを行なっているとする。そしてその状態は図A3Aで示されている。図の点Li(i=1, 2, 3, ...)は各小売経営の立地点各斜線は小売経営からの距離に応じて変化する引渡価格の水準を示している。ここでの市場境界点は消費者の商品購入量がゼロになる地点であり引渡価格が丁度商品の最大需要価格に一致する点である。

　この想定の下で新規小売経営の参入があるとしよう。新規小売経営は既存経営からの距離が最も長い境界点に参入するであろう。新規小売経営が首尾よく

参入できるのは，新旧の小売経営の市場境界での引渡価格が一致し，新旧の小売経営の利潤が非負の場合である。この場合には全小売経営の店頭渡価格は一致する必要はない。また全小売経営の利潤がゼロになるまで小売経営間の競争が進展するにしても，全経営の利潤がゼロになる状況は無数ありえる。ある経営は低い店頭渡価格で広い市場地域を持つ。他の経営は高い店頭渡価格で狭い市場地域でその費用を賄うのである。その状態は図 A3B で示されている。

図 A3A　擬似独占市場における市場地域と価格水準

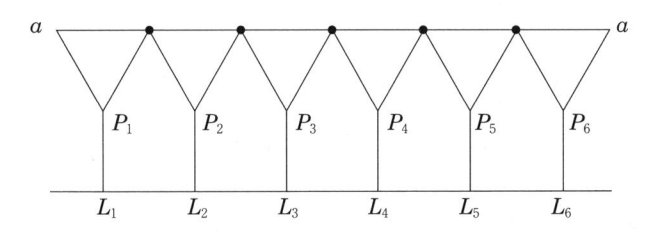

図 A3B　競争状態における小売経営の多様な市場地域と価格水準

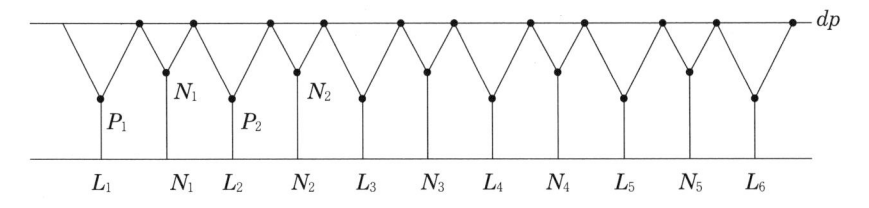

図 A3A，B に見るように市場境界で全ての小売経営の引渡価格が dp で一致していれば小売経営の店頭渡価格およびその市場地域の広さは種々ありえるということになる[7]。ここで示されるように市場境界における商品の接触価格がどの水準に決まるのかは小売経営にとって大きな関心事になる。

1) 1980年代以降においては生産経営と小売経営および消費者の間に介在する地理的距をモデルに取り入れ，生産経営による小売経営の制約手段について分析する研究も盛んになってきた。Bittlingmayer (1983)，Matheson-Winter (1983)，Schöler (1989) らの研究はこの年代になされている。

2) 寡占的小売市場における小売経営の価格付けの仕方はいくつか想定される。例えば新規参入を阻止する価格づけも考えられる。
3) 生産経営が小売経営の利潤をゼロにするようなフランチャイズ料を設定できるような強力な力を有する場合，生産経営の価格はかなり低くなる。その水準は限界生産費よりは高いが，財の輸送コストを含めると小売される財一単位当たりの利潤はマイナスになる。そのマイナス分を補い利潤全体を最大にするフランチャイズ料を生産経営は小売経営から得ることになる。
4) ここでの考察では Nakagome（1991）および Novshek（1980）らの考察が参考になる。
5) ここでの考察は石川（2011）に基づいている。
6) このことは，少数の国際的市場における製品の価格水準が，その製品の生産地における価格に影響するという状況に類似していると言える。
7) 平面空間においての新規参入経営による異なる市場地域の発生に関する考察についは Ishikawa-Toda（1995）を参照。

B　都市体系の経済効率性と健全性

　地域に組成される都市体系の在り方がその地域の経済効率性や健全性と関係があるとすれば，地域住民をはじめ各種の経済主体にとって都市体系は注目すべき要因である。さらに，どのような都市体系の組成を目指すかは重要な考察課題となる。また外国や他の地域の企業が新規工場の立地を探査する際，地域にある都市体系の在り方は立地因子となり当該地域への工場立地の可否を左右する場合がある。他方，国や県の行政がどのような都市体系を指向するかによって誘致する企業と誘致地点も異なると考えられる。本 B 部においては立地因子としての都市体系，そして都市体系の経済効率性と健全性について考察を展開して行くことにしたい。

1. 立地因子としての都市体系

1) ケオス的現象による最適立地点の不明確化

Ⅲ章Bでの考察「利潤最大化を目指す生産経営の立地と価格」において3つの地点で生産される原材料を用い，1製品を製造して市場へ出荷する工場の立地が分析された。この分析では生産経営の利潤を最大化する工場の立地点を首尾よく導出できた。しかし一般的には利潤最大化の立地点は容易に導出できるとは限らない。また導出できたとしても種々の理由からその地点に実際に工場を建設できるとは限らない。本節では生産経営が最適地点に工場を立地させられないというごく一般的な場合における生産経営の立地決定問題を考察する。

いま，ある生産経営がⅢ章Bの第3小節で示されるような状況にあるとする。そして，そこで用いられるパラメータの値は以下のように変化したとしよう。$p_1=2$, $p_2=0.1$, $p_3=0.05$, $t_m=0.11$, $t_e=0.01$, $t_g=0.225$, $a=6.5$, $A=1$, $F=0$。この場合においては図ⅣB-1で示されるケオス的現象が最適地

図ⅣB-1 立地決定過程において出現するケオス的現象

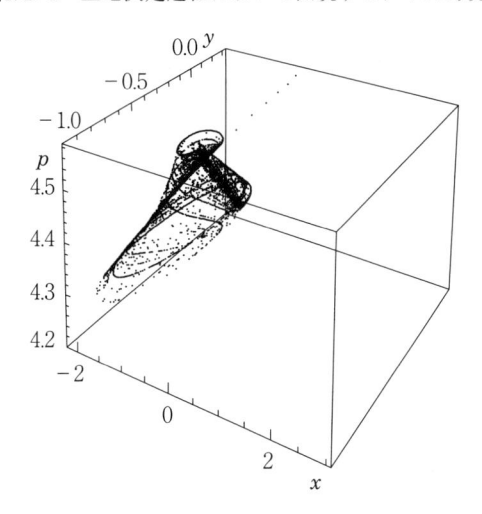

と最適価格の導出過程において出現する。この現象は最適解あるいは鞍点の周りに出現する。したがって最適解はケオス的現象の内部に隠されることになり，生産経営の最適立地点を直接得ることが困難になる。すなわち確かに，最適な立地点と価格はケオス的現象が生じている地域内のある地点にあるが，それを特定化できないことになる。

2) 立地点および価格決定におけるケオス現象の有用性

工場立地および価格決定においてケオス的現象の発生は，最適な立地点と最適な価格を隠して生産経営にとって厄介な事である。しかしながら，ケオス的現象は最適解および鞍点の周辺に生じるという点に着目する場合，その現象の有用性が認められる。

次のように想定できよう。すなわち，生産経営が，その工場の最適地点と価格を首尾良く決定できる場合においても，その地点に工場を建設できるとは限らない。例えば，最適地点は既に他の経営体によって土地利用が進められているかもしれない。また法律や規制により，さらには，地主との交渉や自然環境などが考慮され工場建設ができない場合が多々ありうる。このような場合において生産経営は最適地点の周辺において次善の立地点を調査することになる。そして最適地点から乖離した場合においては製品の最適価格はいかに変更されるべきかとい厄介な問題を惹起する。このように次善の立地点を探査する場合にはその地点を探査する範囲を設定せねばならず，付随して上記の価格設定の問題が生じる。

このような状況でケオス的現象は有用となる。第1にケオス的現象が生じる空間的範囲内に最適地点と価格が含まれるので，その地域内に最適地点が存在することを生産経営は知ることになる。第2にその現象が生じる空間的範囲内においては生産経営の利潤は最適水準からあまり乖離しないので，次善地点の探査上，その範囲内での立地点と価格の決定は利潤の観点から許容できるものと容認できる。すなわち通常，生産経営は次善の立地点およびその地点での価格を探査するために立地可能地域の設定をするが，その設定においてケオス現

象が利用できることになる。

　さらに，このような状況の考察から工場立地の決定問題において新たな考察局面が展開されることになる。生産経営の工業立地決定問題において利潤の水準は決定的に重要であり，それが最大化される地点に立地は定められるというのが基本的な生産経営の立地決定原理である。しかしながら，上記のような事情によって利潤に関してある許容範囲が設定される場合には，その範囲内であれば利潤以外の因子が立地に作用することが可能であるということになる。すなわち設定される立地可能地域の地理的範囲は現在ではかなり広いと考えられるので，立地候補地域における風景や文化，学術，芸術関連の施設の多さなども工場の立地決定に直接的に影響することも可能になる。本小節における考察の視野は地域の伝統・文化まで広げられないが，都市体系の特性は工場立地に作用すると考えられる。図ⅣB-1で示される状況においてケオス的現象の地理的範囲は広く，特徴を異にする都市体系のいくつかを包含すると想定される。したがって都市体系の在り方は，当該工場の立地決定に対して影響を及ぼすと考えられる。第Ⅱ章Bにおいて示されたように都市体系の構造が異なれば，都市体系内における小売経営の利潤は異なり，消費者の財の購入量も相違する。これらの相違は工場の労働者の生活水準に影響することになる。都市体系の在り方は生産経営にも直接・間接的に影響を与えると考えられる。それゆえ都市体系は多くの工場立地決定において重要な立地因子として考えられるのである。

　立地理論の分析においても，以上のようにケオス的現象の発生は生産経営の現実的な立地決定過程の考察を展開する上で大きなきっかけを提供し新たな立地分析の局面を切り開くことになる。

2．都市体系の特徴の数値化と経済効率性

　前節のように都市体系が生産経営の立地決定にも影響するとすれば，都市体系の特徴の導出，表示は重要な考察課題である。そこで，都市体系の特徴を数

値化すること,およびそれが経済活動とどのように結びついているかを分析しよう。本小節では最初に都市体系の特徴を数値化する手法について取り上げる。

1) 都市の人口規模分布の最大都市への偏りを示す乖離係数の導出

都市体系を形成する都市人口の規模分布がどの程度最大都市に偏っているか,あるいはその分布が都市間でいかに平準的であるかは,図示することで目視することは可能である。しかし,それらを数値で表示することは便利であり有用である。Sheppard (1982)はこのような偏りの程度を示す指標をエントロピー理論の応用により示している。最初にかれの考察に基づいて,人口分布の最大都市への偏りを表す指標となりうる乖離係数を紹介しよう。

ある1つの都市が地域の総都市人口に対して占める比率は p_r で示される。都市の数は N であるとする。各都市の人口比率を合計すれば,(1)式が成立する。

$$\sum_{r=1}^{N} p_r = 1 \tag{1}$$

もし都市に関する先験的情報がまったく無いとすれば,最も合理的な都市間における人口規模分布の推測は,$p_r=1/N$,である。すなわち,すべての都市が同一人口数になる分布である。この推測は,次式で表される不確実性量 H を最大にすることにより導くことができる。

$$H = -\sum_{r=1}^{N} p_r L_N(p_r) \tag{2}$$

(1)式の条件のもとで,(2)式を最大化すれば,その解は $p_r=1/N$ である。

しかしながら,実際の都市の人口規模分布は通常階層性を有する。それで人口規模分布において階層をどの程度生じさせるかに関する先験情報が存在すると考えられる。いま都市人口規模による都市の順位を r で示し,それに重みとして人口比率を乗じた次の(3)式を人口規模分布の最大都市への偏りを表す1つの指標とする。本小節ではこれを乖離係数とする。

$$K_1 = (1/N)\sum_{r=1}^{N} p_r L_N(r) \tag{3}$$

全人口が1都市に集中すれば$K_1=0$となる。また，完全に人口が都市間で均等分散すれば，

$$K_2 = N^{-2}\sum_{r=1}^{N} L_N(r) \tag{3a}$$

となる。(3)式のK_1の値を都市体系における人口規模分布における階層的構造の性質を表す数値，すなわち乖離係数CDとする。この乖離係数CDが小さいほど都市人口の規模分布は最大都市に偏っており，大きいほどその分布はより平準なものと考える[1]。本章では(3)式で示される乖離係数CDを都市体系の都市人口分布の状態を示す指標として用いられる。

また次式で与えられる値は乖離指標QCと本章では呼び，以下でなされる製造業および小売業の従業者数の分布状態を示す指標として用いられる。

$$QC = K_1/K_2 = (1/N)\sum_{r=1}^{N} p_r L_N(r) / N^{-2}\sum_{r=1}^{N} L_N(r) \tag{4}$$

ところで上記の考察から次のような興味深いことも導出される。(Sheppard, 1982, p.147)。(1),(3)式を条件として(2)式で示されるエントロピーを最大化する各都市の人口比率は次の(5)式を最大化することで得られる。

$$H = -(1/N)\sum_{r=1}^{N} p_r L_N(p_r) + \lambda(1 - \sum_{r=1}^{N} p_r) + \mu(K - \sum_{r=1}^{N} p_r L_N(r)) \tag{5}$$

(5)式を最大化する各都市の人口比率は次の連立方程式体系を解けば求められる。

$$\partial H/\partial p_r = -(1/N)(L_N(p_r)+1) - \lambda - (\mu/N)L_N(r) = 0$$
$$(i=1...N) \tag{6i}$$
$$\partial H/\partial \lambda = (1 - \sum_{r=1}^{N} p_r) = 0 \tag{6N+1}$$
$$\partial H/\partial \mu = (K - \sum_{r=1}^{N} p_r L_N(r)) = 0 \tag{6N+2}$$

連立方程式を解くことで得られる各都市の人口比率は所与の乖離係数の下で最

も平準な人口規模分布を生じさせる人口比率を示すものとなる[2]。さらに(6i)式から，解析的解法よって $Pr=P_1/r^{\mu}$ という関係を示すことができ，これはいわゆる順位・規模規則と呼ばれる関係を示すものとなっている。

2) 地域における都市分布を表す係数の導出

続いて都市体系の特徴を導出するために最近隣距離法により，ある一定地域内にある都市分布の密集の程度を検討する。

いま，面積 A の地域に $Ni (i=1, 2, 3... N)$ 個の都市があるとしよう。その N_1 都市から最も近い都市までの距離を r_1 とする。この距離を N 個求め，その平均距離 AR を導出する。すなわち，(7)式の値を最初に求める。

$$AR=(1/N)\sum_{i=1}^{N} r_1 \qquad (7)$$

次いで，(8)式 M の値を求める。

$$M=1/(2(N/A)^{0.5}) \qquad (8)$$

ある地域における都市の空間的分布の密集の程度は(9)式の ML で導出することができる[3]。

$$ML=AR/M \qquad (9)$$

この ML の値が小さいほど都市の分布は地域においてより密集していることになる。

3) 都市体系指標の導出

上記の小節では都市人口の分布と地域における都市の密集程度を数値化する手法を示した。これらの値が小さくなるほど都市の人口分布は大きな都市へ偏り，また都市は密集して存在することになる。逆に大きくなるほど，より平準化された人口分布でより均等的な都市の分布となる。そこで，本小節では(10)式で示されるような式を作成し都市体系指標（Urban System Index, USI）として

都市体系の特徴を示す指標とする。

$$USI = ((\alpha CD)^2 + (\beta ML)^2)^{0.5} \qquad (10)$$

ただしαとβは正のパラメータである。

4) 日本における都市体系指標の導出と製造出荷額との関係

日本の47都道府県にはそれぞれ1つの都市体系が存在すると考えても良いであろう。2002年度における都市人口と都市の立地から各地域における都市体系の特徴を導出しよう。それらは表IVB-1のように導出できる。ただし，この値の導出においては(10)式のパラメータは$\alpha=20$，$\beta=1$とそれぞれ仮定され，都道府県の面積Aとして可住面積を用いている。

表IVB-1　47の都市体系指標と製造品出荷額

地道府県	乖離係数	空間的都市密度	都市体系指標	製造品出荷額
北海道	0,032	1,386153	1,526767674	29,30765982
青森	0,102	2,466875	3,201104747	27,80793809
岩手	0,086	2,732682	3,228924089	28,35287965
宮城	0,054	1,986952	2,26149875	28,86541119
秋田	0,087	2,651569	3,171501253	27,92011869
山形	0,089	1,587727	2,385220702	28,63085047
福島	0,09	2,117017	2,778805766	29,27101442
茨城	0,074	1,491258	2,10101164	29,92966997
栃木	0,084	1,321813	2,137659785	29,6669297
群馬	0,1	1,750309	2,657740108	29,60914493
埼玉	0,044	1,334769	1,598751804	30,17732652
千葉	0,051	1,867061	2,127514525	29,98571619
東京	0,024	1,083915	1,185441139	30,09485861
神奈川	0,045	1,550007	1,792350766	30,5193745
新潟	0,063	1,802285	2,199052707	29,06758978
富山	0,073	1,124717	1,842983323	28,8021742
石川	0,073	3,191603	3,509690696	28,47839812
福井	0,098	2,393305	3,093462571	28,15402864
山梨	0,102	1,379157	2,462452632	28,38030143

長野	0,074	1,809893	2,337971811	29,3047207
岐阜	0,07	1,910697	2,368704956	29,18220048
静岡	0,059	1,941794	2,272215385	30,41510971
愛知	0,042	1,347925	1,588238442	31,17270125
三重	0,084	2,141469	2,721817703	29,66758608
滋賀	0,101	1,682657	2,6290181	29,38777877
京都	0,049	1,964006	2,194930513	29,16146885
大阪	0,044	1,216331	1,501286869	30,39086706
兵庫	0,052	2,036104	2,286332831	30,15344864
奈良	0,092	1,337015	2,274469211	28,3204263
和歌山	0,074	4,035519	4,298350542	28,35057554
鳥取	0,135	3,504247	4,423770528	27,65650853
島根	0,115	3,067504	3,834003294	27,63441435
岡山	0,066	2,496594	2,824072124	29,46991016
広島	0,053	2,334539	2,563917003	29,51144708
山口	0,093	3,10841	3,622404374	29,23067755
徳島	0,103	3,631774	4,17533032	27,9623602
香川	0,09	1,570651	2,38892151	28,350633
愛媛	0,072	1,942757	2,41824425	28,76267771
高知	0,066	3,500824	3,74141226	27,02177197
福岡	0,049	1,523937	1,811845586	29,57435968
佐賀	0,115	2,40255	3,325995321	27,96543266
長崎	0,076	2,456682	2,88889017	28,03213343
熊本	0,051	2,733707	2,917799644	28,49281934
大分	0,067	2,895773	3,190784083	28,6798057
宮崎	0,089	2,916389	3,41668373	27,82230076
鹿児島	0,055	2,651677	2,870782209	28,19590074
沖縄	0,093	1,412201	2,335361019	27,07192919

　次に2002年における都道府県の製造品出荷額の対数値は表ⅣB-1の最終列に示されている。都市体系指標と製造品出荷額の対数値の関係を見てみよう。それは図ⅣB-2において表される。図の横軸は都市体系指標，縦軸は都道府県の製造出荷額を示している。図示されるように都道府県における都市体系が集中傾向を持つに従って，都道府県の製造品出荷額が増える傾向が見られる。図で見る限り明らかに都道府県にある都市体系は製造品出荷額と一定の関係があると考えられ，都市人口は一極集中し，都市立地も集中的である方が生産経営の

製造には適していると推察される。

図ⅣB-2　都市体系指標と製造品出荷額の関係

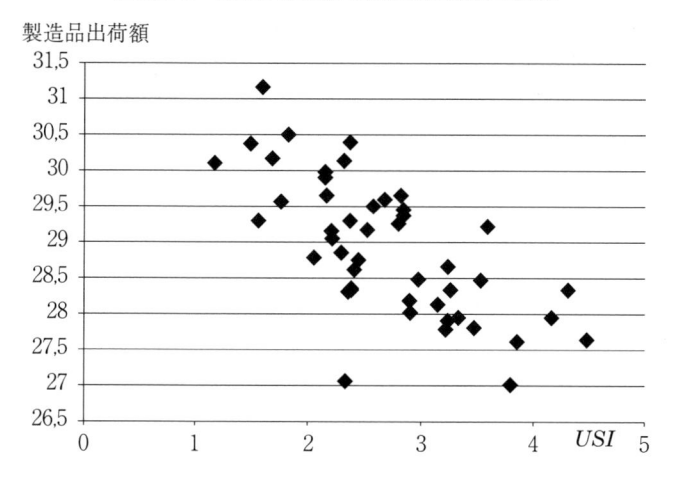

3．都市体系の在り方と健全性の関係

1) 地域の健全性の導出

続いて都道府県にある都市体系とその地域の健全性との関係を検討しよう。わが国における47都道府県に関する健全性については，李(2005)の詳しい考察がある。かれの分析結果を用いて健全性と都市体系の関係を検討しよう。

李は各県の健全性を，7つの分野から評価する。すなわち，Ⅰ．経済，Ⅱ．教育，Ⅲ．居住，Ⅳ．医療，Ⅴ．福祉，Ⅵ．安全，Ⅶ．社会病理の7分野から評価する。

各分野はさらに複数の項目から構成され，それらは以下のようである。

Ⅰ．経済：1　県民所得（1人あたり，千円），2　製造品出荷額（億円）(3)完全失業率(4)消費者物価指数（東京都＝100），5　財政力指数（県財政）6　高等学校新規卒業者初任給（男女平均，千円），7　女性パートタイムの給与（時間当たり円）。

Ⅱ．教育：(8)小学校児童数（教員1人当たり，人），9 公立小学校屋外運動場面積（児童1人当たり，m^2），10 大学収容力指数（高卒者のうち大学進学者数），11 最終学歴が大学・大学院卒の者の割合（％）。

Ⅲ．居住：12 持ち家比率（％），13 居住部屋数（1住宅当たり，室），(14) 民営賃貸住宅の家賃（1か月3.3m^{2}当たり，円），15 都市ガス供給区域内世帯比率（％），16 下水道普及率（％），17 森林面積割合（％），18 都市公園面積（人口1人当たり，m^2），19 道路舗装率（％），20 小売店数（人口千人当たり，店），21 飲食店数（人口千人当たり，店），22 公共スポーツ施設数（人口100万人当たり，所）。

Ⅳ．医療：23 医療施設に従事する医者数（人口10万人当たり，人），24 一般病院病床数（人口10万人当たり，床），25 歯科診療所数（人口10万人当たり，施設）26 精神病床数（人口10万人当たり，床），27 救急自動車数（人口10万人当たり，数），

Ⅴ．福祉：28 老人ホーム数（65歳以上人口10万人当たり，所），29 身体障害者更生援護施設数（人口10万人当たり，所），30 児童福祉施設数（人口10万人当たり，所），31 人口1人当たり民生費（千円），32 1人当たり社会福祉費（千円），33 65歳以上1人当たり老人福祉費（千円），

Ⅵ．安全：(34)交通事故発生件数（人口10万人当たり，件），(35)火災死傷者（人口10万人当たり，人），36 消防ポンプ自動車数，数），37 警察官数（人口千人当たり，人），(38)刑法犯認知件数（人口千人当たり，人），(39)不慮の事故による死亡者数（人口千人当たり，人），(40)ばい煙発生施設（件），(41)一般粉じん発生施設数（数）

Ⅶ．社会病理：(42)覚せい剤取り締まり送致件数（人口10万人当たり，件），(43)公害苦情件数（人口10万人当たり，件），(44)離婚率（人口千人当たり，％），(45)自殺率（人口10万人当たり，人），(46)不登校による中学校長期欠席生徒比率（生徒千人当たり，％）

ただし（　）付き番号の項目は数値が小さい程望ましいマイナス項目であ

る。都市体系指標（2002年の資料による）と健全性の数値（1998年の資料による）は表ⅣB-2により示されている。それらの関係は図ⅣB-3で示されている。

表ⅣB-2　47の都市体系指標と健全性2000年

都道府県	都市体系指標	健全性
北海道	1.526767674	0.21
青森	3.201104747	0.03
岩手	3.228924089	0.14
宮城	2.26149875	−0.24
秋田	3.171501253	0.18
山形	2.385220702	−0.03
福島	2.778805766	−0.08
茨城	2.10101164	−0.44
栃木	2.137659785	−0.34
群馬	2.657740108	−0.19
埼玉	1.598751804	−0.53
千葉	2.127514525	−0.34
東京	1.185441139	0.29
神奈川	1.792350766	−0.33
新潟	2.199052707	−0.06
富山	1.842983323	0.14
石川	3.509690696	0.25
福井	3.093462571	0.33
山梨	2.462452632	−0.03
長野	2.337971811	0.07
岐阜	2.368704956	−0.23
静岡	2.272215385	−0.39
愛知	1.588238442	−0.28
三重	2.721817703	0.02
滋賀	2.6290181	−0.16
京都	2.194930513	0.10
大阪	1.501286869	−0.16
兵庫	2.286332831	−0.20
奈良	2.274469211	−0.03
和歌山	4.298350542	0.03
鳥取	4.423770528	0.36

島根	3.834003294	0.43
岡山	2.824072124	0.07
広島	2.563917003	0.06
山口	3.622404374	0.16
徳島	4.17533032	0.30
香川	2.38892151	0.06
愛媛	2.41824425	−0.04
高知	3.74141226	0.36
福岡	1.811845586	−0.19
佐賀	3.325995321	0.07
長崎	2.88889017	0.31
熊本	2.917799644	0.15
大分	3.190784083	0.09
宮崎	3.41668373	0.03
鹿児島	2.870782209	0.21
沖縄	2.335361019	−0.14

図ⅣB-3 都市体系指標と健全性の関係

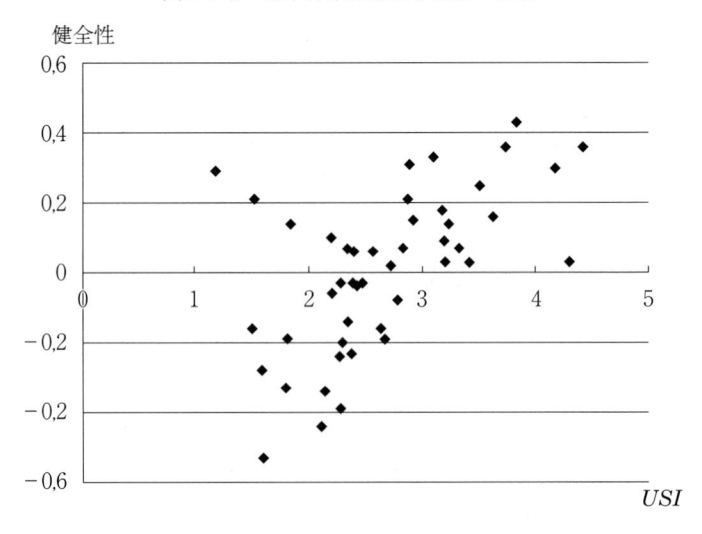

2) 都市体系と健全性の関係の重要性

地域における都市体系の在り方と経済活動および健全性の間には一定の関係

が認められる。先述したように都市体系が集中的であると生産経営の生産面では効率的である。しかしながら，健全性の面では都市体系が平準的である方が望ましいことが上記の図表で示されている。都市体系の在り方によりこのような違いが多少なりとも生じているとすれば，地域住民，生産経営，小売経営そして行政にとって都市体系は重要な関心事である。生産経営が製品の生産面を重視すれば，生産経営はその工場を集中的な都市体系をもつ地域を選択することになる。他方，生産経営が物財よりも知識集約的な財やサービスを生み出し，労働者の生活の質が重要であると判断すれば，生産経営はより平準的な都市体系を有する地域を選ぶことになる。同様なことは地域住民，小売経営，行政にとっても重要な選択課題となる。とりわけ地域における都市体系の再編成の方針確定では決定的な選択の問題となる。

4．広域化する経済活動の下における都市体系の変貌

　上節においては都市体系の在り方は地域の経済効率は健全性と何らかの関わり合いがあることを示した。これらの都市体系の在り方は言うまでもなくそれを構成している都市の変化により影響を受け変貌する。都市の在り方はこれまで考察してきたように小売経営と生産経営の立地変化に変化する。この文脈にそって，本節おいては，都市体系に影響を与える都市の経済活動の変化に関して，わが国の都市における小売および製造業の従業者数の1990年代での資料を用いて実証分析を行なうことにしたい。
　具体的には以下のような分析を試みる。小売経営の立地に関する理論分析においては，運賃率の低下や，消費者の多様性指向により中規模都市の商業機能の低下が示唆される。また生産経営の立地に関する理論分析では，生産工程の細分化によって引き起こされる既存工業地域の都市からの工場流出は中規模都市の生産面での活力の低下を示唆している。本小節ではこれらの推察の検証を進める。最初に生産経営の立地について取り上げる。

1) 都市人口および各種労働者の空間的分布の変化
(1) 生産工程の既存工業集積からの拡散と分散

これまでの生産工程の立地分析は以下のように整理される。細分された生産工程が集積地から移転するという場合，集積は既存の工業地域の大都市および中都市を中心に形成されている。したがって，細分された生産工程は大・中都市から周辺地域にある小都市へ拡散，あるいは地方にある各規模の都市に分散すると推測される。そして工業地域にある大都市は細分された工程を流出させるが，他方で統括・管理機能とその支援機能の発展により労働・消費財の市場を形成する。これによりいくつかの産業に属する工場を牽引することになる。したがって，既存工業地域にある大都市は経済活動全体を低下させる可能性は低い。しかし既存工業地域にある中都市は生産工程の流出を補うほどには新たな生産工程を牽引できないのでその工業活動の程度を低下させる可能性が高い。さらに，工業地域にあるいくつかの小都市や地方にあるいくつかの都市は細分された工業を牽引し，前述したような特定業種の工業生産により特徴づけられる集積地となると考えられる。

これらに加え次のような事態が予想される。すなわち，消費者の所得が一定段階にまで時間をかけて到達すると，消費者による既存の種類の財に対する購入意欲は低下すると考えられる。その低下は生産経営数を減らす傾向を持つことになると予測される。この傾向は既存工業地域における中都市の生産活動をより低下させるものと考えられる。

このような推論を，中都市を中心にして都市の製造業従業者数の分布における変動を検討することにより検討しよう。

(i) 第2階層の都市における製造従業者数の占有比率の低下

経済活動が広域化した1990年代の日本の都市の製造業従業者数の資料を用いて，日本における中規模都市の製造業従業者数の占有比率変化を以下の手順で検討する。初めに日本全体が1つの都市体系により覆い尽くされていると想定する。1990年時点で日本には659の都市があるので，659の各都市における製造業の従業者数の占有比率を導出する。次いで占有比率の大きい順に都市を順位

付けする。続いて2002年時点で上記の作業を同じく行う。最後に2時点間の占有比率を比較しその増減を調べる[4]。ただし，ここでの検討においては都市体系における製造業従業者数の占有比率により位置づけられた各順位における都市の占有比率の増減とその大きさが問題であり，個別都市の占有比率の増減比較はここでは問題にならない。

製造業の従業者数の占有比率の順位を基準にとり，順位付けされた各都市の占有比率の増減額を図示する。図ⅣB-4は製造従業者数の占有比率の順位のうち，第15位から250位までに位置付けられた都市の占有比率の増減額を示している。

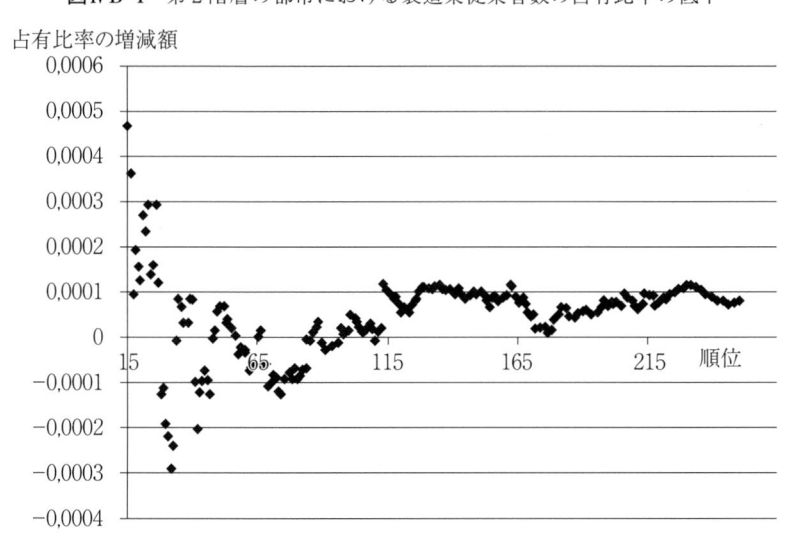

図ⅣB-4 第2階層の都市における製造業従業者数の占有比率の低下

図ⅣB-4で示されるようにその占有比率を減らしている都市の順位は上位の97位までの範囲にほぼ限定されており，98位以降の順位で占有比率を減らしている都市は全くない。また図示しないが，1位から12位までの順位でその占有比率を増加させている都市はない。したがって次のことが判明する。製造業が盛んであり，その従業者の占有比率が大きい都市は概ねその比率を減少させ，特に第28位から97位の順位の第2階層を形成する中規模都市の占有比率の低下

が顕著である。そして，これまで製造業が盛んではなかった下位の順位にある都市においてその占有比率を上昇させてきている[5]。

　（ii）　既存工業地域および地方地域における製造業従業者数分布の変化

　先述した乖離指標 QC を用いて，日本における各県にある都市体系における製造業従業者数の分布は，各県の大都市へ集中化したか，あるいは多くの小都市へ分散して平準化したかを調べることにする。

　GRP と人口水準などを基準にしてみると，日本の地域は東京，名古屋，大阪，広島そして福岡市の大都市を拠点とし，24の県で構成される既存工業地域と22の県で構成される地方地域とに分けられる。既存工業地域は図IVB-5の黒色で示されている。(ここでは地理的に乖離している沖縄県は分類されていない)。46の都市体系をこれら2つの地域に分類し，それらの地域における活動の分布の状態を調べることにする。

　最初に，46県の都市体系において製造業従業者数の分布が1990年代においてそれぞれいかに集中化あるいは平準化しているかを上記(4)式から乖離指標 QC を導出し，それらの比較により明らかにする。この乖離係数がゼロに近い程，都市体系における製造業従業者数の分布は大都市へ集中していることを示すものである。そこで，1992年と2002年の2時点における既存工業地域と地方地域において乖離指標の平均値とその増減を求め，さらに増減別に県数を導出する。表IVB-3はそれらの数値を示して都市体系における製造業従業者数の分布の変化の方向を指示している。表IVB-3から次の事柄が示唆される。生産活動は既存工業地域の大・中都市からその周辺の小都市へ拡散，あるいは地方の大都市へ分散する。これにより既存工業地域の多くの都市体系において製造業従業者分布は平準化し，地方地域の多くの都市体系のそれは集中化する傾向を持つ。さらに，地方地域における集中化の程度は既存工業地域のそれより高くなってきていることが判明する。

Ⅳ 生活と生産空間の連結 239

図ⅣB-5 日本における既存工業地域と地方地域

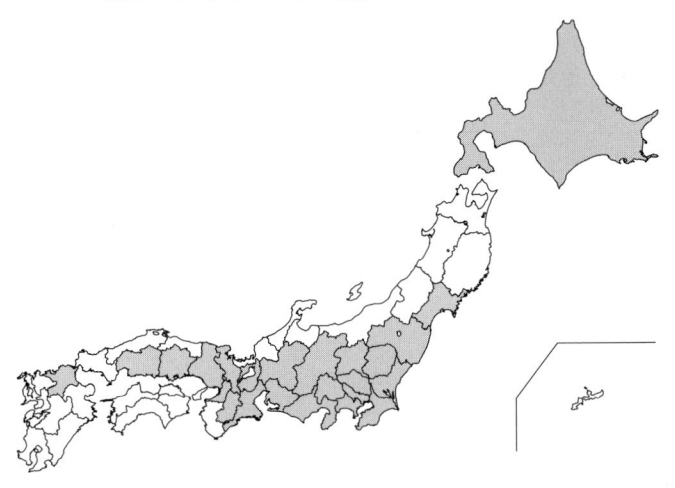

表ⅣB-3 都市体系における製造業従業者数分布の変化

製造業	既存工業地域	地方地域
平均 QC 1992	0.6096	0.6327
平均 QC 2002	0.6355	0.6305
QC 増減	+0.0258	−0.0022
平準化した県数	20	9
集中化した県数	4	13

　上記の日本における都市と都市体系における製造業従業者数の分布に関する基本的な分析から次のことが判明する。すなわち，日本全体の都市体系において第2階層を形成する中都市の製造業は相対的水準において低下し，階層が低いほとんどの都市のそれらは相対的に上昇する傾向にある。中都市の製造業の衰退は顕著である。既存工業地域にある多くの都市体系においては多くの小都市の比重が増して，それらの分布は相対的に平準化した分布になる場合が多い。他方，地方地域にある多くの都市体系では製造業従業者数の分布は地域の最大都市に集中化する傾向を有する。このような分析の結果はこれまでなされた理論的考察の結果を支持しているように思われる。

(2) 第2階層の都市の小売業従業者数の占有比率の低下と分布変化

続いて小売業従業者数に関して見よう。これまで考察してきたように，経済活動の広域化により消費者は商品の購入において多種少量消費の傾向を強め，多様性を指向する。これは消費者が品揃を十分に行える大都市において買い物をする傾向に繋がることになる。この傾向はから中都市の商業機能を低下させることになると推測される。

図ⅣB-6は小売業従業者数の占有比率の順位が第15位から250位までの都市の比率の増減額を示している。図ⅣB-6で示されるように小売業従業者数の占有比率を減らしている都市の順位は237位までの範囲にほぼ限定されており，238位以降の順位では比率を減らしている都市はない。また図示しないが，1位から14位までの順位で8都市はその比率を減少させている。したがって，次のことが判明する。すなわち小売業の占有比率が大きい都市はその比率を減らし，特に38位から237位までの範囲に位置する都市の占有比率の低下が顕著である。製造業の場合に比較すれば，占有比率を減らしている都市の順位の範囲は97位から238位までに拡大している。

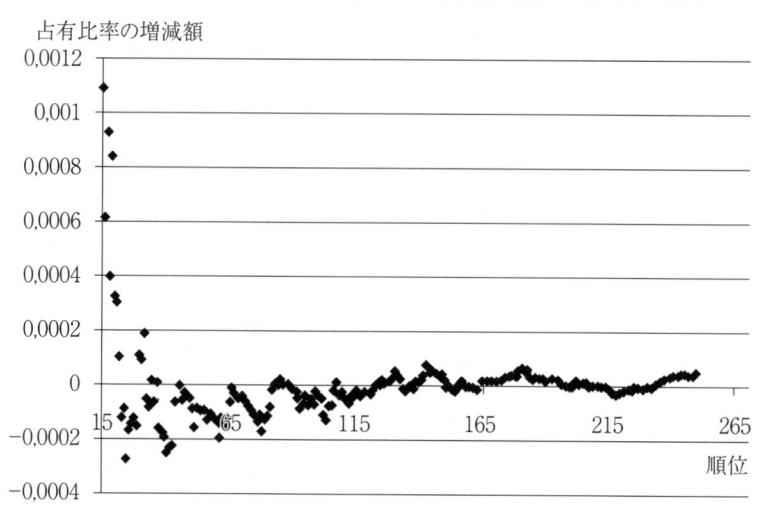

図ⅣB-6 第2階層の都市における小売業従業者数の占有比率の低下

小売業従業者数の分布を既存工業地域およびその他の地方地域にわけて見ると表ⅣB-4のようになる。小売業従業者数は既存工業地域において中小都市が大都市のそれより相対的に増加している。これにより既存工業地域の都市システムにおける消費活動は相対的により平準化する傾向を持っている。

表ⅣB-4　都市体系における小売業従業者数分布の変化

小売業	既存工業地域	地方地域
平均 QC　1992	0.5363	0.5298
平均 QC　2002	0.5426	0.5374
QC 増減	0.0063	0.0077
平準化した県数	16	10
集中化した県数	8	12

2)　わが国の都市体系の考察結果

上記の日本における都市と都市体系の基本的な実証分析から次のことが判明する。すなわち，(1)日本全体の都市体系において第2階層，中規模都市集団の上位を形成する都市の経済活動の相対的水準は低下する傾向にある。(2)既存工業地域にある都市体系における生産，販売・消費活動の分布は平準化し，地方地域にある都市体系の生産活動は集中化する傾向を有する。これらの考察から生産活動は大中都市から小都市へ拡散し，また地方都市へ分散する傾向が窺える。そして，この基本的な実証分析の結果は理論的考察からの結論，すなわち広域化する経済活動は都市体系の中の中規模都市の経済活動を弱化させるという結論を否定するものではないと考えられる。

1) 日本の県における人口規模分布に関しては石川（2009）を参照。本稿と同じ手法で人口規模分布の2極化が進んでいる鹿児島県と，階層がみられる長野県について分析され，人口規模分布と他の経済要因との関係が考察されている。
2) ここでの μ の値を求めるには，K の値を求めて(5)式を数値計算で解くことになる。
3) 最近隣距離法の簡潔な説明は西岡（1976）を参照。

4) 地域経済総覧（1995, 2005）を参照。
5) 都市規模の順位は人口を一般的に基準にする。製造業従事者数と人口の大きさは完全には一致しないが，ここでの検討においては大・中規模都市と表現される場合には人口を基準とする場合の規模と対応すると考えても問題はない。

C　都市体系の空間経済分析

C部では再び理論分析から生産経営，すなわち工場立地が都市体系に対してどのような影響を与えるかを考察する。次いで分析の焦点を絞り込み，都市の内部地域を分析対象として都市内の住宅地域における地代と人口分布を分析することにしたい。

1．生産経営の立地による都市体系への作用

はじめにTinbergen（1968）およびParr（1987, 1988）の理論に基づいて，生産経営の立地は都市体系の経済活動の水準をいかに変化させるかを考察する。かれらの分析は平面空間にある都市体系を明示的に想定しないが，その考察は生産経営の立地と都市体系の関係の分析に有意義である。

Parr（1987, 1988）はChristallerの中心地論を拡張しつつ，それをTinbergen理論と結合させ都市体系の理論的考察の精緻性を高め説明力を強化している。Parr（1987）のモデルは既存理論を大いに進展させているが，そのなかで最も注目される1つは次の点である。Christaller型理論においては上位にある中心地（都市）は下位にある中心地（都市）が販売する財をすべて販売するという性質を有している。これに対し，Parrによるモデルは，下位に位置する中心地がより上位に位置する中心地に対して財を生産・販売をする場合を導入し，それが各中心地の所得をどのように変化させるかを検討できるもの

としている。したがって Parr のモデルは次の点で有用である。工業製品やその部品などを製造する生産経営がその工程を細分し，細分された工程をある地域に立地させる場合，その地域に形成されている都市体系にどのような経済的変化を引き起こすのかの考察を可能にする。

　本節では Parr のモデルを若干拡張し都市体系の中位に位置する各中心地（都市）に性質を異にする工場がそれぞれ立地する場合，その工場立地がいかに各中心地の経済規模に作用し中心地の経済規模分布を変化させるのかを分析する。

1) 　生産経営の立地と Tinbergen-Parr 型都市体系
(1) 　Parr による都市体系の考察

　Parr（1987）にそって Tinbergen-Parr 型の中心地体系（都市体系）の構造と性格を初めに検討しよう。伝統的な中心地論は，その体系を経営の市場地域に基づいて構築するので，中心地の規模は理論的には，中心地が取り扱う財の種類数で表される。Parr は Tinbergen の分析枠組みをそのまま用いずに独自に展開した中心地体系を利用する。この体系は体系構築の原理としては Christaller の原理を基本に用い，基礎となる市場地域としては経営の最小市場地域を利用する。これによりかれの中心地体系は Christaller のそれより多様性があり現実の都市体系についての説明力を増加させるものになっている。Parr は中心地体系を構築し，そこに出現してくる各規模の中心地の数とその市場地域の数，そして取り扱う財の種類数で表示される中心地の規模分布に注目する。そして導出された各規模の中心地数，市場地域の基盤上に Tinbergen の考察を積み重ねて中心地の規模を所得水準の視点から分析する。

　Parr の示す中心地体系の構築原理にしたがって様々な中心地体系（都市体系）を導出できるが，図IVC-1 はその中の 1 例を示している。先の考察で用いた図IIB-1 はいわゆる供給原理を用いた場合の中心地体系であり，図IVC-1 は交通原理を用いて構築した場合の体系である。各体系とも中心地（都市）が 4 階層になるように作られている。供給原理を用いた場合には中心地数は最大中

心地数が1，第2階層の実質中心地数は2，以下6そして18となり，各中心地に属する市場地域数は1-3-9-27と変化する。他方，交通原理を用いた中心地体系では中心地数は1-3-12-48，各中心地に属する市場地域数は1-4-16-64と変化する。Parrはこのような中心地体系に基づき考察を展開することになる。

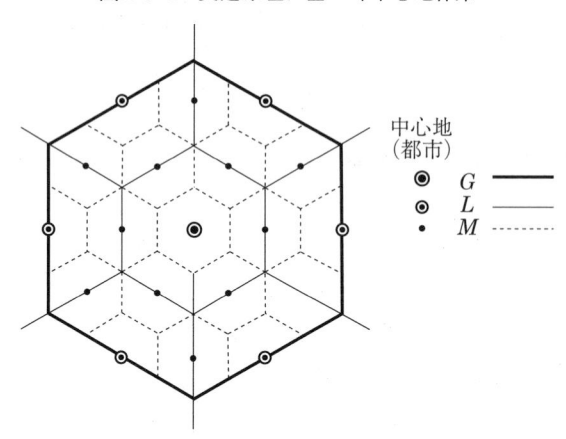

図IVC-1 交通原理に基づく中心地体系

2) Tinbergen-Parr型中心地体系の導出

図IIB-1と図IVC-1で示される中心地体系を考察の背後に想定しながらParrにそって次の仮定を置くことにする。中心地体系（都市体系）はN階層に区分され最小階層から順に1, 2, ., m, ., Nで階層を示す。中心地以外は農村社会であり，階層0で表わされる。各階層を特徴づける財が販売される。m財はm階層の中心地で生産されるとともに$m+1$階層からN階層においても生産され，農村社会0から$m-1$階層の中心地へ移送・販売される。財の移送においてその輸送費は捨象される。すなわち，図IIB-1と図IVC-1で示されるような中心地（都市）の空間的配置と規模を想定するが，考察の簡単化のためそれらの間の輸送費はゼロとされる。

K_jはj階層の中心地の市場地域の構成を示す数である。K_{m-1}はm階層の

中心地の市場地域が $m-1$ 階層の中心地の市場地域を含む数を示す。この数を利用して，各階層の中心地数 f_m を (1a, b, c) 式で表わすことができる。

$$f_m = 1 \qquad \text{if} \quad m = N \qquad (1a)$$

$$f_m = K_{N-1} - 1 \qquad \text{if} \quad m = N - 1 \qquad (1b)$$

$$fm = \prod_{j=m}^{N-1} Kj - \prod_{J=m+1}^{N-1} Kj \qquad if 1 \leq m < N - 1 \qquad (1c)$$

各財の消費額は所得に依存し，各財へ支出される額は各財への支出性向，すなわち需要比率 $a_i (i=1, 2, ., m, .., N)$ で定められる。これは i 財へ支出される所得の割合を示し，次式が成立している。

$$a_1 + a_2 \ldots, + a_m + \ldots + a_{N-1} + a_N = 1 \qquad (2)$$

m 階層の中心地全体が生産する i 財への需要比率は $_m a_i$ で示される。

　ここでの考察においては経済静態が想定されるので，当該中心地体系における総所得は Y と与えられる。m 階層の中心地全体の所得は Y_m で表される。各階層の中心地全体の財の移出と移入の収支は一致し，その関係は(3)式で示される。

$$X_m = R_m Y_m \qquad (3)$$

ただし，X_m は m 階層の中心地全体の移出額，R_m はその移入性向を示す。

　上記のような想定の下で，各階層の中心地全体の所得が求められ，Parr (1987) は(4a, b, c)式のように各階層における中心地全体の所得を導出している。

$$Y_m = a_m (Y - Ym) / \sum_{i=1}^{N} a_i \qquad if\, m = 0 \qquad (4a)$$

$$Y_m = \sum_{i=1}^{m} ma_i \sum_{h=0}^{i-1} Yh / (a_0 + \sum_{i=m+1}^{N} a_i) \qquad if 1 \leq m < N \qquad (4b)$$

$$Y_m = \sum_{i=1}^{m} ma_i \sum_{h=0}^{i-1} Yh / a_0 \qquad if\, m = N \qquad (4c)$$

(4)式における $_m a_i$ は(5a, b, c, d)式のようにして定められる。

$$_m a_i = a_i \qquad if\ i = m = N \qquad (5a)$$

$$_m a_i = a_i / \prod_{j=1}^{N-1} kj \qquad if\ 1 \leq i < m = N \qquad (5b)$$

$$_m a_i = a_i / (KN-1) \prod_{j=1}^{N-1} kj \qquad if\ 1 \leq i < m = N-1 \qquad (5c)$$

$$_m a_i = a_i (\prod_{j=1}^{N-1} kj - \prod_{j=m+1}^{N-1} kj) / \prod_{j=1}^{N-1} kj \qquad if\ 1 \leq i \leq m = N-1 \qquad (5d)$$

また，m 階層の中心地全体から他の階層の中心地体系全体（例えば v 階層）への財の流れ L_{mv} を示すと，それは(6a, b, c)式で示される。

$$L_{mv} = a_m Y_v \quad if\ 0 = v = m \qquad (6a)$$

$$L_{mv} = \sum_{i=1}^{m} a_i Y_v \quad if\ 0 < v = m \qquad (6b)$$

$$L_{mv} = \sum_{i=v+1}^{m} {}_m a_i Y_v \quad if\ 0 \leq v < m \qquad (6c)$$

図ⅡB-1と図ⅣC-1で示される中心地体系での各階層の中心地とその市場地域の数，各階層の中心地全体の所得と中心地当たりの所得 AY_m，そして階層間の所得の流れを，具体的な数値を用いて導出してみよう。表ⅣC-1A, B，表ⅣC-2A, Bはそれらを示している。各表においては中心地体系全体の所得 Y を10000として，4階層の中心地体系，各財への需要比率は農産物 $a_0 = 0.2$，以下，中心地の階層が上昇する順に，0.3, 0.2, 0.2, 0.1と仮定している。

各表の数値の比較から明らかなように，中心地体系が形成される地域全体の所得額が同一であっても，中心地体系の構成により中心地の所得分布はかなり異なったものになる。いわゆる供給原理に基づく体系の場合には，交通原理の場合より，最大中心地の所得が占める割合は下位のそれに対してかなり大きくなるという特徴をもつ。いずれにしても，地域に形成される中心地体系の相違により各階層に属する各中心地の所得が異なるので，中心地体系のあり方は地域経済構成を考察する場合には重要な要因であることは明白である。

IV 生活と生産空間の連結　247

表IVC-1A　供給原理に基づく
　　　　　中心地体系

m	K_{m-1}	fm	Ym	AYm
0	–	–	2000	–
1	–	18	571	32
2	3	6	953	159
3	3	2	2095	1048
4	3	1	4380	4380

表IVC-1B　交通原理に基づく
　　　　　中心地体系

m	K_{m-1}	fm	Ym	AYm
0	–	–	2000	–
1	–	48	643	13
2	4	12	1018	85
3	4	3	2254	751
4	4	1	4085	4085

表IVC-2A　供給原理に基づく中心地
　　　　　体系における所得の流れ

m\v	0	1	2	3	4	Y_m
0	400	114	191	419	876	2000
1	400	171	0	0	0	571
2	400	76	477	0	0	953
3	400	102	127	1467	0	2095
4	400	108	159	210	3504	4380

表IVC-2B　交通原理に基づく中心地
　　　　　体系における所得の流れ

m\v	0	1	2	3	4	Y_m
0	400	129	204	451	817	2000
1	450	193	0	0	0	643
2	413	96	509	0	0	1018
3	403	121	153	1579	0	2254
4	334	105	153	225	3268	4085

3)　工業製品の導入

　上記の各階層の中心地全体の所得の導出における最大の特徴は次のようである。財の移出はより上位の階層の中心地から下位の中心地へ向かってなされ，財が下位から上位の階層の中心地へ移出されることはなく，農産物のみが農業社会から各階層の中心地へ移出・販売されるのみである。そして同じ階層に属する中心地の規模はすべて同一になるということである。すなわち，考察してきた中心地体系は各種の最終消費財のみを想定した体系と考えられる。いわゆる財の消費を重視し，消費・生活空間の構成を主として考察する場合には有効である。

　ここで工業製品あるいは各種の部品生産を取り入れて中心地体系を検討してみよう。この場合には，財が下位の階層の中心地から上位の階層に移送されることが大いに考えられる。そして，ここで導出される中心地の所得分布はより

現実的なものになる。Parr はこれらの財の全てを a_{N+1} で表わし(7)式のように第3階層以上の中心地がそれらの工業的財の一部をそれぞれ生産し，$m+1$ から N を含む全ての階層の中心地に向けて移送・販売すると想定する。

$$aN+1 = \sum_{i=3}^{N} iaN+1 \qquad (7)$$

このような場合においての各階層の中心地全体の所得は(8a, b, c, d)式で求められる。

$$Y_m = a_m(Y - Y_m) / (\sum_{i=1}^{N} a_i + a_{N+1}) \qquad if\ m=0 \qquad (8a)$$

$$Y_m = \sum_{i=1}^{m} ma_i \sum_{h=0}^{i=1} Yh / (a_0 + \sum_{i=m+1}^{N} a_i + a_{N+1}) \qquad if\ \ m=1,\ 2 \qquad (8b)$$

$$Y_m = (\sum_{i=1}^{m} ma_i \sum_{h=0}^{i=1} Yh + ma_{N+1}(Y - Y_m)) /$$
$$(a_0 + \sum_{i=m+1}^{N} a_i + \sum_{\substack{i=m \\ i \neq 3}}^{N} ia_{N+1}) \qquad if\ 3 \leq m < N \qquad (8c)$$

$$Y_m = (\sum_{i=1}^{m} ma_i \sum_{h=0}^{i-1} Yh + ma_{N+1}(Y - Y_m)) /$$
$$(a_0 + \sum_{i=3}^{N-1} ia_{N+1}) \qquad if\ m=N \qquad (8d)$$

4) Tinbergen-Parr 型中心地体系の拡張と都市規模分布

(1) 工業製品の1階層のみへの導入とその影響

Parr は第3階層以上の中心地が工業製品の一部をそれぞれ生産し，4から N を含む全ての階層の中心地に向けて移送・販売すると想定する。すなわち，第3階層以上の中心地はすべて工業的財を生産し，下位と上位の階層の中心地へ移送し販売すると想定する。本小節では Parr の仮定を変更し，第1に第3階層のみに工業的な財を生産する階層があると想定する。これによって，工業製品を生産することが中心地体系の各中心地にどのような作用をするのかを細かく検討する。

図ⅡB-1，ⅣC-1 で示されるような供給と交通原理で構築される中心地体系

があり，その第3階層を形成する実質2つの中心地に工業的な財が立地し，その財をすべての階層の中心地へ移送・販売するものとしよう。そして，第3階層の中心地で生産される工業的財に対する需要性向を a_Z で示す。消費財に関してはこれまでと同じく a_3 で表すものとする。このような場合には各階層の所得は次の(9a, b, c, d)式で求められる。

$$Y_m = a_m(Y - Y_m) / (\sum_{i=1}^{N} a_i + a_{N+1}) \qquad m=0 \qquad (9a)$$

$$Y_m = \sum_{i=1}^{m} ma_i \sum_{h=0}^{i-1} Yh / (a_0 + \sum_{i=m+1}^{N} a_i + a_{N+1}) \qquad if\, m=1,\, 2 \qquad (9b)$$

$$Y_m = ((\sum_{i=1}^{m} ma_i \sum_{h=0}^{i-1} Yh) + aZ(\sum_{j=1}^{2} Yj + YN + Y3)) / (a_0 + \sum_{i=m+1}^{N} a_i + a_Z) \qquad m=3 \qquad (9c)$$

$$Y_m = \sum_{i=1}^{m} ma_i \sum_{h=0}^{i-1} Yh / (a_0 + 3a_A + 3a_B) \qquad m=N \qquad (9d)$$

いま4階層を有する中心地体系を想定し a_3 に0.19, a_Z に0.01, を与えて，各階層の中心地全体の所得とその流れを示すと表IVC-3A，Bのようになる。表IVC-3A，Bから明らかなように，第3階層以下の階層においては中心地の所得規模は変わらないが，第3階層の中心地規模が大きくなり，最大中心地の規模が低下することになる。工業的な財が下位の階層において生産されると上位の階層の中心地の規模を低下させ，中心地体系の所得分布を平準化させる傾向が示唆される。表IVC-3A，Bでは各階層の中心地当たりの所得 AY_m がそ

表IVC-3A　第3階層に工業的財を導入した場合の供給原理による中心地体系における所得とその流れ

m	v 0	1	2	3	4	Y_m	AY_m
0	400	114	190	455	840	2000	−
1	400	171	0	0	0	571	32
2	400	76	476	0	0	952	159
3	407	103	130	1592	42	2274	1137
4	393	106	156	2227	3319	4202	4202

表ⅣC-3B 第3階層に工業的財を導入した場合の交通原理による中心地体系における所得とその流れ

m	v 0	1	2	3	4	Y_m	AY_m
0	400	129	204	483	784	2000	—
1	450	193	0	0	0	643	13
2	413	96	509	0	0	1018	85
3	408	122	155	1691	39	2415	805
4	329	103	150	242	3100	3293	3293

れぞれ示されている。ここでも構築原理の違いにより，中心地当たりの所得が大いに異なることが示され，興味深い結果になっている。

(2) 性質の異なる工業製品の導入とその影響

本小節では次のように想定しよう。第3階層においては実質2つの中心地が存在する。この2つの中心地を3A，3Bと分け，性質の異なる工業的財を中心地3A，3Bに1種類ずつ導入する。その財への需要比率を $_3a_A$, $_3a_B$ で表す。この想定における中心地の所得を分析しよう。この場合には各階層の中心地における所得は(10a, b, c, d, e)式で求められる。いま，供給原理によって構築される中心地体系を前提とし，$_3a_A$, $_3a_B$ を0.0020.008, a_3 を0.19として各中心地体系における所得を導出してみよう。その結果は表ⅣC-4で示される。

$$Y_m = am(Y - Ym)/\sum_{i=1}^{N} a_i + a_{N+1} \qquad m=0 \qquad (10a)$$

$$Y_m = \sum_{i=1}^{m} ma_i \sum_{h=0}^{i-1} Yh/(a_0 + \sum_{i=m+1}^{N} a_i + a_{N+1}) \qquad if\ m=1,\ 2 \qquad (10b)$$

$$Y_m = (0.5(\sum_{i=1}^{m} ma_i \sum_{h=0}^{i-1} Yh) + 3aA(\sum_{j=1}^{2} Yj + YN + Y3A))/$$
$$(a_0 + \sum_{i=m+1}^{N} a_i + 3aB) \qquad m=3A \qquad (10c)$$

$$Y_m = (0.5(\sum_{i=1}^{m} ma_i \sum_{h=0}^{i=1} Yh) + 3aB(\sum_{j=1}^{2} Yj + YN + Y3B))/$$
$$(a_0 + \sum_{i=m+1}^{N} a_i + 3aA) \qquad m=3B \qquad (10d)$$

$$Y_m = \sum_{i=1}^{m} ma_i \sum_{h=0}^{i-1} Yh/(a_0 + 3aA + 3aB) \qquad m=N \qquad (10e)$$

第3階層を特徴づける消費財と工業製品への需要比率の値が上記のように与

表 ⅣC-4 供給原理に基づく中心地体系における所得の分布

m	0	1	2	$3A$	$3B$	4
Y_m	2000	571	952	1040	1234	4202
AY_m	—	32	157	1040	1234	4202

えられると，第3階層以外の中心地以外の所得は表ⅣC-4と同じになる。第3階層の2つの中心地についてみると，需要比率の高い財を生産・販売する中心地3Bがより大きい規模になる。種々の性質の工業的財を導入することで中心地体系における所得分布により示される中心地の規模はより平準化され，導入された階層より上位にある中心地規模は低下する傾向が示される。

さらに性質の異なる工業的な財を第3階層のみならず，第2階層の中心地へも導入してその影響を分析しよう。上記と同じく供給原理に基づく4階層の中心地体系を用いて同じ方法で第2，3階層の中心地の所得規模を導出しよう。第2階層には6つの中心地があるので，それらを$2A, 2B, …, 2H$として各中心地で生産される6つの工業的財を仮定する。それらの需要比率を次のようにする。$_2a_A=0.0005, _2a_B=0.001, _2a_C=0.0012, _2a_D=0.0015, _2a_E=0.002, _2a_F=0.0028$，消費財の需要比率$a_2$を0.191とする。第3階層には上記と同じ数値を用いる。このような仮定の下で各中心地の所得は表ⅣC-5で示されるように導出できる。

各階層の中心地の所得額を高額順に片対数表で示すと図ⅣC-2のようになる。工業製品を導入しない場合には，各階層の中心地の所得はすべて同一であり，規模の分布は単調であるが，工業製品を取り込み，財の下方から上方への流れを導入すると，工業製品を生産する第2第3階層の分布はかなり多様化することになる。また，上述したように，工業製品を取り入れる中心地はその規模をより大きくし，上位の階層の中心地規模を低くすることになる。

表 ⅣC-5 複数の階層に工業製品を導入した場合における所得分布

m	0	1	$2A$	$2B$	$2C$	$2D$	$2E$	$2F$	$3A$	$3B$	4
Y	2000	32	161	171	174	180	190	206	1030	1216	4101

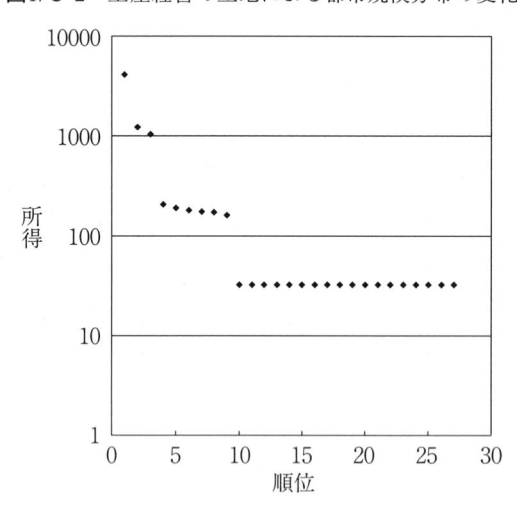

図ⅣC-2 生産経営の立地による都市規模分布の変化

これまでの分析から次のような推論が考えられる。すなわち工業が発展して工業製品とその部品生産が地域全体に分散している地域においては，最大都市の規模は相対的に低くなり，都市体系全体における所得分布は相対的に平準化し都市規模も平準化する。工業製品の製造が最大都市に集中する傾向があり地域に工業立地があまり分散しない場合には，最大都市の規模は大きくなり，第2階層以下に位置する都市は相対的に小規模化すると思われる。

2．都市体系における都市人口および地代の分析

上記までの考察においては都市地域内部の人口分布などは取り上げられてこなかった。本節においては簡潔な都市体系を想定し，各都市における人口規模と都市内地域における地代と人口分布の分析を行なうことにしたい。

1) 中心都市および地方都市の人口規模
(1) 都市人口の分析枠組
本節の考察においては，Mulligan (1983) による分析枠組を援用して仮定を

設定する。そして都市人口数に関する考察を最初に行なうことにする。

　ある地域に7つの都市が図ⅣC-3の点Sと点O_i(i=1〜6)に示される地点に存在している。各都市を中心にして半径Uの円形の市場地域があり、それらは図の7つの円で示される。この地域において消費財1と2の2つの種類の財が生産・販売される。財1は7つの都市の都心に立地する工場で生産され、地域全体に販売される。財2は中心都市Sの都心に立地する工場でのみ生産される。生産された財2は中心都市Sと、地方都市O_i(i=1〜6)に移送され全都市から都市に居住する消費者と7つの市場地域に居住する消費者に販売される。

　各地方都市Oには中心業務地域（CBD）は存在しないが、中心都市Sにおいては半径1の円形で示されるCBDが形成されている。各都市に居住する人口数は消費財1と2の生産に従事する労働者数によると仮定する。これらの労働者は都心あるいはCBDの周囲に形成される都市内の住宅地域に居住する。都市の住宅地域は市場地域に比較すると微小な広さと想定される。

　半径Uの円形で示される各市場地域には農業従事者が均等に密度Aで居住しており消費財1と2の消費者となっている。中心都市Sでは財1と財2の生産に従事する労働者が都市内の地域に居住する。他方、地方都市O_i（i=1〜6）においては財1の生産をする労働者のみが居住する。これらの労働

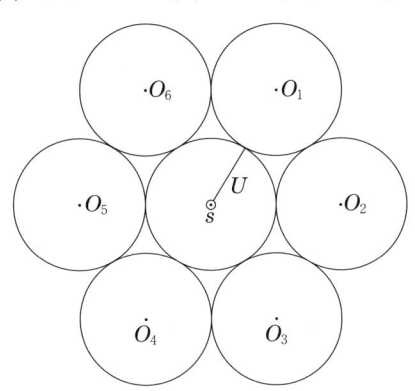

図ⅣC-3　7つの都市とその市場地域の構成

者は消費財1および2の消費者になる。

(2) 経済構造に関する仮定

7つの各市場地域と地方都市 $O_i(i=1\sim 6)$ に居住する消費者は同じ効用関数を有しているが，中心都市 S の消費者は別の効用関数をもつ。それらの相違は添字 s と o で区別される。消費者は消費財1あるいは2を生産する労働者でもあり，市場地域に居住する消費者は農業に従事する。消費者の所得額 Y はそれぞれ相違することになる。

各市場地域に居住する消費者は消費財1と財2を各都市において購入し，その運賃は消費者が移動距離に応じて負担する。財2は中心都市 S で生産され，各都市 $O_i(i=1\sim 6)$ に移送されるが，その輸送費は各地方都市 O で販売される財2の価格に上乗せされる。すなわち6つの市場地域の消費者は中心都市 S と地方都市 O 間の輸送費も負担することになる。消費者の効用関数には財1と財2の他に住宅も含まれる。市場地域に居住する消費者の住宅は簡単化のためにすべて1単位の住宅に居住する。他方，都市における住宅価格は都心からの距離により変化し，都市に居住する労働者の住宅規模は都心からの距離に応じて変化することになる。

消費財1と2は異なる生産関数を有する生産経営により生産される。また同じ財1でも中心都市 S と各地方都市 O においては生産経営の生産関数は相違する。各財の生産関数は添字 s, o および1と2で区別される。各財の生産経営は財の需要量と丁度同じ量を生産する。それらの工場渡価格は簡単化のために所与と設定される。

(3) 都市の人口規模の導出

各消費者は(11)式で示される効用関数 M を有している。

$$M = \prod_{j=1}^{2} q_j^{\psi_j^i} H^{\psi_3}$$
$$i = s, o \tag{11}$$

ただし H は住宅規模，$q_j(j=1, 2)$ は消費財である。$\psi_j(j=1, 2, 3)$ は係数であり $0<\psi_j<1$ である。上記したように農業労働者の住宅規模 H は1と仮定

される。中心都市 S, 地方都市 O, そして市場地域に居住する個別消費者の消費財1と2に対する需要量は，効用最大化条件から(12)式のように導出される。

$$q_{ij} = (\phi_j^i/\phi_i) Y_{ij}(1/p_j^d)$$
$$i=s,o,r. j=1,2. \quad (12)$$

ただしq_{ij}は消費財1と2の消費量，$Y_{ij}(i=s,o,r,j=1,2)$は都市S，都市Oにおいて消費財1あるいは2を生産する労働者の所得，そしてY_rは市場地域に居住する農業従事者の所得である。$\phi_i=\sum_1^3 \phi_i^j$であり，p_j^dは各消費財の店頭渡価格である。消費財1と2は生産経営の次の生産関数$Q_{ij}^S(i=s,o,j=1,2)$に基づいて生産される。

$$Q_{ij}^S = K_{ij}x_{ij}^{\alpha_{ij}}$$
$$i=s,o,j=1,2 \quad (13)$$

ただし，K_{ij}は各都市における各財の生産における生産性を示す。x_{ij} ($i=s,o,j=1,2$)は各都市の各消費財の生産に用いられる労働者数である。α_{ij} ($i=s,o,j=1,2$)は係数であり$0<\alpha_{ij}<1$である。財の工場渡価格$p_j(j=1,2)$は所与であり，生産経営の利潤最大化条件から各消費財の生産量は(14)式で再示される。

$$Q_{ij}^S = (w_{ij}/(p_j\alpha_{ij}))x_{ij} \quad (14)$$

ただしw_{ij}は各都市において消費財1と2の生産に従事する労働者の賃金率であり所与と仮定される。

次に各地方都市Oの市場地域における消費財1に対する需要量Q_{o1}^{Dr}を導出しよう。この地域の消費者は都市Oに出かけてこの財1を購入するので，この市場地域における需要量は(15)式で示される。

$$Q_{o1}^{Dr} = (\phi_j^o/\phi_o) A Y_r \int_0^{2\pi}\int_0^U u/(p_1+t_1u)dud\theta \quad (15)$$

ただし，uは各消費者から都市までの距離である。t_1は財1の運賃率である。ψ_oは$\psi_o = \Sigma \psi_j^o$である。続いて都市0自体における消費財1に対する需要量Q_{o1}^{Dc}は(16)式で求められる。

$$Q_{o1}^{Dc} = (\psi_j^o/\psi_o)Y_{o1}(\chi_{o1}/p_1) \tag{16}$$

したがって，財1の都市Oとその市場地域における総需要量Q_{DO1}は(16a)式で求められることになる。

$$Q_{DO1} = Q_{o1}^{Dr} + Q_{o1}^{Dc} \tag{16a}$$

次に中心都市Sの市場地域における財1の需要量は次式により求められる。

$$Q_{s1}^{Dr} = (\psi_j^o/\psi_o)AY_r\int_0^{2\pi}\int_0^U u/(p_1+t_1u)dud\theta \tag{17}$$

また都市S自体の財1の全需要量は(18)式により求められる

$$Q_{s1}^{Dc} = (\psi_1^s/\psi_s)Y_{s1}(x_{s1}/p_1) + (\psi_1^s/\psi_s)Y_{s2}(x_{s2}/p_1) \tag{18}$$

ただし，ψ_sは$\psi_s = \Sigma \psi_j^s$である。Y_{sj}は都市Sにおける消費財1と2の生産に従事する労働者の所得である。したがって，中心都市Sでの財1の需要量Q_{Ds1}は(19)式で示される。

$$Q_{Ds1} = Q_{s1}^{Dr} + Q_{s1}^{Dc} \tag{19}$$

さて，消費財2についての需要量を導出しよう。都市Sの市場地域における需要量，6つの都市Oの市場地域における需要量，6つの都市O自体の需要量の合計Q_{s2}^{Dr}は(20)式で示される。

$$\begin{aligned} Q_{s2}^{Dr} = & (\psi_2^o/\psi_o)AY_r\int_0^{2\pi}\int_0^U u/(p_2+t_2u)dud\theta + \\ & 6(\psi_2^o/\psi_o)AY_r\int_0^{2\pi}\int_0^U u/((p_2+t_22U)+t_2u)dud\theta + \\ & 6(\psi_2^o/\psi_o)Y_{o1}(x_{o1}/(p_2+t_22U)) \end{aligned} \tag{20}$$

ただし t_2 は財2の運賃率である。中心都市 S 自体における財2の需要量は(21)

$$Q_{s2}^{Dc}=(\psi_2^s/\psi_s)Y_{s1}(x_{s1}/p_2)+(\psi_1^s/\psi_s)Y_{s2}(x_{s2}/p_2) \qquad (21)$$

したがって，消費財2の総需要量 Q_{DS2} は(22)式で求められることになる。

$$Q_{DS2}=Q_{s2}^{Dr}+Q_{s2}^{Dc} \qquad (22)$$

したがって，地方都市 O と中心都市 S において生産される消費財1と2に必要とされる各労働者数は次のようにして導出されることになる。財1は各都市 O で個別に生産され，市場地域とその都市自体に販売される。したがって，地方都市 O に居住する消費財1の労働者数は(14)式と(16a)式から求められることになる。また，中心都市 S に居住する財1の労働者数は(14)式と(19)式から導出される。さらに消費財2の生産に従事し，中心都市 S に居住する労働者数は(4)式と(22)式から導出されることになる。これらの導出は解析的手法では困難であるので，以下のような数値を各係数に与えて地方都市 O と中心都市 s に居住する労働者数を導出しよう。

$\psi_1^o=0.225, \psi_2^o=0.275, \psi_3^o=0.25, \psi_o=0.75, \psi_1^s=0.35, \psi_2^s=0.4, \psi_3^s=0.25, \psi_s=1,$
$Y_r=40, Y_{o1}=50, Y_{s1}=55, Y_{s2}=60, w_{o1}=10, w_{s1}=11, w_{s2}=12, \alpha_{o1}=0.2, \alpha_{s1}=0.19,$
$\alpha_{s2}=0.175, p_1=10, p_2=11, A=1, t_1=t_2=1, U=5.$

このような数値例のもとで，各都市における各労働者数を求めると，次のようになる。地方都市 O における消費財1を生産する労働者 x_{01} は20.37，中心都市 S において消費財1の生産に従事する労働者は99.098，中心都市 S で消費財2の生産に従事する労働者は161.397である[1]。

3) 都市地域の住宅地域の形成と地代

異なった効用関数と所得を有し，各都市に居住する各労働者数は前節において導出された数に定まっていると想定しよう。本小節ではこれらの労働者が都市の住宅地域においていかに居住分布を形成し，この地域の地代がどのように

変化するかを Mills (1972) の分析方法に基づき考察する。中心都市 S と地方都市 O では都市の空間構造と労働者の構成が異なる。最初に地方都市 O における労働者の居住地域と地代変化を取り上げ分析する。

(1) 地方都市における住宅地域と地代

中心都市 S の周囲に6つ立地する地方都市 O では消費財1の生産に従事する労働者のみが居住し，都心には CBD は形成されていない。この前提の下で次の仮定を追加しよう。消費財1と2が地方都市 O で販売されるが，都市地域内ではそれらの価格は一定である。すなわち，財の生産・販売経営は都市内では同一価格付け販売戦略を採用すると仮定する[2]。都市地域に居住する労働者の住宅地域は都心を囲む半円形で形成される。住宅規模は，その価格が都心からの距離により変化するので，都心からの距離により変化することになる。半円形で示される住宅地域における労働者の住宅規模の分析から地方都市 O の住宅地域の範囲とその地代を分析しよう。

都市の住宅地域においては消費財1と2の価格は距離 v により変化することなく一定であり，都市に居住する労働者の所得は Y_{O1} と仮定されるので，距離 v に住む労働者，すなわち消費者の家計においては予算制約式を示す(23)式が成立する。

$$p_1 q_1(v) + p_2 q_2(v) + p_3(v) h(v) + tv = Y_{O1} \qquad (23)$$

ただし，都市内の都心からの距離は v で示される。t は都市内における運賃率である。tv は距離 v に住む労働者が都心に立地する消費財1の生産工場までに要する通勤費用である。$q_j(v)(j=1, 2)$ は距離 v の労働者の消費財1と2の消費額である。$h(v)$ は距離 v における消費者の住宅規模，$p_3(v)$ は住宅価格である。$h(v)$ は効用の最適化条件から(24)式で示されることになる。

$$h(v) = (\phi_3/\phi_0) Y_{O1}(1/p_3(v)) \qquad (24)$$

住宅供給には労働は用いられずに，住宅は土地と資本により供給されると仮定する。住宅供給関数は(25)式で示される。

$$H_s(v) = L_{(v)}^{\rho} K_{(v)}^{1-\rho} \tag{25}$$

この式の添字（v）は使用される土地と資本が距離vとともに変化することを示すものである。住宅の生産経営における利潤最大化原理から住宅供給に関して(26)式が成立する。

$$H_s = (\rho p_3 H_s / R_{(v)})^{\rho} * ((1-\rho) p_3 H_s / r)^{1-\rho} \tag{26}$$

ただし，$R_{(v)}$は距離vにある土地の価格である地代，rは資本の価格の利子率を示す。(25)式から住宅価格p_3は(27)式で示されることになる。

$$p_3 = (\rho^{\rho}(1-\rho)^{(1-\rho)})^{-1} r^{(1-\rho)} R_{(v)}^{\rho} \tag{27}$$

いま，距離vにおける労働者，すなわち消費者の居住人口を$n(v)$で示すと距離vでの住宅需要は$n(v)\mathrm{h}(v)$で示され，距離vでは(28)式が成立することになる。

$$H_s(v) = h(v) n(v) \tag{28}$$

距離vに居住する労働者の効用最大化に向けての住宅支出条件について検討する。最初に予算制約式(23)式を距離vで微分すると次式を得る。

$$p_1 dq_1 + p_2 dq_2 + dp_3 h + p_3 dh + t dv = 0 \tag{29}$$

消費財1，2そして住宅の消費量はそれらの価格比に等しくなることから，(30)式が成り立つことになる。

$$p_1 dq_1 = -p_2 dq_2 - p_3 dh \tag{30}$$

(30)式の$p_1 dq_1$を(29)式に代入すれば，(31a)式を得る。

$$dp_3 h(v) + t dv = 0 \tag{31a}$$

(31)式は(31b)式に変形されることになる。(31b)式は距離vの地点に居住す

る消費者がその効用最大化するための住宅消費額に関する条件式を示している。消費者は，都心からの距離 v において住宅の限界価値が通勤における運賃率に等しくなるように住宅量を決めることになる。

$$dp_3/dv * h(v) + t = 0 \qquad (31b)$$

(31b)式に(24)式で示される住宅量である $h(v)$ を代入すれば，(32)式を得る。

$$(dp_3/dv)^*(\phi_3/\phi_0)Y_{01}(1/p_3) + t = 0 \qquad (32)$$

(27)式で示される住宅価格 p_3 を距離 v で微分すれば(33)式を得る。

$$dp_3/dv = \rho(\rho^\rho(1-\rho)^{(1-\rho)})^{-1} r^{(1-\rho)} R^{(\rho-1)}(dR/dv) \qquad (33)$$

(33)式で示される dp_3/dv と(27)式で示される住宅価格を(31b)式に代入すると(34)式を得る。(34)式は距離 v の地点に居住する消費者がその効用最大化するための条件式を再示している。

$$((\rho r/(1-\rho))^{(1-\rho)}(dR/dv)R^{(1-\rho)})(\phi_3/\phi_0)Y_{01}*$$
$$((\rho^\rho(1-\rho)^{(1-\rho)})^{-1} r^{(1-\rho)} R^\rho)^{-1} + t = 0 \qquad (34)$$

(34)式を整理すれば(35)式になる。都心から距離 v に居住する消費者は(35)式が成り立つように住宅への消費額を決定することになる。

$$R^{-1}((\phi_3/\phi_0)Y_{01}\rho)(dR/dv) + t = 0 \qquad (35)$$

(35)式の微分方程式を解けば(36)式が導出される。この(36)式は都心からの距離 v における地代 $R_{(v)}$ を示すことになる。ただし，ここでは都市地域における住宅地域の最遠地 V_E における地代 $R_{(VE)}$ は農業地代 R_A に等しくなると想定する。

$$R_{(v)} = R_A Exp[t(\phi_0/\phi_3)(1/Y_{01}\rho)(V_E - v)] \qquad (36)$$

いま，農業地代 R_A，運賃率 t，住宅の供給関数における係数 ρ を次のように仮

定しよう。$R_A=1$, $t=1$, $\rho=0.5$, $\phi_3=0.25$。この場合における地方都市の住宅地域の地代関数は(37)式で示されることになる。

$$R_{(v)}=Exp[0.10909(V_E-v)] \tag{37}$$

次にこの住宅地域の都心からの最遠地 V_E の値を導出しよう。住宅の供給と需要の関係から(38)式のように距離 v における労働者数,したがって消費者数が求められる。

$$n(v)=H_s/h=L^\rho K^{(1-\rho)}/h_{(v)} \tag{38}$$

住宅生産における資本投入の最適条件式を利用して,(38)式の分子は(39a)式で示される。

$$(R(1-\rho)/(r\rho))^{1-\rho}L \tag{39a}$$

さらに(39a)式の $h_{(v)}$ を(24)式で置き換え,また,(24)式に含まれる住宅価格に(27)式を代入すれば,(39b)式を得る。

$$n(v)=(R_{(v)}(1-\rho)/\rho r)^{1-\rho}L)/(Y_{O1}(\rho^\rho(1-\rho)^{1-\rho})^{-1}r^{1-\rho}R^\rho)^{-1} \tag{39b}$$

(39b)式から距離 v における消費者数は(40)式のように最終的に導出されることになる。

$$n(v)=(\phi_o/\phi_3)(1/Y_{O1}\rho)R_{(v)} \tag{40}$$

地方都市における労働者数 x_{O1} は前節で20.37と求められており,住宅地域は都心を囲む半円形であるので,次の(41)式が成立する。

$$x_{O1}=20.37=\int_0^\pi \int_0^{V_E} n(v)vdv \tag{41}$$

(41)式から,地方都市における労働者の住宅地域の最遠地 V_E は $V_E=8.62$ と求められる。住宅地域は図ⅣC-4の上半分の半径8.6の半円形で示されている。住宅地域の地代は都心からの距離 v に応じて変化し,(42)式で示される。その

形状は図ⅣC-4 で示される。

$$R = Exp[0.10909(8.62-v)] \tag{42}$$

地方都市の住宅地域における地代の総額 SRo は(43)式から導出されることになる。地代総額は169.75と求められる。

$$SRo = \int_0^\pi \int_0^{8.62} Exp[0.10909(8.62-v)]v\,dv\,d\theta \tag{43}$$

図ⅣC-4　地方都市における住宅地域の形成

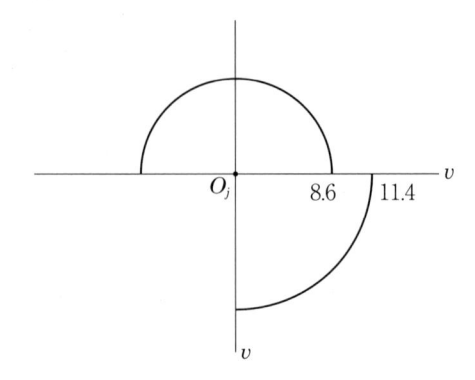

図ⅣC-5　地方都市の住宅地域における地代

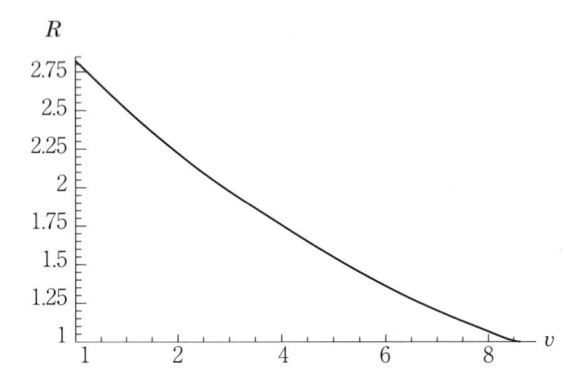

これまでの考察結果を整理すれば次のようになる。消費財1を生産し，都心を囲む半円形で示される住宅地域に住む労働者数，すなわち，地方都市の人口

は20.37である。都市の住宅地域の半径は8.62，その面積は116.72である。住宅地域における地代総額は169.75で表される。

ところで，もしこの都市の居住地域は半円形ではなく図ⅣC-4の下半分において示されるような（1/4）円形であるならば，上記式から，その半径は11.39へ伸びるが，住宅地域の面積は101.89へ縮小することになる。さらに，この住宅地域における地代総額は169.75となる。すなわち，居住地域の範囲が縮小される場合，都心からの距離は長くなるが，より小さい地域において同額地代を生み出すとういう興味深いことが判明する。

(2) 中心都市における住宅地域構成と地代の変化

続いて中心都市 S における労働者の住宅地域の形成とその地代について分析しよう。中心都市においてはその都心に CBD が形成されており，消費財1と2を生産する工場はこの地区にありこの地区内における距離は無視できるものとされる。また中心都市においても住宅地域は都心を中心に半円形の地域に形成される。中心都市においては2つの異なった労働者が存在するので，地方都市の場合よりやや複雑な過程をとり住宅地域と地代が分析される。

いま，中心都市に居住し，異なる効用関数，賃金率，所得を有する労働者が互いを無視して，都市地域に居住するとすれば，前節の分析をそのまま用いて，その住宅地域の地代関数をそれぞれ(44)式と(45)式のように導出できる。前節と基本的に相違する点は住宅地域が都心から距離1から形成されることである。

$$R_{s1} = Exp[0.10909*(V_{E1}-v)] \tag{44}$$

$$R_{s2} = Exp[0.13333*(V_{E2}-v)] \tag{45}$$

ただし $V_{Ei}(i=1, 2)$ は各労働者の住宅地域の最遠地までの距離である。この最遠地までの距離は，前節で導出された労働者数を用いて次の(46)と(47)式から求められる。

$$x_{s1}=99.098=\int_0^\pi \int_{V_0}^{V_{E1}} 0.10909 Exp[0.10909(V_{E1}-v)]v\,dv\,d\theta \tag{46}$$

$$x_{s2}=161.397=\int_0^\pi \int_{V_0}^{V_{E2}} 0.13333 Exp[0.13333(V_{E2}-v)]vdvd\theta \qquad (47)$$

ただし $V_0=1$ である。上記式から各住宅地域の最遠地までの距離は $V_{E1}=16.9$, $V_{E2}=17.46$ と求められる。

　消費財1の生産に従事する労働者の賃金と所得は消費財2の労働者よりそれぞれ低いと想定されている。したがって2つの異なる労働者が同じ地域において競合して居住する場合には消費財1を生産する労働者はより低い地代しか負担できないことになる。地代は都心からの距離とともに低下するので，消費財2を生産する労働者が都心近くに居住し，より遠い地点から消費財1の労働者が居住し始めることになる。そこで，2つの異なる労働者の住宅地域が都心からの距離にしてどの地点において分けられるのかを導出しよう。これは以下に示すように繰り返し作業により求められることになる。

　はじめに，消費財1の生産に従事する労働者は，支払える地代が消費財2の労働者の地代より低いので，消費財2の労働者の(45)式で示される地代関数を所与として，その居住地域の範囲の下限距離 L_1（都心に近い距離）と上限距離 U_1（最遠地までの距離）決定することになる。その範囲内に丁度労働者数99.098を居住させるような下限距離 L_1 と上限距離 U_1 を決定するのである。さらに，その下限距離においては消費財2の労働者が支払う地代と一致し，上限距離においては農業地代 $R_A=1$ と一致せねばならない。したがって，消費財1の労働者が居住する地域の下限距離と上限距離は次の(48)式と(49)式の連立方程式を L_1 と U_1 について解くことにより求められる。

$$99.098=\int_0^\pi \int_{L_1}^{U_1} 0.10909 Exp[0.10909(U_1-v)vdvd\theta] \qquad (48)$$

$$Exp[0.13333(\overline{U}_2-L_1)]-Exp(0.10909*(U_1-L_1)=0 \qquad (49)$$

ただし $\overline{U}_2$ は17.46と与えられている数値である。連立方程式を解けば，$L_1=8.075$, $U_1=19.544$ と求められる。

　次に消費財2の生産に従事する労働者は，上記の式で導出される消費財1の

労働者の支払う地代を所与として，新しく支払いうる地代の関数を決めることになる。財2の労働者数は161.397であり，この人数がこの労働者の住宅地域の下限距離1から上限距離 U_2 に居住することになる。また上限距離 U_2 においては，財1の労働者が支払う地代と財2の労働者が支払う地代が一致せねばならない。したがって，上限距離 U_2 は次式を U_2 について解くことで求められる。

$$161.397 = \int_0^\pi \int_1^{U_2} 0.13333(Exp[0.10909(\overline{U}_1 - U_2)] \cdot Exp[0.13333(U_2 - v)])v\,dv\,d\theta \tag{50}$$

ただし，$\overline{U}_1$ は(48)と(49)式の連立方程式を解くことで与えられている数値である。この場合には U_2 は(50))式から14.58となる。

次いで消費財2の労働者の住宅地域の範囲を所与として財1の労働者は再びその居住地域の設定と地代関数を定めることになる。この場合には財2の労働者がその住宅地域の最遠地での地代はもはや農業地代の1ではないため，(48)式と次の(51)式の連立方程式を L_1 と U_1 について解くことにより求められる。

$$Exp[0.10909(\overline{U}_1 - \overline{U}_2)]Exp[0.13333(\overline{U}_2 - L_1)] \\ - Exp(0.10909*(U_1 - L_1)) = 0 \tag{51}$$

ただし $\overline{U}_j (j=1, 2)$ はすでに与えられている値である。ここで示された一連の計算過程を消費財2の生産に従事する労働者の住宅地域において都心からの上限距離 U_2 における地代 $R(U_2)$ が消費財1を生産する労働者の住宅地域の下限距離 L_1 での地代 $R(L_1)$ に近似的に等しくなるまで繰り返し行うことになる。

この結果次の数値が得られる。$L_1=11.99$，$U_1=21.94$，$R(L_1)=2.96$，$U_2=12.01$，$R(U_2)=2.96$。微小な誤差が存在するが L_1 と U_2 において同一の地代になるとみなしてもよい状態になる。したがって，中心都市における各労働者が支払う地代関数は次の(52)および(53)式において示されることになる。それらの形状は図ⅣC-6において描かれ，また各住宅地域の構成は図ⅣC-7で示

されている。

$$R_{s1} = Exp[0.10909*(21.94-v)] \tag{52}$$

$$R_{s2} = 2.96Exp[0.13333*(12.01-v)] \tag{53}$$

中心都市における地代総額 SRs は(54)式から導出されることになる。

$$SRs = \int_{1}^{12.01} R_{s2}vdvd\theta + \int_{12.01}^{21.94} R_{s1}vdvd\theta \tag{54}$$

地代総額 SRs は2120.92と求められる。

図ⅣC-6　中心都市における地代関数の構成

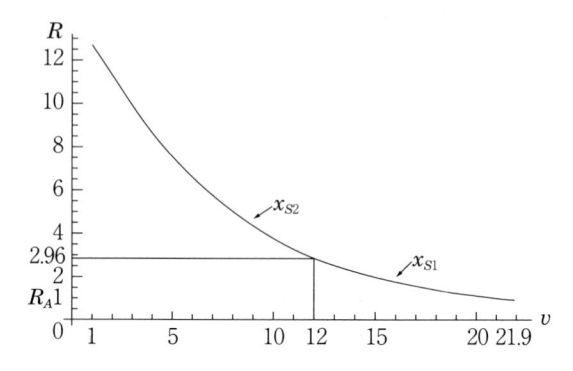

図ⅣC-7　中心都市における住宅地域の構成

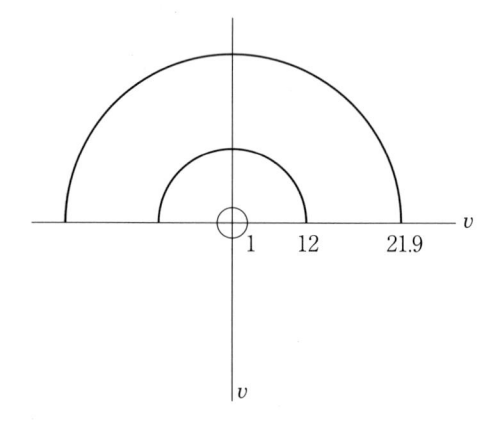

ここでの考察を整理しよう。中心都市は半円形の住宅地域を有し，都心に半径1の円形 CBD を想定しているので，各財の生産に従事する各労働者が負担する地代は都心から(52)と(53)式ように変化する。労働者は負担する地代により居住地を決定するので，その住宅地域の構成は次のようになる。都心から1の距離から12までは消費財2を生産する労働者が居住し，距離12から21.94までは消費財1を生産する労働者が居住することになる。住宅地域の面積は753.37である。そして，消費財2の生産に従事する労働者が生じさせる総地代は1210.7，消費財1に関するそれは908.2であり，この中心都市での地代総額は2120.92となる。

次に中心都市における人口分布を考察してみよう。2つの労働者集団の住居分布はこれまでに得られた数値に基づいて(40)式から導出され，図ⅣC-8のように示される，2つの労働者の居住地域が変化する地点，距離12において人口分布が明らかに不連続になることが判明する。

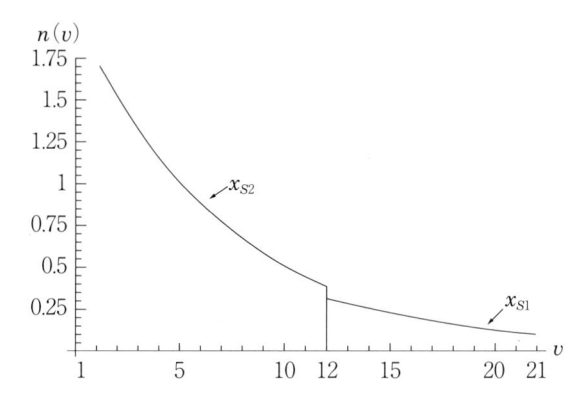

図ⅣC-8　中心都市における人口分布の構成

最後に，中心都市において円形の住宅地域が形成され，消費財1と2の生産従事者がそれぞれ半円形の地域に住み分ける場合を想定してみよう。前章節での計算手法を用いて次の点が判明する。消費財1の労働者の住宅地域の半径は16.9，消費財2の労働者の住宅地域に関しては17.5，住宅地域全体の面積は929.7である。図ⅣC-9はこのような住宅地域の構成を示している。この場合

における総地代は2119.1となり，微小な誤差があるが前記の住宅地域の場合と同じ地代総額になる。したがって，労働者が半円形で形成される住宅地域に居住する場合と比較すると興味深い結果が得られる。すなわち，同じ都市人口であっても，都市において居住地域が狭い範囲に限定される場合，住宅地域の面積は小さくなる。そして，異なる住宅地域の構成であっても同一額の地代総額が生み出されることになる。したがって，異なる労働者集団が同一都市に居住する場合，平面的に労働者別に住宅地域を決めるより，同一地域において労働者の支払いうる地代により住宅地域を定める方がより効率的と考えられる。

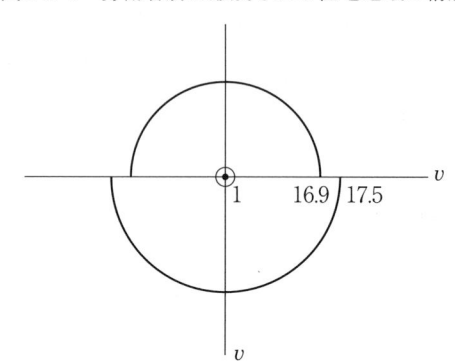

図Ⅳ C-9 労働者別に形成される住宅地域の構成

1) 都市の人口規模に関する分析視点は多数ある。最適人口規模に関する最近の分析として神頭（2006）の分析は参考になる。
2) いわゆる同一店頭渡政策と同一引渡価格政策は販売経営の利潤を同じにすることが示されている（石川 1993）。したがって，同一引渡価格政策の仮定はここでの文脈において不合理な仮定ではないと考えられる。

国内参考文献

石川利治 (1976) A. Weber 集積論における三問題, 経済地理学年報, 22, 2, pp.54-60.
石川利治 (1993) 運賃率および価格付け政策と厚生水準, 経済学論纂, 34, pp.95-111.
石川利治 (1994) 運賃率の変化と市場境界の価格および形状, 経済学論纂, 35pp.389-401.
石川利治 (1999) 市場地域における経営の競争と共存, 中央大学経済研究所年報, 29, pp.309-324.
石川利治 (2003) 空間経済学の基礎理論, 中央大学出版部
石川利治 (2006) 生産工程の空間的分離による地域活性化の可能性, ESP, 416, pp.26-29.
石川利治 (2009) 都市の立地体系における最適な人口規模分布, 中央大学経済研究所年報, 40, pp.309-320.
石川利治 (2010a) 経済活動の広域化による都市体系の変貌, 計画行政, 33, pp.9-14.
石川利治 (2010b) 中規模都市の衰退による都市規模分布の2極化, 中央大学経済研究所, Discussion Paper Series No.135.
石川利治 (2011) 競争様態の異なる市場地域の接触による市場形態の変化, 『APECの市場統合』長谷川聰哲編著, 中央大学経済研究所研究叢書, 54, pp.23-37.
石川—金田 (1984) 輸送費最小地の決定方法について, 経済学論纂, 25, pp.67-74.
石川—竹内 (1981) 市場境界の形状分析, 日本工業大学研究報告, 14, pp.143-150.
伊藤久秋 (1940) ウェーバー工業立地論の研究, 叢文閣.
金田昌司 (1971) 経済立地と土地利用, 新評論.
神頭広好 (2006) 観光都市, 大都市および集積の経済, 愛知大学経営総合科学研究所叢書, 29.
神頭広好 (2011) 都市の立地構造, 愛知大学経営総合科学研究所叢書, 37.
児島俊弘 (1962) 農業の経済的地帯形成と地帯区画, 研究叢書61, 農業総合研究所.
坂井英太郎 (1967) 微分積分学演習, 共立出版.
坂下昇 (1990) 地域交通の経済学, 運輸と経済, 50, 4, pp.30-39.

鈴木啓祐（1980）空間人口学，（上），（下），大明堂．
鈴木啓祐（1982）The theoretical explanation of the mechanism of existence of overlapping market area for two retailers, 流通経済大学論集，16, pp.35-37.
鈴木-金田-石川（1983）重複市場地域の形成機構に関する一考察，経済地理学年報，29, 1, pp.1-12.
谷口建治（1995）ハノーファー ―近世都市の文化誌―，晃洋書房．
東洋経済（1995, 2005）地域経済総覧，東洋経済新報社．
西岡久雄（1976）経済地理分析，大明堂．
日比野勇夫（1972）経済理論の数学基礎，同文舘．
藤田昌久（1996）現代経済学の潮流，1996, 第5章，東洋経済新報社．
松原宏（1991）寡占間競争下における工業立地理論と空間価格理論，西南学院大学経済学論，26, pp.57-74.
松山公紀（1994）現代の経済理論，第3章，東京大学出版会．
宮坂正治（1970）工業立地論，古今書院．
宮坂正治（1971）長野県工業立地の史的考察，一志茂樹博士喜寿記念論集，一志茂樹先生喜寿記念会．
宮坂正治（1981）農業経済立地論，古今書院．
村田喜代治（1962）日本の立地政策，東洋経済新報社．
李淳聖（2005）韓国と日本における地域間格差に関する研究，中央大学大学院，博士学位申請論文．

海外参考文献

Baumol, W., and E. A. Ide (1956) Variety in retailing, *Management Science*, 3. pp. 93-101.

Baumol, W. J., Panzar, J., and Willig, R. D. (1982) *Contestable Markets and the Theory of Industry Structure*, New York, Harcourt Brace Jovanovich.

Beckmann, M. J. (1968) *Location Theory*, New York, Random House.

Beckmann, M. J. (1972) Von Thünen revised: A neoclassical land use model, *Swedish Journal of Economics*, 74, pp. 1-7.

Bittlingmayer, G. (1983) A Model of Vertical Restriction and Equilibrium Retailing, *Journal of Business*, 56, pp. 477-496.

Brakman, B., H. Garrretsen, and C. Marrewijk (2001) An introduction to geographical economics, *Cambridge University Press*, Cambridge.

Capozza, D., and Van Order, R. (1978) A Generalized Model of Spatial Competition, *American Economic Review*, 68, pp. 896-908.

Christaller, W. (1933) *Die Zentralen Orte in Süddeutschland*, Jena.

Develetoglou, N. E. (1965) A Dissenting View of Duopoly and Spatial Competition, *Economica*, May, pp. 140-160.

Dixit, A. K., and Stiglitz, J. (1977) Monopolistic Competition and Optimal Product Diversity, *American Economic Review*, 67, 297-308.

Dluhosch, B. (2000) *Industrial Location and Economic Integration -Centrifugal and Centripetal Forces in the New Europe-*, Edgar Elgar.

Dunn, E. S. (1954) *The location of agricultural production*, Gainsville, University of Florida Press.

Duranton, G. and Storper, M. (2008) Rising trade costs? Agglomeration and Trade with endogenous transaction, *Canadian Journal of Economics*, Vol. 41, 1, pp. 292-319.

Eaton, B. C., and Lipsey, R. G. (1975) Freedom of Entry and the Existence of Pure Profits, *Economic Journal*, 88, pp. 455-469.

Emerson, D. L. (1973) Optimum Firm Location and the Theory of Production, *Journal of Regional Science*, 13, pp. 335-339.

Fetter, F. A. (1924) The economic law of market area. *Quarterly Journal of Economics*, 38, pp. 520-529.

Fujita, M., Krugman, P., and Mori, T. (1995) On the evolution of hierarchical urban systems, *Discussion Paper*, 419, Institute of Economic Research, Kyoto

University.
Fugita, M., Krugman, P., and Venables, A. J. (1999) *Spatial Economy*, M. I. T. Press.
Gough, P. (1984) Location theory and the multi-plant firm: A framework for empirical studies, *Canadian Geographer*, 28, 2, pp. 127-141.
Greenhut, M. L., and Ohta, H. (1973) Spatial Configurations and Competitive Equilibrium, *Weltwirtschaftliches Archiv*, Bd. 109, SS. 87-104.
Greenhut, M. L., Norman, G., and Hung, C. (1987) *The Economics of Imperfect Competition*, Cambridge, Cambridge University Press.
Hoover, E. M. (1937) Location Theory and the Shoe and Leather Industries, *Harvard University Press*, New York.
Hoover, E. M. (1970) Transport Cost and the Spacing of Central Places, *Papers of Regional Science Association*, 25, pp. 255-274.
Hotelling, H. (1929) Stability in Competition, *Economic Journal*, 39, pp. 41-57.
Hyson, C. D., and Hyson, W. P. (1950) The Economic Law of Market Areas, *Quarterly Journal of Economics*, 64, pp. 320-327.
Isard, W. (1956) *Location and Space-Economy*, M. I. T. Press.
Ishikawa, T. (2009) Determination of a factory's location in a large geographical area by using chaotic phenomena and retailers' location networks, *Timisoara Journal of Economics*, 2, pp. 141-150.
Ishikawa, T., and Toda, M. (1990) Spatial Configurations, Competition and Welfare, *Annals of Regional Science*, 24, pp. 1-12.
Ishikawa, T., and Toda, M. (1995) An Unequal Spatial Structure of Location and Price with Consumer Density, *Economic Record*, 71, pp. 167-178.
Ishikawa, T., and Toda, M. (1998) An Application of the Frontier Price Concept in Spatial Equilibrium Analysis, *Urban Studies*, vol. 35, No. 8, pp. 1345-1358.
Ishikawa, T., and Toda, M. (2000) Some Economic Extensions of Central-place Theory Involving Profit Maximisation *Urban Studies*, 37, pp. 481-495.
Khalili, A. V., Muther, K., and Bordenhorn, D. (1974) Location and the Theory of Production: A generalization, *Journal of Economic Theory*, 9, pp. 467-475.
Krugman, P. (1996) The Self-Organizing Economy, Blackwell.
Launhardt, W. (1885) *Mathematishe Begründung der Volkswirtschaftslehre*. Scientia Verlag A Alen, Leipzig.
Lazonick, A. (1986) The cotton Industry, *The decline of the British economy*, Elbaum-Lazonick ed, pp. 18-50, Oxford University Press, Oxford.
Lerner, A. P., and Singer, H. W. (1937) Some Notes on Duopoly and Spatial Competition, *Journal of Political Economy*, XLV, pp. 145-186.
Lösch, A. (1940) *Die räumliche Ordnung der Wirtschaft*, Jena: Gustav Fischer.

Mathewson, G. F., and Winter, R. A. (1983) Vertical Integration by Contractual Restraints in Spatial Market, *Journal of Business*, 56, pp. 497-517.
Mathewson, G. F., and Winter, R. A. (1994) Territorial Restrictions in Franchise Contracts, *Economic Inquiry*, vol. 32, pp. 181-192.
Mills, E. S. (1972) *Urban Economics*, Chapter 5, Glen View.
Mills, M. S., and Lav, R. M. (1964) A Model of Market Areas with Free Entry, *Journal of Political Economy*, 72, pp. 278-288.
Mulligan, G. F. (1983) "Central place populations: A microeconomic consideration", *Journal of Regional Science*, Vol. 23, 1, pp. 83-92.
Muth, R. F. (1969) *Cities and housing*, University of Chicago Press.
Nakagome, M. (1991) Competitive and imperfectly competitive labor market in urban areas, *Journal of regional Science*, Vol. 31, pp. 161-170.
Novshek, W. (1980) Equilibrium in simple spatial (or differential product) models, *Journal of Economic Theory*, Vol. 22, pp. 313-326.
Parr, J. B. (1978) Models of the Central-place System: A more Generalized Approach, *Urban Studies*, 15, pp. 35-49.
Parr, J. B. (1987) The Tinbergn analysis of an Urban system and alternative approaches, *Environment and Planning* A, 19, pp. 187-204.
Parr, J. B. (1988) Income, Trade and the Balance of Payments within an Urban System, *Journal of Regional Science*, 28, pp. 1-14.
Parr, J. B. (1995) The Economic Law of Market Areas: A Further Discussion, *Journal of Regional Science*, 35, 599-615.
Parr, J. B. (1997) The Law of Market Areas and the Size Distribution of Urban Centers, *Papers of Regional Science*, 76, 1, pp. 43-68.
Phillips, O. R. (1991) Vertical Restrictions and the Number of Franchises, *Southern Economic Journal*, 58, pp. 423-429.
Puu, T. (1998) Gradient dynamics in Weberian location theory, *Knowledge and Networks in a Dynamic Economy*, Beckmann, et al, pp. 221-233. Spinger.
Rey, P., and Stiglitz, J. (1995) The Role of Exclusive Territories in Producers' Competition, *Rand Journal of Economics*, 26, 3, pp. 431-451.
Samuelson, P. A. (1952) Spatial Price equilibrium and Linear Programming, *American Economic Review*, 42, pp. 282-303.
Sakashita, N. (1967) Production function, demand function and location theory of the firm, *Papers of Regional Science Association*, XX, pp. 423-428.
Sheppard, E. (1982) City Size distributions and Spatial economic change, *International Regional Science Review*, 7. 2. pp. 127-151.
Schöler, K. (1989) Competitive retailing and monopolistic wholesaling in a spatial

market. *Annals of Regional Science*, 23, 19-28.

Schöler, K. (1993) Consistent Conjectural Variations in a Two-dimensional Spatial Market, *Regional Science and Urban Economics*, 23, pp. 765-778.

Sinclair, R. (1967) Von Thünen and urban sprawl, *Annals of Association of American Geograpers*, 57, pp. 72-87.

Smithies, A. (1941) Optimal Location in Spatial Competition, *Journal of Political Economy*, 49, pp. 423-439.

Spence, M. (1977) Nonlinear prices and welfare, *Journal of Public Economics*, 8, pp. 1-8.

Tinbergen, J. (1968) The Hierarchy Model of the Size Distribution of Centres, *Papers of the Regional Science Association*, 20, pp. 65-68.

Vernon, R. (1966) International investment and international trade in the product cycle, *Quarterly Journal of Economics,* 80, pp. 190-207.

Von Thünen, J. H. (1826) *Der isolierte Staat Beziehung auf Landwirtschaft und Nationalökonomie*, Heinrich Waetig.

Weber, A. (1909) *Über den Standort der Industrien*, Tubingen.

Woodward, R. S. (1973) Iso-outlay Function and Variable Transport Costs, *Journal of Regional Science*, 13, pp. 340-355.

Zipf, G. K. (1941) *National Unity and Distribution, Bloomington*: Principia Press.

著者経歴

石川利治　昭和24年　　長野県生まれ
　　　　　昭和57年7月　中央大学大学院経済学研究科
　　　　　　　　　　　　経済学博士学位取得
　　　　　平成7年　　　中央大学経済学部教授
　　　　　　　　　　　　空間経済学担当

主要論文　A. Weber 集積論における三問題
　　　　　　　経済地理学年報，22, 2, 1976.
　　　　　　相互依存型工業立地論と工業集積
　　　　　　　経済学論纂，20, 1979.
　　　　　　Spatial Configurations, Competition and Welfare, *Annals of Regional Science*, 24, 1990.（共著）
　　　　　　An Unequal Spatial Structure of Location and Price with Consumer Density, *Economic Record*, 71, 1995.（共著）
　　　　　　Some Economic Extensions of Central-Place Theory Involving Profit Maximisation, *Urban Studies*, 37, 2000.（共著）
　　　　　　An analysis of the effects of interaction between markets with different types of competition on spatial and economic Structure in a region, *Jahrbuch für Regionalwissenschaft*, 24, 2004.
　　　　　　Determination of a factory's location in a large geographical area by using chaotic phenomena and retailers' location networks, *Timisoara Journal of Economics*, 2, 2009.

経済空間の組成理論

2013年2月15日　初版第1刷発行

　　　　著　者　　石　川　利　治
　　　　発　行　者　中央大学出版部
　　　　　　代表者　遠　山　　曉

東京都八王子市東中野 742-1
発行所　中 央 大 学 出 版 部
電話 042(674)2351　FAX 042(674)2354

© 2013　石川利治　　　　　　　　　　　藤原印刷

ISBN987-4-8057-2180-3